ALQUIMIA

BIBLIOTECA CULTRIX
DE PSICOLOGIA JUNGUIANA

Marie-Louise von Franz

ALQUIMIA

Uma Introdução ao Simbolismo e seu
Significado na Psicologia de Carl G. Jung

Tradução
Álvaro Cabral

Título do original: *Alchemy — An Introduction to the Symbolism and the Psychology*.

Copyright © 1980 Marie-Louise von Franz.

Copyright da edição brasileira © 1985, 2022 Editora Pensamento-Cultrix Ltda.

2ª edição 2022.

Todos os direitos reservados. Nenhuma parte desta obra pode ser reproduzida ou usada de qualquer forma ou por qualquer meio, eletrônico ou mecânico, inclusive fotocópias, gravações ou sistema de armazenamento em banco de dados, sem permissão por escrito, exceto nos casos de trechos curtos citados em resenhas críticas ou artigos de revistas.

A Editora Cultrix não se responsabiliza por eventuais mudanças ocorridas nos endereços convencionais ou eletrônicos citados neste livro.

Obs: Publicado anteriormente com o subtítulo *Introdução ao Simbolismo e à Psicologia*.

Editor: Adilson Silva Ramachandra
Gerente editorial: Roseli de S. Ferraz
Produção editorial: Indiara Faria Kayo
Editoração eletrônica: Join Bureau
Revisão: Claudete Agua de Melo

Dados Internacionais de Catalogação na Publicação (CIP)
(Câmara Brasileira do Livro, SP, Brasil)

Franz, Marie-Louise von, 1915-1998
   Alquimia: uma introdução ao simbolismo e seu significado na psicologia de Carl G. Jung / Marie-Louise von Franz; tradução Álvaro Cabral. – 2. ed. – São Paulo: Editora Cultrix, 2022.

   Título original: Alchemy: an introduction to the symbolism and the psychology.
   ISBN 978-65-5736-186-3

   1. Alquimia – Aspectos psicológicos 2. Jung, C. G. (Carl Gustav), 1875-1961 3. Simbolismo (Psicologia) I. Título.

22-111684   CDD-150.1954

Índices para catálogo sistemático:
1. Alquimia e psicologia junguiana 150.1954
Cibele Maria Dias – Bibliotecária – CRB-8/9427

Direitos de tradução para a língua portuguesa adquiridos com exclusividade pela
EDITORA PENSAMENTO-CULTRIX LTDA., que se reserva a
propriedade literária desta tradução.
Rua Dr. Mário Vicente, 368 – 04270-000 – São Paulo, SP – Fone: (11) 2066-9000
http://www.editoracultrix.com.br
E-mail: atendimento@editoracultrix.com.br
Foi feito o depósito legal.

SUMÁRIO

Lista de Ilustrações e Créditos 7

Agradecimentos 17

1ª Palestra
Introdução 21

2ª Palestra
Alquimia Grega 65

3ª Palestra
Alquimia Grega 111

4ª Palestra
Alquimia Greco-arábica 157

5ª Palestra
Alquimia Arábica 209

6ª Palestra
Alquimia Arábica 257

7ª Palestra
Aurora Consurgens 291

8ª Palestra
Aurora Consurgens 341

9ª Palestra
Aurora Consurgens 395

LISTA DE ILUSTRAÇÕES E CRÉDITOS

CW se refere a *Collected Works of C. G. Jung* (Bollingen Series XX), 20 volumes, trad. do alemão de R. F. C. Hull, coord. de H. Read, M. Fordham, G. Adler e Wm. McGuire, edição da Princeton University Press, Princeton, 1953-1979.

1. MONTANHA DOS ADEPTOS. Michelspacher, *Cabala* (1654). Photo Archives, Marburgo.

2. ÁGUIA COMO SÍMBOLO DO ESPÍRITO. *Hermaphroditisches Sonn-und Mondskind* (1752), p. 44. Coleção C. G. Jung (Cit. de *Mysterium Coniunctionis*, CW 14, par. 673).

3. ALQUIMISTA E *SOROR MYSTICA*. *Mutus Liber* (1702), p. 13, detalhe. Coleção Mellon, Yale Univ. Library.

4. DEUS PAI. Xilogravura de William Blake, de *The Book of Job* (1825), p. 2, detalhe. Museu Britânico.

5. LIBERTANDO O ESPÍRITO DA *PRIMA MATERIA*, Tomás de Aquino (pseud.), *De alchimia*, Codex Vossianus 29 (séc. XVI). Biblioteca da Universidade de Leiden, fl. 60a, detalhe.

6. ALQUIMISTA E AJUDANTE AJOELHADOS PERTO DO FORNO. *Mutus liber* (1702), p. 11, detalhe. Coleção Mellon, Yale Univ. Library.

7. O OUROBOROS COMEDOR DA CAUDA. Codex Marcianus (séc. XI), Veneza, fl. 188v.

8. ÍSIS AMAMENTANDO HÓRUS. Reproduzido de E. A. Wallis Budge, *The Gods of the Egyptians*, II, Dover, Nova York, 1969, p. 207.

9. *PISSING MANNIKIN*. "Speculum veritatis", Codex Latinus 7286 (séc. XVII), fl. 3, detalhe. Biblioteca do Vaticano.

10. A TENTAÇÃO DE EVA. Xilogravura do "Speculum humanae salvationis" (1470), em Worringer, *Die altdeutsche Buchillustration*, Munique, 1919.

11. A LIGAÇÃO ENTRE INSTINTO E ARQUÉTIPO. Desenho original baseado nos comentários de Jung em "On the Nature of the Psyche", *The Structure and Dynamics of the Psyche*, CW 8, pars. 417-420.

12. O DEUS SOL RÁ COM SEUS ATRIBUTOS. Extraído de E. A. Wallis Budge, The Gods of the Egyptians, II, Dover, Nova York, 1969, p. 7.

13. O MAR DE RENOVAÇÃO PROVENIENTE DO LEITE DA VIRGEM. S. de Stolcenberg, *Viridarium chymicum* (1624), fig. LXXXIII. Foto de J. Jacobi.

14. COROAÇÃO DA VIRGEM MARIA. *Rosarium philosophorum* (1550). Coleção C. G. Jung.

15. O SINAL DO SEGREDO. *Mutus liber* (1702), p. 14, detalhe. Coleção Mellon, Yale Univ. Library.

16. O OUROBOROS COMO DRAGÃO COROADO E SERPENTES ALADAS E SEM ASAS. Eleazar, *Uraltes chymisches Werk* (1760), Parte II, nos. 4 e 3. Coleção Mellon, Yale Univ. Library.

17. LEÃO DUPLO COM O DISCO DO SOL. Reproduzido de E. A. Wallis Budge, *Amulets and Superstitions*, Dover, Nova York, 1978, p. 134.

18. CEREAL BROTANDO DE OSÍRIS. Reproduzido de E. A. Wallis Budge, *Osiris*, I, Dover, Nova York, 1973, p. 58.

19. ANÚBIS UNGINDO OSÍRIS. Reproduzido de E. A. Wallis Budge, *Osiris*, II, Dover, Nova York, 1973, p. 48.

20. A RESSURREIÇÃO DE OSÍRIS. Reproduzido de E. A. Wallis Budge, *Osiris*, II, Dover, Nova York, 1973, p. 58.

21. LABORATÓRIO E BIBLIOTECA DE ALQUIMIA, Maier, *Tripus Aureus* (1618), frontispício. Coleção Mellon, Yale Univ. Library.

22. OSÍRIS NO ESQUIFE DE CEDRO. Reproduzido de E. A. Wallis Budge, *Osiris*, I, Dover, Nova York, 1973, p. 5.

23. MERCÚRIO EM VASO FECHADO. Barchusen, *Elementa chemiae* (1718), Fig. 75. Biblioteca Nacional de Paris.

24. CRIAÇÃO DE ADÃO A PARTIR DO BARRO. Schedel, *Das Buch der Chroniken* (1493), p. V. Coleção de J. Jacobi.

25. OUROBOROS COMO SÍMBOLO DO AEON. Horapollo, *Selecta Hieroglyphica* (1597), p. 5. Coleção C. G. Jung.

26. A QUEDA DE ADÃO COMO *PRIMA MATERIA*. "Miscellanea d'alchimia", MS Ashburnham 1166 (séc. XIV). Biblioteca Medici, Florença.

27. ARANHA COMO O MAYA. Vinheta bramânica deteriorada, em Mueller, *Glauben, Wissen und Kunst der alten Hindus*, Prancha I, Fig. 91.

28. ÁGUA DA VIDA ENTRE SOL E LUA. Barchusen, *Elementa chemiae* (1718), Fig. 9. Biblioteca Nacional de Paris.

29. UNIÃO DA ÁGUA E DO FOGO. Pintura indiana, em Mueller, *Glauben, Wissen und Kunst der Alten Hindus*, Prancha II, Fig. 17.

30. LEÃO VERDE DEVORANDO O SOL. *Rosarium philosophorum* (1550), Coleção C. G. Jung.

31. HERMES TRISMEGISTO COM PLACA. Sênior, *De chemia*, em 33. Mangetus, *bibliotheca chemica curiosa* (1702). Coleção Mellon, Yale Univ. Library.

32. ESPÍRITO VOLÁTIL COMO ÁGUIA E CISNE. Mylius, *Philosophia reformata* (1622), p. 126, Fig. 13. Coleção C. G. Jung.

33. ASSANDO A SALAMANDRA. *The Book of Lambspring*, I, em A. E. Waite (org. e trad.), *The Hermetic Museum Restored and Enlarged*, I, p. 295.

34. CUPIDO, VÊNUS E AS PAIXÕES DO AMOR. Bronzino, 1550-1555. National Gallery, Londres.

35. ESPÍRITO DA ÁRVORE. Desenho a bico de pena, nanquim e cor, de Margaret Jacoby (1977). Coleção Daryl Sharp.

36. PÁSSAROS ALADO E SEM ASAS, E SÓIS JUSTO E INJUSTO. Detalhe da Ilustração 31.

37. MERGULHÃO E PEIXE. Gravura a cores de Jackson Beardy, índio Ojibway (1973). Canadian Native Prints Ltd., Vancouver, B. C.

38. TRANSFORMAÇÃO DE MERCÚRIO. Barchusen, *Elementa chemiae* (1718), Fig. 76. Biblioteca Nacional de Paris.

39. ALQUIMISTA ADORANDO O ENXOFRE. "Speculum Veritatis", Codex Latinus 7286 (séc. XVII), fl. 3. Biblioteca do Vaticano.

40. ALQUIMISTA CONFERENCIANDO COM DEUS. Barchusen, *Elementa chemiae* (1718), Fig. 2. Biblioteca Nacional de Paris.

41. UNIÃO DOS OPOSTOS COMO MONSTRUOSIDADE. Brant, *Hexastichon* (1503). Coleção C. G. Jung.

42. JONAS E *LAPIS ANGULARIS*. "Speculum humanae salvationis", Codex Latinus 512 (séc. XV). Biblioteca Nacional de Paris.

43. UNIÃO PERSONIFICADA DO SOL E DA LUA. *Rosarium philosophorum* (1550). Coleção C. G. Jung.

44. FORNOS DO SOL E DA LUA. *Mutus liber* (1702), p. 14, detalhe. Coleção Mellon, Yale Univ. Library.

45. ENCONTRO DE REI E RAINHA. Trismosin, "Splendor solis", MS Harley 3469 (1582). Museu Britânico.

46. SATURNO DEVORANDO SEUS FILHOS. *Mutus liber* (1702), p. 7, detalhe. Coleção Mellon, Yale Univ. Library.

47. PAVÃO NASCENDO DE RETORTA, MS (século XVIII), na Coleção dr. C. Rusch, Appenzell.

48. ENTRANDO NA CIDADE COM MÃOS QUE CONCEDEM BEM-AVENTURANÇA. "The Ten Ox-herding Pictures", Suzuki, *Mannual of Zen Buddhism*.

49. LUA NA SOMBRA. Maier, *Scrutinium chymicum* (1687), p. 133.

50. MERCÚRIO COMO CRIANÇA DIVINA. *Mutus liber* (1702), p. 11, detalhe. Coleção Mellon, Yale Univ. Library.

51. DESCIDA DO ESPÍRITO SANTO COMO LÍNGUAS FENDIDAS. Lecionário de Munique, Codex Latinus 15713 (séc. XII), Biblioteca Estadual de Munique, fl. 37v.

52. FONTE DA VIDA. *Rosarium philosophorum* (1550). Coleção C. G. Jung.

53. UNIÃO DE OPOSTOS COMO HERMAFRODITA. *Hermaphroditisches Sonn-und Mondskind* (1752), p. 16, detalhe. Coleção C. G. Jung.

54. SAPIÊNCIA COMO MÃE DOS SÁBIOS. Tomás de Aquino (pseud.), *De alchimia*, Codex Vossianus 29 (séc. XVI), Biblioteca da Universidade de Leiden, fl. 53, detalhe.

55. DEUS COMO LOGOS CRIANDO O ZODÍACO. Peter Lombard, "De Sacramentis", Codex Vaticanus Latinus 681 (séc. XIV). Biblioteca do Vaticano.

56. A SABEDORIA COMO VIRGEM E ÁRVORE DA VIDA. Reusner, *Pandora* (1588), p. 225. Coleção C. G. Jung.

57. CORAÇÃO ARDENTE. Jakob Boheme.

58. ALQUIMISTA E *SOROR MYSTICA* SEGURANDO AS CHAVES. Tomás de Aquino (pseud.), *De alchimia*, Codex Vossianus 29 (séc. XVI). Biblioteca da Universidade de Leiden, fl. 99. (Reproduzido de *Mysterium Coniunctionis*, CW 14, par. 738.)

59. ALQUIMISTA COMO SACERDOTE. Maier, *Symbola aureae mensae* (1617), p. 509. Coleção Mellon, Yale Univ. Library.

60. DEUS ANDRÓGINO. Joia babilônica mais recente, reproduzida de Lajard, "Mémoire sur une représentation figurée de la Vénus orientale androgyne", em *Nouvelles annales de l'Institut archéologique*, I, p. 161, Paris, 1836.

61. NUVEM DE CAOS. Marolles, Tableaux du temple des Muses (1655). Museu Britânico.

62. DEPRESSÃO E CONFLITO CONSCIENTE. Duas pinturas por mulher em análise (1976). Coleção Daryl Sharp.

63. O *NIGREDO* COMO ETÍOPE. Trismosin, "Splendor solis", MS Harley 3469 (1582). Museu Britânico.

64. A SABEDORIA DE DEUS COMO ALMA DO MUNDO. Gravura de J.-T. de Bry, reproduzida de Fludd, *Utriusque cosmi* (1617), pp. 4-5.

65. ASSUNÇÃO DA VIRGEM MARIA. *Speculum Trinitatis*, reproduzido de Reusner, *Pandora* (1588), p. 253. Coleção C. G. Jung.

66. IMERSÃO NO BANHO. *Rosarium philosophorum* (1550). Coleção C. G. Jung.

67. ALQUIMISTA MEDITANDO EM *NIGREDO*. Jamsthaler, *Viatorium spagyricum* (1625), p. 27. Coleção C. G. Jung.

68. DEMÔNIO COMO ESPÍRITO AÉREO. Ilustração de Eugène Delacroix (1799-1863), para *Fausto*; Parte I. The Heritage Club, Nova York.

69. ALQUIMISTA E *SOROR MYSTICA* PESCANDO. *Mutus liber* (1702), Fig. 3. Coleção Mellon, Yale Univ. Library.

70. A REUNIÃO DA ALMA E DO CORPO. Ilustração para *The Grave*, de Blair (1808), desenhada por William Blake, gravada por Schiavonetti.

71. FLOR DE SETE PÉTALAS. Boschius, *Symbolographia* (1702). Coleção C. G. Jung.

72. ALQUIMISTAS TRABALHANDO. *Mutus liber* (1702) p. 6. Coleção Mellon, Yale Univ. Library.

73. NASCIMENTO DO DRAGÃO. Desenho a bico de pena e tinta por Margaret Jacoby (1977). Coleção Daryl Sharp.
74. TRINDADE ALQUÍMICA. Lambspring, "Figurae et emblemata", Fig. XV, em *Musaeum hermeticum* (1678), p. 371. Coleção Mellon, Yale Univ. Library.
75. UNIÃO DE REI E RAINHA ALADOS. *Rosarium philosophorum* (1550). Coleção C. G. Jung.
76. SERPENTE MERCURIAL AUTODEVORANDO-SE. Barchusen, *Elementa chemiae* (1718). Figs. 58-61. Biblioteca Nacional de Paris.
77. PELICANO ALQUÍMICO. Rhenanus, *Solis et puteo* (1613).
78. SÍMBOLO DA ALQUIMIA. Eleazar, *Uraltes chymischesWerk* (1760), Parte II, nº 9, Coleção Mellon, Yale Univ. Library.
79. O FORNO ALQUÍMICO. Geber, *De alchimia* (1529), frontispício. Coleção C. G. Jung.
80. ALQUIMISTA ENCERRADO EM *NIGREDO*. Jamsthaler, *Viatorium spagyricum* (1625), p. 118. Coleção C. G. Jung.
81. A ANUNCIAÇÃO. Mathis Nithart (m. 1528). Altar de Isenheim, Kolmar. (Reproduzido de Notas de Seminário inéditas, 1925.)
82. O PROCESSO SIMBÓLICO. Béroalde de Verville, *Le Songe de Poliphile* (1600). Coleção Mellon, Yale Univ. Library.

AGRADECIMENTOS

O presente livro baseia-se na transcrição feita por Una Thomas da série de conferências realizadas pela dra. Marie-Louise von Franz no Instituto C. G. Jung, de Zurique, em 1959. A autora e os editores agradecem a Thomas pela sua meticulosa preparação da versão original. O texto, em sua presente forma, foi organizado para publicação por Daryl Sharp e Marion Woodman. Daryl Sharp selecionou as ilustrações, redigiu as legendas.

O ovo filosófico é, simultaneamente, berço e recipiente das novas atitudes simbolizadas pelo objetivo alquímico da *coniunctio*, a união de opostos (masculino e feminino, consciência e inconsciente etc.). Aqui, esse objetivo é representado como o hermafrodita em triunfo sobre o dragão e o globo alado do caos, ameaçando as faces do inconsciente. Os sete planetas representam diferentes aspectos da personalidade e os sete estágios da transformação. – Jamsthaler, *Viatorium spagyricum* (1625).

1. Montanha dos adeptos. O processo de desenvolvimento psicológico é análogo aos estágios na transformação alquímica da matéria básica em ouro – a pedra filosofal – aqui representados como um "templo dos sábios" sepultado na terra. A fênix, símbolo da personalidade renovada, está a cavaleiro do sol e da lua (os opostos como masculino e feminino). O zodíaco ao fundo simboliza a duração do processo; os quatro elementos indicam a totalidade. O homem vendado representa a busca vacilante da verdade; o caminho certo é mostrado pelo investigador preparado para seguir seus instintos naturais.

1ª Palestra

INTRODUÇÃO

Refleti muito sobre o modo como daria este curso de introdução ao simbolismo da alquimia, e decidi-me por uma breve interpretação de razoável número de textos, em vez de concentrar-me num único texto, como fiz em outras oportunidades. Como temos nove capítulos, achei preferível dedicar três à alquimia na Grécia antiga, três à arábica e os últimos três à europeia subsequente, de modo que se tenha, pelo menos, uma ideia geral de todas as fases do desenvolvimento dessa ciência.

Como se sabe, o dr. Jung dedicou muitos anos de estudo a esse assunto, que ele praticamente exumou do monturo do passado, pois era um campo esquecido e desprezado de investigação que assim foi subitamente ressuscitado. O fato de que hoje se vende o menor folheto por cerca de 100 francos suíços, quando há uns dez anos um excelente livro sobre alquimia podia ser comprado por 2 ou 3 francos, deve-se realmente ao dr. Jung, visto que, com exceção do interesse manifestado por alguns círculos franco-maçônicos e dos desenvolvimentos posteriores pelos rosacrucianos, ninguém sabia nada de fato acerca do assunto, quando ele iniciou suas investigações a respeito.

Logo que nos debruçarmos sobre os textos, o leitor compreenderá, em certa medida, como a alquimia acabou sendo esquecida e por quê, ainda, mesmo em círculos junguianos, muitas pessoas dizem que podem acompanhar o dr. Jung no tocante à interpretação de mitos e em tudo o mais que ele escreveu, mas que, quando se trata de alquimia, desistem e/ou não o leem ou ficam resmungando o tempo todo enquanto leem seus livros sobre o assunto. Isso porque a alquimia, em si mesma, é tremendamente obscura e complexa, e os textos muito difíceis de ler, de modo que, se o leitor desejar penetrar nesse campo, terá necessidade de uma imensa bagagem técnica de conhecimentos. Estou apresentando este curso introdutório na esperança de que ele permita ao estudioso penetrar melhor no material, para que, ao ler os livros do dr. Jung, tenha uma bagagem de conhecimentos para entendê-los.

Em *Psicologia e Alquimia*, o dr. Jung introduziu, por assim dizer, a alquimia na psicologia: primeiro, com a publicação de uma série de sonhos de um cientista natural que contém grande quantidade de símbolos alquímicos; e, depois, com a citação de antigos textos, por meio dos quais ele esperava provar como esse material é importante e moderno, e o quanto tem a dizer ao homem moderno. Ele próprio descobriu a alquimia de uma forma absolutamente empírica. Disse-me certa vez que, com frequência, deparava-se com certos temas nos sonhos de seus pacientes que não era capaz de entender e foi então que, um dia, resolveu consultar velhos livros sobre alquimia e percebeu uma ligação. Por exemplo, certa paciente sonhou que uma águia estava, a princípio, voando alto no céu mas, depois, de repente, virou a cabeça, começou a comer as próprias asas e despencou por terra. O dr. Jung naturalmente era capaz de compreender esse simbolismo sem paralelos históricos: o espírito pairando alto ou o pássaro do pensamento, por assim dizer. O sonho indica uma espécie de enantiodromia, a inversão de uma situação psíquica. De qualquer modo, ficou muito impressionado com o tema, que se reconhece de imediato ser arquetípico e que certamente deve ter paralelos; chama a atenção como um tema geral e, no entanto, não era encontrado em parte alguma. Então, um dia ele descobriu o Manuscrito Ripley, que dá uma série de ilustrações do processo alquímico – publicadas, em parte, em *Psicologia e Alquimia* – e em que há uma águia com cabeça de rei, que vira para trás e come as próprias asas.

A coincidência impressionou-o profundamente e, por vários anos, o dr. Jung manteve-a em mente, pressentindo que algo mais havia na alquimia e que deveria estudar o assunto; mas hesitou em atacar esse campo extremamente complexo, percebendo quanto trabalho isso envolveria, o que, além do mais, significava repassar seu grego e latim e ler muito. Finalmente, porém, chegou à conclusão de que tudo isso tinha de ser feito, de que havia muita coisa enterrada nessa área que era importante para o nosso melhor entendimento do material onírico do homem moderno.

Para o dr. Jung não se tratava de um problema teórico, mas de um paralelo flagrante com o material com que ele estava lidando diariamente. Mas agora poderíamos perguntar-nos: por que o simbolismo alquímico estaria mais próximo do produto inconsciente de muitos modernos do que qualquer outro material? Por que não bastaria estudar a mitologia comparada, os contos de fadas e a história das religiões? Por que há de ser particularmente a alquimia?

Há várias razões para isso. Se estudarmos o simbolismo na história comparada da religião, ou no Cristianismo – todas as alegorias da Virgem Maria, por exemplo, ou da árvore da vida, ou da cruz, ou o simbolismo do dragão no material cristão medieval etc. – ou se estudarmos a mitologia, tal como a conhecemos, por exemplo, por meio dos índios norte-americanos – as crenças dos hopis, o canto dos navajos etc. – estaremos, em cada caso, lidando com material formado na coletividade e transmitido por tradição mais ou menos organizada. Entre os índios norte-americanos há tradições de curandeiros que transmitiram canções e rituais a seus discípulos, ao passo que certas coisas eram conhecidas pela tribo toda, que participava dos rituais. O mesmo é válido para o simbolismo cristão, visto que é transmitido nas

2. Águia como símbolo do espírito, com que, segundo Jung, os alquimistas queriam significar "todas as faculdades mentais superiores, como a razão, a compreensão intuitiva da natureza íntima das coisas e a discriminação moral".

tradições da Igreja, e todo o simbolismo da liturgia e da missa, com seu profundo significado, é veiculado pela doutrina, pela tradição e pelas organizações humanas. Também existem diferentes formas orientais de ioga e outras formas de meditação. Os símbolos assim formados tiveram certamente sua origem no inconsciente, mas têm sido elaborados pela tradição e por meio dela. Vemos repetidamente como alguém que teve uma experiência original e imediata de símbolos inconscientes começa depois a elaborá-los e a desenvolvê-los.

Tomemos como exemplo São Nicolau de Flüe, o santo suíço que teve a visão de uma figura peregrina e divina que avançou para ele, ostentando um manto brilhante de pele de urso e entoando uma canção de três palavras. Com base no relato original, é óbvio que o santo estava convencido de que ou Deus ou Cristo estava aparecendo para ele. Porém, o relato original perdeu-se e até uns oitenta anos atrás conhecia-se apenas um relato feito por um de seus primeiros biógrafos, que contou a história mais ou menos corretamente, mas omitiu o manto de pele de urso! As três palavras da canção referem-se à Trindade, o peregrino divino seria Cristo visitando o santo, e assim por diante. Tudo isso o biógrafo mencionou, mas quanto à pele de urso ele nada podia fazer – pois por que estaria Cristo vestindo uma pele de urso? Assim, esse detalhe foi abandonado e só pela redescoberta casual do relato original da visão é que isso passou a ser daí em diante incluído. É isso o que acontece a experiências originais que são transmitidas a gerações seguintes, pois é feita uma seleção e o que se ajusta ou coincide com o que já é conhecido passa adiante, ao passo que outros detalhes tendem a ser abandonados, porque parecem estranhos e não se sabe como lidar com eles.

Parece, portanto, que o simbolismo transmitido pela tradição é, em certa medida, racionalizado e expurgado das grosserias do inconsciente, os pequenos e esquisitos detalhes que o inconsciente lhe junta, por vezes contradições e obscenidades. Isso, em pequena escala, acontece até no nosso próprio íntimo. Um jovem médico tornou-se subitamente muito cético em relação ao modo como tomamos nota dos nossos sonhos, acreditando que muita coisa é falsificada quando, pela manhã, uma pessoa escreve o que sonhou na noite anterior. Assim, resolveu colocar um gravador na mesinha de cabeceira e, quando acordava durante a noite, mesmo num estado meio sonolento, gravava o seu sonho e, de manhã, tomava nota do sonho conforme se lembrava e comparava os dois. Descobriu então que o seu ceticismo era exagerado.

As descrições que fazemos de sonhos na manhã seguinte são quase corretas mas, involuntariamente, introduzimos neles uma certa ordem. Por exemplo, ele sonhou que alguma coisa estava acontecendo numa casa e que depois entrou nessa casa. Ao recontar o sonho pela manhã, corrigiu a sequência temporal, escrevendo que tinha entrado na casa e depois sentira isto e aquilo. De fato, os sonhos gravados imediatamente são mais confusos quanto ao tempo mas, quanto ao resto, são muito corretos. Portanto, mesmo quando um sonho cruza o limiar da consciência, esta, ao relatá-lo, dá-lhe alguns retoques, corrige-o e torna-o um pouco mais compreensível.

Cum grano salis, poderíamos comparar o que foi dito acima ao modo pelo qual as experiências religiosas são transmitidas num sistema religioso vivo: a experiência pessoal imediata é normalmente purificada, esclarecida e revista. Por exemplo, nas histórias da vida interior pessoal de santos católicos, a maioria dos santos teve experiências imediatas da Divindade – isso pertence à própria definição de um santo – ou visões da Virgem Maria, ou de Cristo, e assim por diante. Mas a Igreja raramente divulgou e publicou alguma coisa sem primeiro expurgar o que considerou ser material pessoal. Só era escolhido o que se ajustava à tradição.

A mesma coisa acontece em comunidades primitivas livres. Até mesmo os índios norte-americanos omitem certos detalhes, considerando-os desinteressantes para as ideias conscientes coletivas. Os aborígines australianos celebram uma festividade chamada "Kunapipi", que se estende por trinta anos. Durante trinta anos, são realizados certos rituais em épocas específicas – é um grande ritual de renascimento que dura uma geração inteira – e quando os trinta anos terminam, começa tudo de novo. O etnólogo que o descreveu pela primeira vez deu-se ao trabalho de coletar os sonhos nas tribos que se referiam à festividade. E descobriu que os membros da tribo sonhavam frequentemente com isso e que, nesses sonhos, como se podia esperar, e como aconteceria conosco, havia variações em pequenos detalhes que não se ajustavam por completo ao que realmente ocorria. Os aborígines australianos dizem que, se um sonho tinha uma boa ideia, ele era contado à tribo e adotado como parte da festividade, a qual, dessa maneira, variava um pouco, por vezes, embora no essencial se respeitasse a tradição herdada.

Ao analisar os católicos, tenho observado frequentemente o mesmo fenômeno; eles sonham com a missa, mas algo especial acontece. Por exemplo, o padre distribui sopa quente em vez da hóstia, ou coisas assim. Lembro-me do sonho de uma freira em que, no meio do *Sanctus*, que é o momento mais solene, justamente quando deve ocorrer a transformação, o velho bispo que estava lendo a missa parou de repente e disse: "Bem, é necessário dizer primeiro algo mais importante" e, em seguida, fez um sermão sobre a encarnação. Depois, parou novamente e disse que prosseguiriam então com a velha missa tradicional, confiando a dois jovens padres a tarefa de a concluírem. É evidente que essa freira, como é o caso de muitas outras pessoas, não tinha entendimento suficiente do mistério da missa – para ela, era apenas a repetição mecânica do mistério e, portanto, antes que a transformação ocorresse, o sonho mostrou que alguém devia realmente explicar às pessoas o que estava acontecendo porque, se elas não participassem com suas mentes, nada daquilo adiantava, elas estariam acreditando sem compreender. Assim, no sonho dela, o bispo ofereceu uma longa explicação, após o que a missa clássica prosseguiu com sacerdotes mais moços, mostrando que isso era uma renovação. A renovação ocorre de acordo com o modo como a missa é entendida e, nesse caso, o ancião passou o encargo aos dois jovens. Isso ilustra como a experiência individual de símbolos religiosos varia sempre um pouco em relação à fórmula oficial, que consiste somente num padrão médio. Há muito pouca manifestação imediata do inconsciente, seja na história ou em qualquer outro lugar.

Mediante a observação de sonhos, visões, alucinações etc., o homem moderno pode agora, pela primeira vez, examinar de um modo isento de preconceitos os fenômenos do inconsciente. O que vem do inconsciente pode ser observado por meio de indivíduos. O passado legou-nos alguns raros depoimentos de experiências individuais mas, de uma forma geral, os símbolos do inconsciente chegam-nos do modo mais tradicional, pelo fato de que, normalmente, a humanidade não abordou o inconsciente individualmente mas, com raras exceções, relacionou-se com ele indiretamente, por meio de sistemas religiosos. Até onde me é dado ver, essa situação é a que prevalece em geral, salvo no caso das sociedades mais antigas e mais primitivas, e em algumas outras formas de abordagem do inconsciente já codificadas.

Num certo número de tribos esquimós praticamente não há conteúdo de consciência coletiva. Há meia dúzia de ensinamentos acerca de certos espectros, espíritos e deuses – Sila, o deus do ar, Sedna, a deusa do mar etc. – que são transmitidos oralmente por certas pessoas, mas apenas as experiências pessoais são transmitidas pelo xamã ou feiticeiro, que é a personalidade religiosa de tais comunidades. Os esquimós têm uma vida tão dura e têm tanta dificuldade em sobreviver, devido às terríveis condições em que vivem, que todos se concentram normalmente na luta pela sobrevivência, com exceção de um punhado de indivíduos escolhidos que têm alguma relação com espíritos e fantasmas, e têm experiências interiores e sonhos, de modo que as pessoas se relacionam simplesmente com esses sonhos e têm seus próprios pensamentos a respeito deles, de uma forma algo semelhante à do homem moderno em análise. A única orientação que recebem é na reunião com outros xamãs, mediante a troca de experiências, o que lhes possibilita não estarem inteiramente sós com suas experiências interiores. De um modo geral, os mais jovens procuram os xamãs mais velhos, receosos de que se o não fizerem poderão enlouquecer, como também nos aconteceria. Nesse caso, há um mínimo de tradição consciente coletiva e um máximo de experiência pessoal imediata de uns poucos indivíduos.

Acho que é provável que isso represente os remanescentes de uma condição original, porque, de acordo com reflexões antropológicas pode-se admitir que a humanidade viveu originalmente em pequenos grupos tribais de cerca de vinte a trinta pessoas, entre as quais havia normalmente dois ou três introvertidos superdotados que tinham experiências interiores pessoais e eram os guias espirituais, enquanto os vigorosos caçadores ou combatentes eram os guias terrenos. Nesse caso, há material sobre as experiências interiores imediatas e a escassa tradição.

Depois, há ainda os fenômenos de encontro imediato de indivíduos com o inconsciente nas experiências organizadas de iniciação de certos povos. Por exemplo, em muitas tribos de índios norte-americanos, parte da iniciação de um jovem feiticeiro consiste em ir para o pico de uma montanha, ou para um deserto, depois de jejuar e às vezes também de ingerir drogas, e aí aguardar uma visão ou alucinação ou experiência, que depois relatará ao seu Mestre, seu Iniciador. Se, por exemplo, ele diz que viu um lagarto, então é informado de que pertence ao clã do Thunderbird, um enorme pássaro que, segundo a mitologia dessas tribos, produz trovões, relâmpagos e chuva, e de que terá, nesse caso, de tornar-se um feiticeiro. Mas, aí, a interpretação da experiência individual é relacionada com a tradição consciente coletiva e tudo o que for estritamente individual, tudo o que for estranho, será simplesmente omitido pelo feiticeiro. Paul Radin publicou sonhos de índios mostrando como eles os interpretam, e vê-se que eles passam por cima daquilo que não entendem. Selecionam do sonho o que se liga com ideias conscientes coletivas e omitem os detalhes estranhos – tal como os principiantes em análise junguiana fazem quando começam a interpretar seus próprios sonhos. Se lhes sugerirmos que tentem experimentar sua habilidade interpretativa, eles normalmente selecionam um tema que parece relacionar-se com algo que conhecem e dizem que sabem o que significa e a que se refere, mas então eu questiono a respeito desse ou daquele detalhe, que eles tendem a omitir.

Posteriormente as experiências imediatas do inconsciente por certos indivíduos também podem ser codificadas, ou interpretadas, ou inseridas num sistema religioso. Naturalmente, em todos os sistemas religiosos existem seitas que tendem a revivificar experiências imediatas. Sempre que uma religião parece estar excessivamente codificada, forma-se normalmente uma seita compensatória para revivificar experiências individuais, e isso explica tantas cisões.

Por exemplo, existem os sunitas e os xiitas no Islã, e outros; ou a escola talmúdica de cabala na Idade Média judaica, em que os símbolos religiosos codificados são transmitidos às gerações seguintes. Este último grupo tende a atribuir maior valor às experiências individuais, um deles pretendendo ser ortodoxo e o outro pretendendo possuir o espírito vivo, o que seria também um contraste entre tipos introvertidos e extrovertidos. Contudo, mesmo na tradição do introvertido que pretende ter o espírito vivo, há pouca experiência pessoal autêntica do inconsciente. Existem sempre uns poucos indivíduos que têm tais experiências, provavelmente porque elas são tão perigosas e assustadoras que só raríssimas pessoas, dotadas de coragem incomum, enveredam por esse caminho, ou então os néscios, que ignoram até que ponto a coisa é perigosa e, portanto, são levadas por ela à loucura.

3. Alquimista trabalhando com sua *soror mystica* (ajudante feminina); ela representa a colaboração de seu próprio lado feminino.

Em algumas de suas primeiras aulas em E. T. H., o colégio técnico de Zurique, o dr. Jung, para exemplificar o simbolismo do processo de individuação e o que entendia por isso, discutiu uma série de imagens num texto oriental de meditação e os famosos exercícios espirituais, os *Exercícios Espirituais de Santo Inácio de Loyola*, assim como o *Benjoumin Minor*, de Hugh de São Victor. E mostrou que todas essas formas de meditação codificada contêm as teorias essenciais, ou os símbolos, que normalmente se apresentam no processo de individuação em indivíduos. Mas todas essas abordagens do inconsciente e a maioria das formas de meditação oriental, assim como as formas cristãs medievais, contêm um programa. Por exemplo, uma pessoa que se submete aos *Exercícios Espirituais* tem, na primeira semana, que se concentrar na frase *Homo creatus est*,* na semana seguinte nos padecimentos de Cristo, e assim por diante. Ter vontade, no meio da sua contemplação, de tomar café significaria uma interferência profana induzida pelo demônio, que a pessoa terá de conter a todo custo. Mas também podem haver interferências santas! Enquanto medita sobre a cruz, ele pensa ver, de repente, uma luz azul, ou uma coroa de rosas em torno da cruz, mas como isso não se enquadra, também tem de ser banido – isso seria o demônio falsificando o processo, já que a pessoa deve ver a cruz e não um buquê de rosas ou coisa parecida. Por conseguinte, ela é ensinada a rejeitar essas intromissões espontâneas do inconsciente e a aderir fanaticamente ao programa estabelecido.

Naturalmente, ela ainda está se concentrando em símbolos do inconsciente, pois a cruz é um símbolo do inconsciente, mas sua mente é dirigida para um canal bem definido, dado pela tradição coletiva. Se a pessoa disser ao seu diretor espiritual que viu uma banheira em lugar da cruz, ele lhe dirá que ela não se concentrou adequadamente, que se desviou. O mesmo aplica-se a certa forma de meditação oriental. Se belos devas e não menos belas deusas aparecem e tentam desviar o iogue do seu objetivo, ele deve repelir tais pensamentos como fatores de perturbação. Assim, nessas formas de abordagem do inconsciente, deve-se

---

* Em latim, *Homo creatus est, ut laudet Deum Dominum nostrum, ei reverentiam axhibeat eique serviat, et per haec salvet animam suam,* que significa: O homem foi criado para louvar, prestar reverencia e servir a Deus, nosso Senhor e, mediante isso, salvar a sua alma. (N. do E.)

obedecer a uma direção consciente, a um método ou caminho prescrito, e certos pensamentos que irrompem inopinadamente ignorados. Por essa razão, o simbolismo que se apresenta em tais formas não é da mesma espécie que o dos sonhos e da imaginação ativa, pois dizemos às pessoas que observem simplesmente o que vem à tona, o que, naturalmente, produz material um tanto diferente, para que possamos então comparar os dois produtos um em relação ao outro.

Os alquimistas estavam numa situação completamente diferente. Acreditavam estar estudando o fenômeno desconhecido da matéria – darei os detalhes mais adiante –, observavam o que surgia e interpretavam de algum modo, mas sem qualquer plano específico. Haveria uma parte de alguma matéria estranha, mas como não sabiam o que era, conjeturavam isto ou aquilo, o que, é claro, era uma projeção inconsciente; mas não havia uma intenção ou tradição definida. Portanto, pode-se dizer que, em alquimia, as projeções eram feitas de modo sumamente ingênuo e sem programação, e não passavam por qualquer forma de correção.

Imaginemos a situação de um velho alquimista. Um homem numa certa aldeia construía uma cabana isolada e cozinhava coisas que provocavam explosões. Naturalmente, todos o chamam de feiticeiro! Um dia, alguém aparece e diz ter encontrado uma estranha peça de metal; estaria o alquimista interessado em comprá-la? O alquimista ignora o valor do metal mas dá ao homem algum dinheiro, por mero palpite. Depois, coloca em seu forno o que lhe foi levado, misturando com enxofre ou algo semelhante, para ver o que acontece; se o metal for chumbo, ele será gravemente envenenado pelos vapores. Portanto, concluirá que esse material deixa a pessoa doente, se se aproximar dele, e quase a mata, e sentenciará que existe um demônio no chumbo! Depois, quando escreve suas receitas, acrescenta uma observação que diz: "Cuidado com o chumbo, pois contém um demônio que matará as pessoas e as deixará loucas", o que seria uma explicação bem razoável e óbvia para alguém dessa época e desse nível. Por conseguinte, o chumbo era um maravilhoso tema para a projeção de fatores destrutivos, uma vez que, em certas combinações, seus efeitos são venenosos. As substâncias ácidas também eram perigosas mas, por outro lado, sendo corrosivas e sendo um meio de dissolver coisas, tinham grande importância em operações químicas. Assim, quando se queria fundir alguma coisa, ou tê-la em forma líquida, podia ser derretida ou dissolvida em soluções ácidas; por essa razão, a projeção era que o ácido era uma substância perigosa que dissolve, mas que também possibilita a manipulação de certas substâncias. Ou então é um veículo de transformação – permite abrir, por assim dizer, um metal com o qual nada pode ser feito e torná-lo acessível à transformação mediante o uso de certos líquidos. Portanto, os alquimistas escreveram sobre isso na forma ingênua em que estou agora descrevendo e não se aperceberam de que isso não era ciência natural, mas continha substancial dose de projeção, se encarado do ponto de vista da química moderna.

Assim, há na alquimia uma quantidade surpreendente de material oriundo do inconsciente, produzido numa situação em que a mente consciente não seguia um programa definido, mas apenas perscrutado. O próprio dr. Jung abordou o inconsciente de maneira semelhante e, em análise, também tentou levar as pessoas a adotarem uma atitude em que o inconsciente não fosse abordado de acordo com um programa. Dizemos simplesmente, por exemplo, que a situação parece ruim, que a pessoa está numa condição insatisfatória, e que deveríamos examinar isso e o fenômeno vital a que chamamos o inconsciente, considerando juntos o que isso poderá representar ou a que poderá levar. Esse ponto de partida consciente, que tem um mínimo de programação, corresponde ao ponto de partida consciente do alquimista, de modo que o inconsciente responde de maneira análoga, e é por isso que os escritos dos alquimistas são especialmente úteis e proveitosos para o entendimento de um material moderno.

Pergunta: Numa obra de origem assíria que reúne material antigo sobre sonhos, traduzida pelo famoso assiriologista Adolf Leo Oppenheim, intitulada *The Interpretation of Dreams in the Ancient Near East*, tem-se a impressão de que os antigos intérpretes de sonhos também estavam interpretando numa base coletiva. É essa a sua opinião?

Dra. von Franz: É. Eles também faziam seleções dos sonhos e aproveitavam o que se relacionava com o material coletivo. Isso se aplica também a Artemidoro. Só conheço um documento da Antiguidade em que há uma série de sonhos que não foram selecionados e é um texto proveniente do *Serapeum* de Mênfis. Um homem chamado Ptolomeu (suas memórias, penso eu, foram publicadas, por Ulrich Wilcken) meteu-se em apuros, creio que por dívidas, pelo que deveria ser encarcerado; mas ele preferiu tornar-se um noviço, um *Katochos*, um servidor no *Serapeum* de Mênfis – o Santuário de Serápis em Mênfis, no Egito Antigo. De acordo com os regulamentos, um *Katochos* deve anotar os seus sonhos, o que deu origem ao papiro de Ptolomeu – um papiro único em grego-egípcio helenizado – no qual há os mais surpreendentes sonhos "modernos". Por exemplo: "Encontrei o Sr. Fulano, e disse...", seguindo-se então algumas banalidades, depois o nome de novo etc., o que seria típico de nossos sonhos. É impossível interpretar esse sonho porque desconhecemos as associações. Numa série de 27 sonhos, há dois ou três em que aparece, por exemplo, a deusa Ísis. Podemos entender os sonhos coletivos em que aparecem figuras coletivas, mas os outros devem ser deixados de lado porque não temos associações. Ptolomeu diz, por exemplo, que encontrou seu sobrinho, mas ninguém sabe o que esse sobrinho significava para ele.

Há algo mais que foi de grande importância para mim quando descobri esse documento: é que essas pessoas sonhavam exatamente como nós. Quando lemos sonhos babilônicos, sentimos que eles *não* sonhavam como nós, pois no material babilônico, os sonhos são selecionados de modo a se ajustarem à interpretação tradicional. Por exemplo: sonhar com uma cabra preta pressagia má sorte. Centenas de outros sonhos do mesmo homem que teve esse sonho são ignorados mas, como na tradição coletiva uma cabra preta que apareça num sonho significa azar, esse foi registrado. Esse é ainda o caso na nossa zona rural, onde ninguém toma conhecimento dos sonhos comuns. Porém, se alguém sonha com um caixão, um casamento ou uma serpente, isso é devidamente discutido e pergunta-se se porventura alguém estará para morrer na família; isso apenas se aplica a temas tradicionais, sendo esquecido qualquer outro material.

Mas os fragmentos dos sonhos de Ptolomeu mostram algo completamente diferente da literatura de sonho da Antiguidade, e percebemos que as pessoas sonhavam então exatamente como nós, embora a literatura só relate os poucos sonhos que se ajustavam às suas teorias: se se sonhava que a casa estava em chamas, era porque se estava apaixonado etc. É sempre possível perceber como eles chegavam às suas interpretações, que não eram de todo ruins, dado ser muito provável que alguém apaixonado sonhe com uma casa em chamas. Tais livros são organizados com base em experiências comuns, mas todo o material de sonho, tanto medieval quanto da Antiguidade, tende para o concreto. Isto é, se alguém está para morrer, você terá um visitante que receberá ou perderá dinheiro, e assim por diante. Um sonho nunca é aceito como coisa interior, como um processo interior, mas é projetado no mundo exterior.

Mesmo hoje, na Suíça, as pessoas simples discutem frequentemente seus sonhos mas apenas em nível de prognóstico. Estou analisando uma faxineira e, no outro dia, o irmão dela telefonou-me e perguntou por que cargas d'água eu estava endoidecendo ainda mais sua irmã analisando os sonhos dela, que os sonhos eram tudo lixo, o que ele mesmo podia provar, pois sonhara três vezes com caixões no último inverno e ninguém morrera na família! Ele ainda pensa à maneira clássica greco-egípcio-babilônica. Voltemos às tradições originais dos pequenos grupos primitivos que dizem haver entre eles um homem que tem sonhos ou visões. Duas possibilidades estão ao seu dispor: se ele conhece alguém que se presume ser um xamã ou um feiticeiro, ou um sacerdote, vai consultá-lo e aceita a interpretação que ele fizer; ou então mantém-se independente e desenvolve a sua própria interpretação, extrai suas próprias conclusões e elabora um sistema completo.

OBSERVAÇÃO: Portanto, isso depende da atitude e compreensão da pessoa investida de autoridade. Em última instância, resume-se à questão de saber qual a autoridade que deve ser mais respeitada: se a do intérprete segundo a tradição ou a da pessoa que teve o sonho ou a experiência.

DRA. VON FRANZ: Sim, e em última análise a pessoa que tem mais mana, a grande personalidade que leva uma vida mais espiritual e dispõe de maior autoridade. Por exemplo: as pessoas guardam às vezes suas experiências para si mesmas, mesmo nesses países primitivos, e desenvolvem seu próprio sistema; mas, depois, caso fracassem na vida, são olhadas como idiotas, de modo que o homem que é suficientemente arrogante para querer manter-se só, corre o risco de ser olhado como um possesso, um doido, em vez de um grande xamã. Ele tem de correr esse risco e só a vida pode mostrar o que estava certo. Mas até essas tribos primitivas discriminam entre idiotas que estão possuídos e feiticeiros.

Observação: Na terminologia cristã, poderíamos dizer que esse homem estava carregando a sua cruz, mas tudo dependia do seu motivo.

Dra. von Franz: Exatamente. Ou, por exemplo, na heresiologia católica, alguém pode ter uma revelação individual de Deus, o que o leva a desviar-se do dogma da Igreja. Imaginemos que ele tem uma visão de Cristo em que Cristo lhe diz que é metade homem e metade animal, ou coisa do gênero; então ele afirmaria saber que Cristo não só encarnou como homem mas inclusive no nível de um animal também. Ora, se um homem acredita nisso, a Inquisição que o condena a morrer na fogueira diz também que ele ainda poderá ser salvo e estar, apesar de tudo, com a razão. O homem de que arder na fogueira, porquanto o credo ortodoxo deve ser defendido, mas a porta ainda fica aberta; os inquisidores dizem que o herege pode estar certo, mas que, se quer aderir à sua verdade pessoal deve concordar em ser queimado em nome dela. Eles não afirmam que o homem perdeu a alma, pois Deus poderá aceitá-lo no Paraíso, mas também é seu destino submeter-se ao auto de fé.

Isso representa uma espécie de modéstia espiritual, pois ao mesmo tempo que o condenam a ser queimado, não condenam sua alma nem afirmam que ele perdeu a salvação. Esse homem é suficientemente orgulhoso, ou solitário, ou espiritualmente independente para apoiar-se em suas próprias crenças e experiências pessoais, e deve, portanto, aceitar as consequências – mas a comunidade não o aceitará nos círculos católicos. Em outros círculos, a atitude pode ser diferente. O ensino católico moderno também está ligeiramente modificado, de um modo de que tive conhecimento recente. Um jesuíta disse a um amigo meu que podemos acreditar em qualquer coisa, como o homem na tribo acima mencionado, desde que não a contemos a mais ninguém, não façamos disso uma doutrina nem tentemos converter outros às mesmas crenças. Se guardarmos isso só para nós mesmos e decidirmos não rejeitar nossa visão interior, então a Igreja Católica fechará os olhos para isso.

Observação: Acho que isso se aplica não só à Igreja Católica, mas a qualquer grupo de pessoas. Depende de o indivíduo achar ou não se pode falar ou não sobre sua experiência ao seu grupo.

Dra. von Franz: Sim, e é justamente por isso que digo muitas vezes a pessoas esquizoides que sua loucura não consiste no que veem ou dizem, mas em contá-lo às pessoas erradas. Se o guardassem para si mesmas, tudo estaria bem. Tenho, por exemplo, o caso de uma mulher que vai a todos os psiquiatras e os acusa a todos de serem uns racionalistas idiotas que não creem em Deus. E conta-lhes suas visões. Penso que o único erro dela está em contar a essas pessoas, porquanto o que ela lhes diz simplesmente não é apropriado. Suas visões, em si mesmas, são perfeitamente válidas e também o que ela pensa sobre elas, mas seu sentimento extrovertido é inferior, ela é uma pessoa socialmente inadaptada. Não deveria falar de tais coisas com um psiquiatra racionalista, que apenas se pergunta se deverá interná-la ou não!

Observação: Porque a reputação dele está em jogo!

Dra. von Franz: Sim, claro. Os colegas zombariam dele se começasse a acreditar nas visões de seus pacientes. Os colegas sempre se comportam dessa maneira, falam em contratransferência etc. É sobretudo uma questão de ambição, de prestígio e de convenção coletiva – tal como ocorre conosco.

Há um outro aspecto do problema da alquimia, que consiste nisto: por que ela tem tanta importância para o homem moderno? A alquimia é uma ciência natural que representa uma tentativa de entendimento de fenômenos materiais na natureza; é um misto da física e da química desses tempos remotos e corresponde à atitude mental consciente daqueles que a estudaram e se concentraram no mistério da natureza, em especial dos fenômenos materiais. Também é o princípio de uma ciência empírica. Ocupar-me-ei mais adiante de sua história específica. O homem moderno comum, particularmente em países anglo-saxônicos, mas também cada vez mais em países europeus, é mentalmente treinado para a observação dos fenômenos da ciência natural, ao passo que as humanidades, como todos sabemos, são cada vez mais negligenciadas. É essa a tendência atual, em que se dá uma ênfase crescente à abordagem "científica". Se analisamos o homem moderno, verificamos que sua perspectiva do que seja a realidade é muitíssimo influenciada pelos conceitos básicos da ciência natural e, concomitantemente, o material compensatório ou conectivo proveniente do inconsciente é também semelhante. Essa é uma analogia superficial, pois a razão está muito mais no fundo.

Se indagarmos por que as ciências naturais predominam em tal grau na nossa *Weltanschauung* (Visão de Mundo), veremos que isso é o resultado final de um longo e específico desenvolvimento. Como provavelmente todos sabem, encarada de um aspecto mais especificamente europeu, considera-se que a ciência natural teve sua origem no século VI a. C., coincidindo mais ou menos com a filosofia pré-socrática. Mas era, em grande parte, especulação filosófica sobre a natureza, pois havia pouquíssima investigação experimental por parte dos primeiros cientistas naturais. Seria mais correto dizer que o nascimento da ciência natural, como teoria ou conceito geral da realidade, ocorreu por essa época. A ciência natural, na acepção de que o homem sempre fez experimentos com animais, pedras, substâncias, matéria, fogo e água, é muito mais vasta e, em tempos primitivos, era parte daquelas práticas mágicas que estão ligadas a todas as religiões e lidam com diversos materiais e substâncias. Existem raras exceções. Portanto, poder-se-ia dizer que, em sua concepção das realidades fundamentais da vida, o homem é dominado por ideias e conceitos interiores, símbolos e imagens, mas também lida com materiais exteriores. Isso explica por que na maioria dos rituais existe sempre algo concreto representando o significado simbólico, um recipiente de água colocado no centro para adivinhação, ou alguma coisa do gênero.

Assim, a matéria e os fenômenos materiais são abordados de um modo "mágico" e, portanto, nas histórias da religião de diferentes povos existem símbolos religiosos que são personificações ou representações de demônios, com aspectos semipersonificados, assim como divindades, isto é, fatores poderosos que possuem um aspecto material. Todos conhecemos o conceito de mana, que é comparado à eletricidade até por investigadores não junguianos da religião. Se um indígena australiano esfrega sua pedra churinga para obter mais mana, será com a ideia de reabastecer seu totem, ou sua essência vital, como recarregar uma pilha elétrica.

O conceito de mana como um todo comporta a projeção de semimaterial de eletricidade divina, de energia ou poder divino. Assim, por exemplo, árvores atingidas por um raio representariam mana. Por isso, na maioria dos sistemas religiosos, existem substâncias sagradas, como a água ou o fogo, ou certas plantas etc., assim como espíritos, demônios e deuses encarnados, que são mais personificados e podem falar por meio de visões ou aparecer e conduzir-se de um modo semi-humano. Por vezes, a ênfase incide mais sobre os símbolos despersonalizados do poder da natureza e, outras vezes, mais sobre poderes personalizados.

Em algumas religiões, um aspecto é mais dominante que em outras. Por exemplo: o sistema religioso que, em sua forma decadente, se espelha nos poemas homéricos, nos quais se apresentam os deuses olímpicos e os deuses gregos semipersonalizados, com suas deficiências humanas, é uma forma extrema de divindades particularmente personificadas. Por outro lado, há o contrabalanço, na filosofia natural grega, por exemplo, em que repentinamente toda a ênfase recai sobre símbolos como a água, que é afirmado como sendo o começo do mundo, ou o fogo em Heráclito etc., que é uma revitalização da ideia do mana em nível superior.

No Cristianismo há uma mistura: Deus Pai e Deus Filho são usualmente representados na arte como seres humanos, e o Espírito Santo é, por vezes, representado como um ancião barbudo, sem dúvida um clichê para Deus Pai – simplesmente idêntico –, mas com mais frequência por um animal, o que é uma outra forma de personificação, ou pode ser ainda representado pelo fogo, ou pelo vento, ou pela água, ou pela aura entre Deus Pai e Deus Filho. Assim, o Espírito Santo, mesmo na Bíblia, tem certas formas que se aproximam de fenômenos naturais como o fogo, a água ou o vento. Portanto, o Cristianismo tem uma imagem de Deus que representa ambos os aspectos. Porém, em outras religiões, ou existe certo número de deuses humanos ou de outros deuses, de modo que temos provavelmente de formular a hipótese de que o inconsciente gosta de aparecer em suas manifestações fundamentais, arquetípicas, ora simbolizado por fenômenos naturais, ora personificado. O que é que isso significa?

4. Imagem de William Blake de Deus Pai como um velho sábio de longas barbas, personificação do Si-mesmo, arquétipo da totalidade e o centro da personalidade.

É uma questão muito difícil. Por que razão, por exemplo, alguém tem um conceito de Deus como um fogo divino, indivisível, que tudo impregna, enquanto outra pessoa O imaginará como sendo algo parecido com um ser humano? Hoje em dia, as pessoas tendem a pensar que uma criança pequena, de jardim de infância, conceberá Deus Pai com uma barba branca, ao passo que mais tarde, quando as concepções científicas forem adquiridas, se ainda pensar realmente nisso, Ele será algo como um poder significativo no cosmo ou coisa parecida. Porém, nesse caso, simplesmente projetamos nossa própria situação científica!

Até onde me é dado ver, não é verdadeiro que tais manifestações ou ideias personificadas de deuses, ou da Divindade, sejam mais infantis.

Para podermos responder à questão, seríamos obrigados a estudar cuidadosamente uma grande quantidade de material de sonhos e, depois, independentemente desse problema religioso, indagar o que significará se um conteúdo arquetípico se manifesta como uma bola de fogo, em vez de um ser humano. Digamos que há dois homens: um sonha com uma bola de fogo que lhe dá conforto e esclarecimento; o outro, com um maravilhoso e sábio ancião que lhe aparece, e ambos ficam igualmente confusos. Superficialmente, poderíamos dizer que ambas as imagens simbolizam o Si-mesmo, isto é, a totalidade, o centro, uma forma de manifestação da imagem de Deus. Qual é a diferença quando um homem tem uma experiência luminosa, ou a bola de fogo, enquanto para o outro o que aparece é um sábio super-humano?

Resposta: O primeiro representaria o significado abstrato.

Dra. von Franz: Sim, um é mais abstrato – *abstrahere* – mas é *abstractus* do quê?

Observação: Estaria mais distante do humano.

Dra. von Franz: Sim, *per definitionem*, mas como responderíamos a um analisando que fizesse tal pergunta? Nunca podemos dar uma resposta absoluta, mas podemos dizer alguma coisa a esse respeito. Eu aceitaria a coisa muito simplesmente: interrogaria o paciente e tentaria orientá-lo sobre o caminho a seguir. Pode-se falar com um sábio ancião, fazer-lhe perguntas, apresentar-lhe todos os nossos problemas humanos, se devemos nos divorciar ou não, se devemos gastar o nosso dinheiro de certa maneira, e podemos pressupor que, como ele nos aparece nessa forma, deve saber todas essas coisas, embora talvez diga que está muito afastado delas! Em todo caso, o sentimento ou a conjetura primordial, ou a atitude que suscita, é de que podemos relacionar-nos com tal figura em nível humano. Mas não podemos falar com uma bola de fogo, nem fazer contato com ela, exceto em alguma forma de ciência natural – talvez capturá-la numa redoma de vidro, se isso é possível, ou observá-la e ver o que ela faz, cair de joelhos e adorá-la, e ficar suficientemente longe para não nos queimarmos, ou penetrar nela e descobrir que é fogo mas não queima, mas é impossível relacionarmo-nos com ela numa forma humana.

Assim, a manifestação numa forma humana demonstraria a possibilidade de relação consciente, ao passo que uma forma não humana, ou uma forma de poder natural, é apenas um fenômeno e só podemos relacionar-nos com ele como tal. Obviamente, seja o Divino o que for, possui ambos os aspectos e isso tem sido mantido na maior parte das teologias. O que é um deus com quem não podemos relacionar-nos? Se não pudermos contar-lhe nada a respeito de nossa alma humana, que utilidade poderá ele ter? Por outro lado, o que é um deus que se limita meramente a ser uma espécie de ser humano e não vai além disso? Ele também parece ser o Outro completamente misterioso, com quem não nos podemos relacionar, tal como não é possível nos relacionarmos com os misteriosos fenômenos da natureza. Portanto, é provável que tenha existido sempre os dois aspectos desse centro interior da psique: um, completamente transcendente, que se manifesta em algo tão remoto quanto o fogo ou a água; outro, que se manifesta, por vezes, em forma humana, o que significaria que então ele estaria se aproximando de uma forma com que se pode estabelecer relação.

Se alguém sonha com a Divindade como um ser humano, então haverá uma considerável soma de experiências emocionais e de sentimentos intuitivos dele e de sua proximidade. São Nicolau sonhou, ou teve uma visão, de Cristo avançando para ele como um guerreiro, e, na mesma visão, o guerreiro disse depois às pessoas a verdade sobre elas mesmas – ele as conhecia interiormente e o que realmente eram, e as pessoas fugiram daquela estranha figura. Ele logo sabia o que elas lhe queriam perguntar e, com frequência, não chegava nem a interrogá-las, mas pura e simplesmente dava-lhes a resposta. Portanto, é óbvio que São Nicolau tinha a mesma qualidade que Cristo possuía em sua visão, o que seria uma ilustração de algo pertencente ao inconsciente arquetípico e que penetra no ser humano. Se sonharmos com um arquétipo em forma humana, isso significa que poderemos, em certa medida, encarná-lo. Ele poderá manifestar-se em nós, e poderá expressar-se por nosso intermédio – essa é a ideia do Cristo interior. Se sonhamos com um velho sábio, então pode acontecer que nos vejamos numa situação impossível, quando nos é feita uma pergunta impossível, mas, de súbito, uma resposta perfeita venha até nós! Se formos honestos, sentir-nos-emos obrigados a admitir depois que não éramos nós que estávamos falando. "Aquilo" falou por nosso intermédio e não poderemos afirmar que tivemos tal pensamento. Foi o velho sábio que se manifestou em nós, alguém ou alguma coisa que não é idêntico ao ego, mas é útil numa situação difícil.

Pergunta: Por que negar, necessariamente, a identificação com o ego?

Dra. von Franz: Porque se identificamos ficamos pretensiosos, arrogantes. Devemos ser honestos a esse respeito. Se realizamos um esforço mental, podemos dizer que foi o nosso pensamento, mas aconteceu-me, por vezes, dizer alguma coisa e depois as pessoas citarem as minhas palavras dizendo que elas salvaram as suas vidas. Se sou honesta, respondo que não me dera conta do que estava dizendo, mas que disse apenas o que me ocorreu, e aconteceu que isso foi algo muito mais sensato do que qualquer coisa que eu pudesse ter pensado. Mas ainda que se faça um esforço e subjetivamente se tenha a sensação de que dissemos o que pensamos, na realidade isso veio do inconsciente, pois sem a sua cooperação nada podemos produzir. Mesmo que digamos que às 12 horas em ponto temos de nos lembrar de fazer determinada coisa, se o inconsciente não cooperar esqueceremos o compromisso.

É claro, qualquer tipo de lampejo intuitivo mental provém do inconsciente, mas isso é um postulado com certa dose de exagero, visto que, às vezes, temos a sensação de que produzimos algo por nosso próprio esforço, ao passo que em outras ocasiões sentimos que a ideia simplesmente nos ocorreu, sem qualquer esforço consciente de nossa parte. Temos de ser simples e honestos, não ficar envaidecidos e reivindicar para nós próprios todas as boas ideias; era o velho sábio, ou a velha sábia, ou a Divindade, falando – e isso é confirmado pelos sonhos. Se alguém sonha com o velho sábio e tem essa experiência, então isso constitui uma demonstração empírica. A bola de fogo não proporcionará a mesma experiência, embora seja, de certo modo, ainda mais maravilhosa, porque a pessoa será muito mais afetada emocionalmente – será dominada, empolgada pelo mistério, pela completa alteridade do Divino.

Uma experiência do Divino é, com frequência, de um poder irresistível, além da própria compreensão da pessoa, o que é perigoso, mas ela tem de se adaptar a isso, tal como tem de se adaptar a uma manifestação da natureza, como a erupção de um vulcão. Trata-se de um belo espetáculo, mas não devemos ficar perto demais e é impossível nos relacionarmos com ele. Podemos apenas ficar olhando, mas trata-se de algo que nunca mais esqueceremos. Emocionalmente, mexe conosco, mas seria necessário um poeta para descrevê-lo. Isso corresponderia às manifestações do arquétipo como fenômenos naturais. A natureza tem um aspecto numinoso e divino, tal como é vivenciada pelo ser humano, o que explica porque a imagem humana de Deus possui ambos os aspectos. Na maioria das religiões existem personificações de Deus em ambas as formas.

Na história do desenvolvimento do pensamento europeu, uma estranha espécie de enantiodromia e oposição vieram evoluindo desde os tempos helênicos. Na religião homérica, exagerou-se o aspecto personificado. Na filosofia natural dos filósofos pré-socráticos, exagerou-se o aspecto natural. Enquanto no estoicismo deu-se maior ênfase ao aspecto natural, no Cristianismo ocorreu, inicialmente, um retorno a um aspecto mais personificado. Dos séculos XV e XVI em diante, a ênfase voltou a incidir sobre o aspecto natural. É como se no desenvolvimento do pensamento europeu tivesse tido início certo equilíbrio dos opostos, notadamente da diferença ou contraste entre ciência e religião, até converter-se no grande pseudoproblema dos tempos mais modernos: ciência *versus* religião.

Refiro-me a isso de maneira arbitrária e zombeteira como um pseudoproblema porque, originalmente, não era problema nenhum e, na realidade, só há uma coisa: a busca da verdade última. Se retornarmos a essa questão e dissermos que o nosso interesse é a verdade e não em que faculdade do universo poderá ela ser encontrada, então o problema virá abaixo. Algumas pessoas são atingidas pela projeção das representações arquetípicas do poder da natureza e outras pela dos poderes personificados, e as duas contestam. Alguns leitores talvez objetem, perguntando como cientistas naturais poderão ser também atingidos pelas projeções. Para um analista, isso é óbvio, mas quero dirigir-me brevemente àqueles que talvez não tenham refletido muito sobre essas coisas.

Quem ler a história do desenvolvimento da química e, particularmente, da física, verá que mesmo essas ciências naturais exatas não puderam, e ainda não podem, deixar de basear seus sistemas de pensamentos em certas hipóteses. Na física clássica, até o final do século XVIII, uma das hipóteses de trabalho, obtida inconscientemente ou semiconscientemente dizia que o espaço tinha três dimensões, ideia que nunca foi questionada. O fato era sempre aceito, e os desenhos em perspectiva de eventos físicos, diagramas, experimentos, estavam sempre de acordo com essa teoria. Foi só quando essa teoria foi abandonada que nos perguntamos, perplexos, como pudemos acreditar em semelhante coisa. Como teria ocorrido a alguém tal ideia? Por que estávamos fascinados a ponto de ninguém ter sequer duvidado e muito menos discutido o assunto? A teoria foi aceita como um fato axiomático, mas o que estava na raiz disso? Johannes Kepler, um dos pais da física clássica ou moderna, disse que o espaço tem naturalmente que ter três dimensões por causa da Trindade! Assim, nossa presteza em acreditar que o espaço tem três dimensões é um fruto mais recente da ideia trinitária cristã.

Além disso, a mente científica europeia esteve possuída até agora pela ideia de causalidade, uma ideia que foi aceita sem contestação: tudo era causal, e a atitude científica determinava que as investigações se fizessem com essa premissa em mente, pois deve haver uma causa racional para tudo. Se alguma coisa parecia ser irracional, acreditava-se que sua causa ainda não era conhecida. Por que éramos tão dominados por essa ideia? Um dos pais das ciências naturais e um grande protagonista do absolutismo da ideia de causalidade foi o filósofo francês Descartes, que baseou sua crença na *imutabilidade de Deus*. A doutrina da imutabilidade de Deus é um dos dogmas cristãos: a Divindade é imutável; não deve haver contradições internas em Deus, nem novas ideias ou concepções. Essa é a base da ideia de causalidade! Do tempo de Descartes em diante, isso parecia tão óbvio a todos os físicos que não havia margem para discussão. A ciência deveria limitar-se a investigar as causas, e ainda acreditamos nisso. Se alguma coisa cair, então temos de averiguar por quê – o vento deve ter soprado, ou coisa parecida. E, se nenhuma razão for encontrada, estou certa de que metade dos leitores dirá: "Ainda não conhecemos a causa mas tem de haver uma!". Nossos preconceitos arquetípicos são tão fortes que não podemos defender-nos deles; somos simplesmente dominados por eles.

O falecido físico professor Wolfgang Pauli demonstrou frequentemente até que ponto as ciências físicas modernas mergulham suas raízes em ideias arquetípicas. Por exemplo: a ideia de causalidade, tal como foi formulada por Descartes, é responsável por um enorme progresso na investigação da luz, dos fenômenos biológicos, entre outros; mas aquela coisa que promove o conhecimento torna-se a sua prisão. As grandes descobertas das ciências naturais devem-se geralmente ao surgimento de um novo modelo arquetípico, mediante o qual a realidade pode ser descrita; isso costuma preceder os grandes desenvolvimentos, pois há agora um modelo que permitirá uma explicação muito mais completa do que era possível até então.

Assim progrediu a ciência, mas ainda assim qualquer modelo se converte numa gaiola pois, se o cientista se depara com um fenômeno difícil de explicar, em vez de mostrar-se adaptável e dizer que os fenômenos não se ajustam ao modelo e que uma nova hipótese precisa ser encontrada, prefere apegar-se à sua hipótese com uma espécie de convicção emocional e não consegue ser objetivo. Por que não admitir que existam mais de três dimensões? Por que não investigar e ver até onde conseguimos chegar? Mas essas pessoas são incapazes de fazer isso.

Lembro-me de uma excelente ilustração dada por um dos discípulos de Pauli. Sabe-se que a teoria do éter desempenhou um grande papel nos séculos XVII e XVIII, ou seja, que existia uma espécie de *pneuma* ou sopro aéreo no cosmo, no qual existia luz etc. Certo dia, quando, num congresso, um físico provou que a teoria do éter era inteiramente desnecessária, um ancião de longa barba branca levantou-se e, com a voz trêmula, disse: "Se o éter não existe, então está tudo acabado!". Esse ancião projetara inconscientemente sua ideia de Deus no éter. O éter era o deus dele e, se não acreditasse nisso, então nada mais lhe restava. O homem era suficientemente ingênuo para falar de suas ideias, mas todos os cientistas naturais possuem modelos fundamentais da realidade em que acreditam, exatamente como o Espírito Santo.

Trata-se de uma questão de crença, não de ciência e, portanto, de algo que não pode ser discutido, e as pessoas ficam excitadas e fanáticas se lhes apresentarmos um fato que não se ajusta ao seu rígido quadro de referência. São capazes de dizer que o experimento é todo ele falso e devem ser apresentadas fotografias, e é praticamente impossível convencê-las a aceitar o fato. Conheci um físico cujos sonhos apontavam para uma nova descoberta, ainda não realizada e que ele próprio não fizera, mas que, por assim dizer, andava no ar. Pelos sonhos, concluímos que sua crença numa relação simétrica entre fenômenos materiais deveria ser abandonada. O físico respondeu-me que semelhante ideia o enlouqueceria! No entanto, cerca de três meses depois foram publicados resultados experimentais rigorosamente exatos, provando que o que esse cientista sonhara estava certo, e que ele teria de renunciar às suas ideias anteriores a respeito da ordem cósmica.

Assim, o arquétipo é o promotor de ideias e é também o responsável pelas restrições emocionais que impedem a renúncia a teorias anteriores. Isso é apenas um detalhe, realmente, ou um aspecto específico do que acontecer por toda parte na vida, pois seríamos incapazes de reconhecer qualquer coisa sem projeção; mas isso é também o principal obstáculo para se chegar à verdade. Se encontramos uma mulher que não conhecemos, é impossível estabelecer contato sem projetar alguma coisa; deve-se formular uma hipótese, o que, é claro, é feito inconscientemente: a mulher é idosa e provavelmente uma espécie de figura materna, e um ser humano normal etc. Fazemos suposições e temos então uma ponte. Quando conhecemos melhor a pessoa, muitas suposições anteriores devem ser descartadas e teremos de admitir que nossas conclusões haviam sido incorretas. Se isso não for feito, o contato será dificultado.

No começo, é preciso projetar, ou não haverá contato, mas depois devemos ser capazes de corrigir a projeção e isso não ocorre apenas a respeito de seres humanos mas também de tudo o mais. O mecanismo da projeção deve necessariamente funcionar em nós; nada pode ser visto sem o fator da projeção inconsciente. É por isso que, de acordo com a filosofia indiana, a realidade como um todo é uma projeção – o que realmente é, numa maneira subjetiva de falar. Para nós, a realidade só existe quando temos projeções sobre ela.

Pergunta: É possível o relacionamento sem projeção?

Dra. von Franz: Não creio que isso seja possível. Filosoficamente falando, o indivíduo pode relacionar-se sem projeção, mas há um *status* de sentimento subjetivo em que, por vezes, ele sente que sua projeção se enquadra e não há necessidade de mudá-la, e outro *status* em que nos sentimos intranquilos, pensando que a projeção precisa ser corrigida. No entanto, nenhuma projeção jamais será corrigida sem esse sentimento de intranquilidade, de desconforto.

Suponhamos que o leitor é um mentiroso inconsciente e se encontre com alguém que mente como um cavalariço. O leitor só poderá reconhecer o mentiroso no outro porque ele próprio também o é, caso contrário não se aperceberia disso. Uma qualidade em outra pessoa só pode ser identificada se o leitor possuir a mesma qualidade e conhecer pessoalmente a tendência para mentir; portanto, se for capaz de reconhecer a mesma qualidade na outra pessoa. Como esta é realmente mentirosa, o leitor terá feito uma declaração verdadeira – e por que chamar a isso uma projeção que deve ser recuperada? Isso estabelece uma base para o relacionamento, pois o leitor pensa consigo mesmo: se X é um mentiroso, seja o que for que ele me diga, não devo acreditar inteiramente, devo questioná-lo. Isso é muito razoável, bem apropriado e correto. Seria inteiramente errado pensar que se tratava apenas de uma projeção do nosso leitor e que ele deveria acreditar na outra pessoa; ele seria um tolo se o fizesse. Mas se tomarmos isso filosoficamente, em que ficamos: trata-se de uma projeção ou de uma declaração de fato? Filosoficamente, é impossível chegar a uma conclusão; tudo o que se pode dizer é que, subjetivamente, isso parece ser correto. Foi por essa razão que Jung disse – e este é um ponto sutil, raramente compreendido quando as pessoas pensam a respeito de projeção – que só podemos falar de projeção, no sentido próprio da palavra, quando já há certa intranquilidade, quando a identidade de sentimento é perturbada; ou seja, quando tenho um sentimento de intranquilidade e de constrangimento sobre se o que foi dito a respeito de X é verdadeiro ou não. Enquanto isso não acontecer autonomamente em meu íntimo, não há projeção.

O mesmo pensamento se aplica às ciências naturais. Por exemplo: a teoria de que a matéria consiste em partículas baseia-se na projeção de uma imagem arquetípica, pois uma partícula é uma imagem arquetípica. A energia também é uma imagem arquetípica, um conceito intuitivo com base arquetípica, isto é, que existe algo como energia, algo como matéria e algo como partículas.

Mas posso me deparar com fenômenos que me dão um sentimento de intranquilidade. Por exemplo: existem fenômenos em que não posso afirmar que este elétron, ou este méson, está num dado momento num lugar definido, embora se uma partícula existe realmente, ela deve estar num certo lugar num momento determinado; isso parece arquetipicamente óbvio. Mas agora experimentos modernos mostram que essa teoria é insustentável, que não podemos determinar onde certos elétrons estão num determinado momento, de modo que nos deparamos com um fato que questiona toda a nossa ideia de partícula. Ficamos intranquilos e poderemos reconhecer que, em parte, projetamos ao falar de partículas – trata-se de uma projeção que dificulta a nossa visão da realidade. Mas, antes de surgir esse desconforto, devido ao fato de que a nossa projeção não se ajusta, de que em certos experimentos a partícula não se comporta como esperávamos, o nosso conceito não sofria qualquer dúvida.

Assim, na ciência natural, bem como nos contatos interpessoais, há o mesmo problema de projeção; até as mais científicas, mais modernas e mais acuradas formas das ciências naturais se baseiam todas em projeções. O progresso em ciência é a substituição de uma projeção primitiva por outra mais acurada, pelo que podemos dizer que a ciência natural está envolvida na projeção de modelos da realidade em que os fenômenos parecem ajustar-se mais ou menos bem. Se os fenômenos se encaixam aparentemente bem no seu modelo, está tudo certo; se isso não ocorre, então devo rever o meu modelo. Como é que tudo isso concatena? – eis um grande problema.

Como se sabe, houve uma famosa controvérsia entre Max Planck e Einstein, na qual Einstein afirmou que, no papel, a mente humana era capaz de inventar modelos matemáticos da realidade. Ao dizer isso, ele generalizou sua própria experiência, porque foi isso o que ele fez. Einstein concebeu suas teorias quase que completamente no papel, e os desenvolvimentos experimentais em física provaram que seus modelos explicavam os fenômenos muito bem. Assim, Einstein diz que o fato de um modelo construído pela mente humana numa situação introvertida se ajustar a fatos exteriores é simplesmente um milagre e deve ser aceito como tal. Planck não concorda, mas pensa que concebemos um modelo que checamos por experimentos, após o que revemos o nosso modelo, de modo que há uma espécie de atrito dialético entre experimento e modelo, mediante o qual chegamos lentamente a um fato explicativo resultante da combinação dos dois. Platão-Aristóteles numa nova forma! Porém, ambos se esqueceram de algo: o inconsciente. Nós sabemos algo mais do que esses dois homens; notadamente que, quando Einstein constrói um novo modelo de realidade, ele é ajudado por seu inconsciente, sem o qual não teria chegado às suas teorias.

Mas que papel é desempenhado pelo inconsciente? O inconsciente parece fornecer modelos a que se pode chegar diretamente a partir do interior, sem observar os fatos exteriores, modelos que, depois, parecem ajustar-se à realidade exterior.

5. Libertação do *spiritus* da candente *prima materia*: uma imagem projetada do que acontece psicologicamente na assimilação consciente do conteúdo inconsciente ativado.

Isso é um milagre ou não? Há duas explicações possíveis: ou o inconsciente tem conhecimento de outras realidades, ou o que chamamos de inconsciente é uma parte da mesma coisa que constitui a realidade exterior, pois ignoramos como o inconsciente está ligado à matéria. Se uma ideia maravilhosa sobre como explicar a gravitação me ocorre a partir do meu íntimo, poderei afirmar que o inconsciente não material me está fornecendo uma ideia maravilhosa acerca da realidade material, ou deverei dizer que o inconsciente me dá essa ideia maravilhosa sobre a realidade exterior porque ele próprio está ligado à matéria, é um fenômeno da matéria e a matéria conhece a matéria?

Aí chegamos ao ponto extremo de nossa argúcia sobre como proceder e vemo-nos obrigados a deixar a questão em aberto, dizendo que o grande X é que não sabemos como avançar além desse limite. Podemos apenas formular duas hipóteses. O dr. Jung está inclinado a pensar – embora nunca tenha formulado esse pensamento, ou só hipoteticamente, porque não podemos fazer mais do que isso, podemos apenas especular ou formular uma hipótese – que o inconsciente tem provavelmente um aspecto material, o que explicaria por que ele conhece tudo sobre a matéria: porque é matéria, é matéria que se conhece a si mesma, por assim dizer. Se assim fosse, então haveria um tênue ou vago fenômeno de consciência, até na matéria inorgânica.

Aí estamos tocando em grandes mistérios, mas falo deles porque é muito vulgar dizer que o antigo alquimista, isto é, o cientista natural medieval, projetava imagens inconscientes na matéria e, hoje em dia, estamos esclarecidos e sabemos o que é o inconsciente e o que é a matéria; mas aqueles pobres diabos simplesmente não distinguiam uma coisa da outra, o que explica por que eram tão retrógrados, tão fantásticos e anticientíficos! O problema psique/matéria ainda não foi resolvido, e é por isso que o enigma básico da alquimia ainda não foi solucionado. A resposta à questão que eles perseguiam nós tampouco descobrimos.

Podemos ter projeções de muitas coisas, tal como eles tinham sobre a matéria, mas preferimos falar das deles como projeções ingênuas do inconsciente porque já suplantamos esses modelos. Podemos ainda reconhecê-los como fenômenos do inconsciente, ou substância onírica, mas já não podemos continuar a reconhecê-los como científicos. Por exemplo: se alguém diz que o chumbo contém um demônio, podemos dizer que ele projeta a sombra e as qualidades humanas demoníacas no chumbo, mas é impossível admitir que o chumbo contém um demônio, pois superamos essa projeção e chegamos a uma conclusão diferente quanto ao modo e aos motivos que tornam o chumbo nocivo para nós.

Basicamente, entretanto, a alquimia ainda é um problema em aberto, sendo por isso que, quando o dr. Jung a abordou, sentiu que estava penetrando em algo que nos leva ainda mais longe, embora ainda não soubesse até onde. Creio que é também por isso, pelo menos em parte, que as pessoas resistem tanto à alquimia, já que ela nos coloca diante de algo que ainda não podemos compreender. Mas isso é uma boa coisa, porque nos repõe no nosso verdadeiro lugar e na atitude modesta de termos que descrever fenômenos de acordo com os nossos conhecimentos atuais.

No próximo capítulo iniciaremos o estudo do desenvolvimento da alquimia na Grécia antiga.

6. Alquimista e ajudante ajoelhados perto do forno solicitando a bênção de Deus.

2ª Palestra

ALQUIMIA GREGA

Procurei, no primeiro capítulo, mostrar sucintamente a importância do simbolismo alquímico: em primeiro lugar, ele contém um repertório de símbolos arquetípicos com um mínimo de personificação; e, em segundo lugar, há uma considerável soma de simbolismo material derivado de imagens armazenadas no inconsciente.

Para o homem, essas imagens de água, de fogo e de metal são, simbolicamente, tão importantes quanto qualquer personificação do inconsciente. Além disso, nessa altura, a psique inconsciente e a matéria ainda não estão separadas; religião, magia e ciências naturais ainda não estão divididas. Defrontamo-nos com a situação original em que todas as faculdades e categorias por meio das quais observamos a natureza exterior e interior ainda não estão diferenciadas. O homem como um todo olha a natureza como um todo e formula certas hipóteses de trabalho na busca da verdade.

No final do capítulo precedente, sublinhei que agora podemos reconhecer como projeções do inconsciente – uma vez que já superamos os estágios iniciais da ciência natural – muitas coisas que antigamente era dita a respeito de diferentes materiais e processos da matéria, se bem que ainda não tivessem sido alcançadas conclusões definitivas a respeito de certas asserções. Por exemplo: num documento medieval atribuído a Alberto Magno, há uma teoria sobre água pesada que parece ser uma antevisão completamente intuitiva da água pesada que conhecemos hoje. Portanto, esse simbolismo também contém vagas intuições que previram descobertas obtidas pelos desenvolvimentos científicos posteriores, embora não saibamos ainda o que foi antevisto porque ignoramos que novas descobertas serão feitas pelos cientistas naturais.

Em última instância, a questão sobre se e como o inconsciente está, de algum modo, ligado à matéria, ainda não foi resolvida, como já disse. Não queremos especular e, portanto, abstemo-nos de formular afirmações peremptórias; limitamo-nos meramente a apresentar a hipótese de que existe uma psique que se manifesta em sonhos e em modos psicológicos involuntários, que podemos estudar, assim como os físicos dizem que existe algo como a matéria, ou energia, e a estudam. Mas já estamos começando a ver que certos resultados são tão semelhantes que é como se estivéssemos abrindo um túnel de ambos os lados, em direção ao centro da mesma montanha. Embora não tenhamos realmente atingido o ponto de encontro, tudo nos leva a crer que estamos avançando para o mesmo objetivo e, portanto, há a possibilidade de que, mais dia menos dia, o encontro ocorra.

Também sublinhamos, e talvez seja este o ponto mais importante, que os alquimistas, na observação e experimentação dos seus símbolos e em suas descrições escritas, trabalharam sem qualquer programa religioso ou científico consciente, de modo que suas conclusões são impressões espontâneas e não corrigidas do inconsciente com escassa interferência consciente, em contraste com outros materiais simbólicos que sempre têm sido revistos. Portanto, é muito gratificante descobrir que esse material espontâneo tem afinidade com certos produtos do inconsciente no homem moderno que, com uma espécie natural de atitude científica, um mínimo de preconceito e uma atitude de recolhimento interior, observa o que lhe vem à consciência sem inferir apressadas conclusões especulativas – mas com resultados que são muito semelhantes. A abordagem não programada, por assim dizer, é comum à alquimia e à psicologia analítica.

Pretendo examinar agora um dos mais antigos textos conhecidos, notadamente o da profetisa Ísis para seu filho Hórus, no qual o sinal da lua em quarto crescente aparece por trás do título. Porém, em primeiro lugar devemos considerar como foi que esses textos chegaram a estar em nosso poder.

A produção da Antiguidade, como se sabe, desapareceu na idade Média e foi depois redescoberta. Primeiro, as ciências críticas encontraram-na em volumosos tomos. Por exemplo, a história da filosofia e da filologia foi coletada por cientistas do período final da Antiguidade em livros como os que hoje chamaríamos enciclopédias, ou compêndios escolares, que fornecem resumos: Platão diz..., Aristóteles diz..., os estoicos dizem..., e assim por diante. Lamentavelmente, comparadas com os nossos modernos cientistas críticos, essas pessoas eram um tanto confusas e desordenadas. Portanto, suas teorias foram apresentadas de um modo algo displicente, fazendo que a coisa toda se assemelhe a uma corrente de água lamacenta. Os escritos mais antigos e os mais recentes se confundem com os comentários que foram copiados e recopiados, reorganizados e abreviados etc., e de tudo isso nós fomos os herdeiros. Na pouco exigente Idade Média, foi feita uma seleção desses textos, que voltou a ser usada para citações.

A química teve igual sorte. Olimpiodoro, por exemplo, no século V, escreveu um volume que continha uma coleção de enunciados mais antigos. Temos numerosas obras diferentes desse gênero, assim como produções separadas. Todas elas foram reagrupadas e incluídas num gigantesco manuscrito grego em Veneza, recebendo por isso o título de *Codex Marcianus*, sendo Marciana a biblioteca de Veneza. Nesse códice está reunido todo o conglomerado de antigos e mais recentes enunciados, material grego etc., que foi publicado mais ou menos como é pelo famoso

7. O *Codex Marcianus*. Ouroboros, símbolo do trabalho alquímico como processo circular e autossuficiente.

químico francês M. Berthelot. Ele publicou tudo sem muitas críticas e, em colaboração com Ruelle, adicionou uma tradução francesa bastante superficial, para que todo o material pudesse, enfim, ser impresso e iniciada a discussão. Desde então, mais versões e mais manuscritos foram reunidos, mas essa obra inicial ainda constitui a edição básica e o principal texto básico.

Decisões sobre quem era quem, quem escreveu o quê e a idade dos diferentes escritos seriam pura especulação, pois alguns falam do primeiro e outros do terceiro século – diferindo em até trezentos anos em suas estimativas – e muito pouca ordem foi introduzida nessa salada de tradição. Como no caso de todas as ciências naturais, houve em primeiro lugar as tradições gregas diretas provenientes de Constantinopla. Outra corrente de tradição científica proveio do Oriente e retornou à Europa através da Espanha, do sul da França e da Sicília, a partir do século X, quando a Europa ficou ligada ao Oriente pelas Cruzadas. A história da química é absolutamente idêntica à da matemática, à da astrologia e à de outros ramos como a geometria: uma parte foi para o império bizantino, via Constantinopla, e o resto para o Oriente e voltou à Europa por meio dos árabes.

Os árabes, em geral, foram tradutores muito fiéis e acrescentaram muito pouco aos textos originais; eles limitaram-se a traduzir do grego para o arábico. Também houve muitos tradutores sírios famosos. Parte deles foi também para a Pérsia e havia no Oriente certos centros onde os textos eram traduzidos. Assim, dispomos de textos em grego, em arábico e, mais tarde, em latim. Quando algum texto grego se perdeu, temos o texto arábico, mas é fácil concluir pelos nomes etc., que o original era grego. Além disso, nesses centros arábico-muçulmanos, havia as diferentes seitas que cultivavam essas tradições; por exemplo, os xiitas, uma seita persa formada em 644 d.C. em oposição aos sunitas ou muçulmanos ortodoxos; e os drusos, um povo sírio meio cristão, meio muçulmano, cuja língua é o arábico puro. Já nesses centros islâmicos alguns árabes reconheciam que o simbolismo alquímico continha um simbolismo religioso e reexperimentaram-no como sendo mais religioso do que químico, adicionando-lhe um pouco de suas próprias experiências. Normalmente, porém, eles se limitavam a traduzir.

Um dos árabes mais famosos é al-Razi*, ou *Rasis* em latim, que desenvolveu as ciências pelo lado químico. Ele foi o famoso

---

* Abū Bakr Muhammad Zakariyyā Rāz (c. 865-925). Conhecido por Rhazes ou Rasis, versões latinizadas de seu nome, foi um polímata, alquimista, filósofo e um nome muito importante na história da medicina. (N. do E.)

homem que introduziu na química a necessidade de pesar a matéria. Antes dele, dizia-se simplesmente: "Ponha um pouco de enxofre num pouco de chumbo e terá obtido a mistura desejada". Porém, al-Razi advertiu: "Um pouquinho pode representar uma enorme diferença. Deve-se tomar tantas partes ou tantas onças de cada", de modo que uma de suas grandes realizações consistiu em estabelecer pesos e divisões exatos, o que significou um grande avanço na ciência natural acurada. al-Razi teve muito mérito nesse aspecto mas nenhum do lado simbólico. al-Razi era um técnico puro.

Sua contraparte no mundo árabe seria Ibn Umayl, que figura nos textos latinos como *Sênior*. Era chamado o Xeque e em latim isso foi traduzido para *Sênior*, "o mais velho", o que seria a tradução correta, de modo que ele se tornou *Sênior* na tradição latina, e só mais tarde descobriu-se que esse *Sênior* era Ibn Umayl. Em Hyderabad foram descobertos cerca de uma centena de escritos desse importantíssimo místico, mas ainda não foram publicados. Embora constitua material muito promissor, tão poucas pessoas estão interessadas em alquimia que ninguém se deu ao trabalho de o traduzir e publicar. Assim, existem minas de ouro à nossa espera, e ninguém para trabalhar nelas!

Algumas dessas pessoas acrescentaram pequenas contribuições e, então, como já mencionei, houve um retorno devido às Cruzadas. Uma das pontes intelectuais para a Europa foi pelos templários. Eles estavam em estreito contato com os drusos (a seita mais mística e pagã dentro do mundo islâmico), que eram súditos do "Ancião das Montanhas", o Imã, isto é, o chefe da seita. Eles tinham toda uma hierarquia de iniciação e os templários se interessaram pelo simbolismo da doutrina drusa. Esses drusos, provavelmente em Jerusalém, entraram em contato com alguns dos mestres do Templo e com suas supostas práticas pagãs, pelas quais mais tarde os templários seriam perseguidos. Os drusos foram contaminados por essas fontes, assim como pelas tendências pagãs, de Frederico II, cognominado o "Espanto do Mundo", em cuja corte da Sicília reuniu astrólogos, matemáticos e profetas judeus e islâmicos, para grande irritação do Papa.

Foi desse modo, assim como na famosa ilha de Rodes, onde os Cavaleiros de São João tinham ligações com o Oriente, e de lugares como a Espanha e o sul da França, que esses escritos acabaram sendo traduzidos por judeus e por outros. Eles traduziram os textos para o latim e iniciou-se então um grande influxo, na Europa, dessa tradição científica natural. A Igreja, representada principalmente por Alberto Magno, Tomás de Aquino e alguns outros, empenhou-se em eliminar a dupla tradição de Igreja e ciência natural, e em assimilar e integrar tudo na doutrina eclesiástica, mas nessa tentativa foi apenas parcialmente bem-sucedida.

Isso é apenas um breve resumo da situação histórica e do material com que nos defrontamos.

Como disse antes, dedicarei três capítulos à alquimia da Grécia antiga, três à alquimia árabe antiga e três aos textos latinos medievais. Começaremos com o texto grego, que é o *Codex Marcianus*. Ele pertence, provavelmente, ao que chamamos os mais antigos escritos e intitula-se "A Profetisa Ísis para seu Filho". Sabemos que o filho é Hórus, embora o título não o diga. Por trás do título está o sinal do crescente lunar, mas ninguém sabe o que isso significa. Apresentarei o material sem especulação, de modo que o leitor possa receber seu impacto em primeira mão, sem a influência do que desde então tem sido escrito a esse respeito. O documento data provavelmente do século I d.C. Essa é a opinião comum dos cientistas, mas talvez seja mais antigo. Se lermos o que tem sido escrito acerca desses livros, veremos que é afirmado que eles sempre pertenceram, muito provavelmente, a tal ou tal século, mas que se basearam com certeza em textos mais antigos, o que implica, portanto, certa dose de incerteza. Digamos, então, que o texto pertence ao período helenístico. Aos leitores que porventura conheçam o texto original quero advertir que não estou usando a tradução francesa corrente, mas a minha própria.

Todos se lembram, por certo, da famosa batalha em que Seth cegou Hórus, e que Hórus cortou os testículos de Seth, tendo sido ambos curados mais tarde pelo deus lunar Thoth e tendo até colaborado na ressurreição de Osíris, o pai dos dois. Também estarão lembrados da famosa batalha de Hórus, o deus Sol que restaurou a ordem, contra Seth, chamado O Ardente (representando a paixão caótica, a destruição, a brutalidade etc.), que era o inimigo e assassino de Osíris. Ísis começa:

> Oh, meu filho, quando desejaste partir para combater o traiçoeiro Tufão [isto é, Seth], em defesa do reino de teu

> pai [O reino de Osíris], eu fui para Hormanouthi [isto é, Hermópolis], a cidade de Hermes, a cidade da técnica sagrada do Egito, e aí permaneci por algum tempo.

Depois das palavras "a cidade de Hermes", há uma pequena nota marginal, feita pela mão do escriba, e não por uma posterior, que diz: "Ela quis dizer isso num sentido místico", ou seja, o nome da cidade devia ser entendido no sentido místico. "A técnica sagrada" – *hiera techne* – refere-se à alquimia.

> Após certa passagem dos *kairoi* e do movimento necessário da esfera celeste, aconteceu que um dos anjos que habitam no primeiro firmamento me viu lá do alto e se acercou de mim, desejando unir-se a mim sexualmente. Ele estava muito ansioso para que isso acontecesse, mas não me submeti. Resisti, porque queria perguntar-lhe a respeito da preparação do ouro e da prata.

Os *kairoi* desempenham um enorme papel num outro texto alquímico muito antigo, no qual o escritor Zózimo, de quem temos conhecimento pelos comentários do dr. Jung, diz que toda a alquimia depende do *kairós* e chama até a operação alquímica de *kairikai baphai*, a coloração do *kairós*. Sua teoria é a de que os processos químicos não acontecem sempre espontaneamente, mas só no momento astrologicamente certo; ou seja, se estou trabalhando com prata, a lua, que é o planeta da prata, deve estar

8. Ísis amamentando Hórus.

na posição certa; se estou trabalhando com cobre, Vênus tem de estar na constelação certa; de outro modo, essas operações em prata e cobre não resultarão em nada. Não se pode simplesmente tomar esses dois metais e uni-los, pois cumpre também considerar e aguardar a constelação astrológica e orar a esses deuses-planetas; se essas coisas estiverem na devida ordem, então a operação química poderá funcionar. Levar em consideração a constelação astrológica é o que se pretende significar com essa ideia de *kairikai baphai*. Portanto, *kairós*, nessa época e nesse contexto, significa o momento astrológico certo, o momento em que as coisas podem ser realizadas com pleno êxito. O alquimista é o homem que não só deve conhecer a técnica mas também tem de observar sempre essas constelações. Por isso, Ísis diz que, de acordo com a passagem desses momentos, um após o outro (cumpre escolher o correto), e em conformidade com o movimento da esfera celeste (o que significa todos os movimentos dos planetas), aconteceu que (a palavra grega *sunebe* também é um acontecimento sincronístico dos eventos) um dos anjos do primeiro firmamento deitou-lhe o olhar e quis unir-se a ela sexualmente. Ela rechaça-o, porque quer obter do anjo o segredo alquímico; Ísis barganha com ele e só se entregará se o anjo lhe contar primeiro tudo o que sabe acerca do assunto.

> Quando fiz a minha pergunta, ele disse que não desejava responder-me porque isso era um *grande* mistério [usei superlativamente grande mistério – para dar uma tradução mais livre – porque esse mistério é dos mais insondáveis], mas disse que voltaria no dia seguinte e com ele viria um anjo maior, Amnael, que seria capaz de responder-me e resolver o meu problema. E falou-me a respeito do seu sinal [significando provavelmente como Ísis reconheceria o anjo], que traria sobre a cabeça, e o pegou e mostrou-me um vaso de cerâmica cheio de água clara. Ele [o outro anjo] queria contar-me a verdade. Esse vaso é um possoton e não tem resina.

Estou citando o texto exatamente como ele é e, nessa passagem, vê-se à margem do texto o sinal ༽. Posso acrescentar que sabemos ser esse o sinal do deus Cnófis. Por vezes, o mesmo sinal também é usado para o deus lunar Chons.

> No dia seguinte, quando o sol estava a meio do seu curso [ou seja, ao meio-dia], desceu o anjo que era maior do que o outro, e foi dominado pelo mesmo desejo de me possuir e estava muito ansioso. [Também ele queria violar Ísis.] Eu, no entanto, apenas queria fazer-lhe a minha pergunta. [Ísis protela, pensando somente na pergunta.] Quando ficou comigo, não me entreguei. Resisti a ele e dominei o seu desejo até que ele me mostrou o sinal em sua cabeça e me deu a tradição dos mistérios sem esconder coisa alguma e contando toda a verdade. [Assim, ela venceu a batalha e ele conta-lhe tudo o que sabia acerca da técnica da alquimia.] Ele então apontou para o sinal, o vaso que carregava sobre a cabeça, e começou descrevendo os mistérios e a mensagem. Depois, mencionou pela primeira vez o grande juramento e disse: "Eu te conjuro, em nome do Fogo, da Água, do Ar e da Terra [duas vezes um quaternião]; eu te conjuro em nome da Altura do Céu e da Profundidade da Terra e do Inferno; eu te conjuro, em nome de Hermes e de Anúbis, o Uivador de Kerkoros e do dragão guardião; eu te conjuro em nome daquela barca e de seu barqueiro, Caronte; e eu te conjuro em nome das três necessidades, e dos látegos e da espada". Depois que pronunciou esse juramento, fez-me com esse juramento prometer que

nunca contaria os mistérios que ia agora ouvir, exceto a meu filho, minha criança, e ao meu amigo mais íntimo, de modo que tu és eu e eu sou tu.

O texto é relativamente curto. Significa que é um tremendo mistério o que Ísis obtém agora do anjo e que ela só o poderá revelar a seu filho Hórus e ao seu amigo mais íntimo. Se seu filho é o seu amigo mais íntimo ou se são duas pessoas, isso não fica claro; nem se "de modo que tu és eu e eu sou tu" significa "Tu, meu filho, és eu", ou o anjo e Ísis, mas provavelmente as duas coisas se aplicam. Isso quer dizer simplesmente que a pessoa que revela o mistério a outra pessoa cumpre, ao mesmo tempo, a união mística, o casamento sagrado entre mãe e filho, entre Ísis e Hórus, ou entre o anjo e Ísis, porque, toda vez que o mistério é contado, os dois também ser tornam um – esse é, provavelmente, o significado.

> Agora vai, observa e interroga Acheron, o camponês. [Uma variação dá Acharontos. Não há transição neste ponto do texto mas, provavelmente, daqui em diante, ouvimos o mistério. Lamentavelmente, nesse tempo, não havia sinais convencionais nem aspas ou coisa parecida. Nunca se sabe onde as aspas devem ser colocadas mas penso ser óbvio que a citação começa aqui. Quer dizer: que o mistério agora será revelado e que devemos ouvi-lo.] Vem e olha, e pergunta ao camponês Acharontos, e fica

sabendo dele quem é o semeador, quem é o ceifeiro, e aprende que aquele que semeia cevada também colherá cevada, e aquele que semeia trigo também colherá trigo. Agora, minha criança, ou meu filho, ouviste isso como uma introdução e agora entende que isso é a criação inteira e o processo inteiro de nascimento, e sabe que um homem só é capaz de produzir um homem, e um leão um leão, e um cão um cão, e se algo acontece contrário à natureza [significando provavelmente contrário a essa lei], então é um milagre e não pode continuar a existir, porque a natureza se compraz na natureza e a natureza supera a natureza. [Este é o famoso aforismo que também aparece em muitos outros textos, mas em geral como: "A natureza compraz-se na natureza, a natureza fecunda a natureza e a natureza supera a natureza".] Tendo parte no poder divino e estando feliz com a sua divina presença, também responderei agora às perguntas deles acerca de areias, que não são preparadas com outras substâncias, pois cumpre ficar com a natureza existente e a matéria que se tem à mão a fim de preparar coisas. Como eu disse antes, o trigo cria o trigo, e um homem gera um homem, e assim também o ouro colherá ouro, o semelhante produz o semelhante. Agora revelei-te o mistério.

No começo do trecho seguinte há algo estranho, quando diz "nós prepararemos" etc., falando no plural. Possivelmente quer dizer que Ísis e Hórus já estão agora juntos. Vem em seguida um começo clássico de receitas orais e antigas. Em alemão, as receitas começam com *Man nehme*, e em grego com *Labon*, isto é, "Tome-se". Eis como principia o parágrafo seguinte:

> Tome-se uma porção de mercúrio, fixando-o em torrões de terra pela magnésia ou pelo enxofre, e guarde-se. [Esse é um processo de fixação pelo calor, a mistura de espécies.] Tome-se uma parte de chumbo e da preparação estabilizada pelo calor, e duas partes de pedra branca, e da mesma pedra uma parte, e uma parte de rosalgar amarelo [ou seja, sulfeto de arsênico, de cor amarelada] e uma parte da pedra verde [ignora-se o que seja isso]. Misture-se tudo com chumbo e, quando estiver desintegrado, reduza-se três vezes a um líquido [isto é, derreta-se tudo em três etapas sucessivas].
>
> Tome-se o mercúrio que através do cobre se tornou branco e retire-se dele mais uma parte, bem como da magnésia dominante, com uma parte de água, e do que resta no fundo do recipiente, e que foi tratado com suco de limão, use-se uma parte, e do arsênico que foi catalisado com a urina de um rapaz ainda não corrompido, uma parte, e depois de cadmeia [*cadmia*, ou calamina, silicato básico de sódio, o que simplesmente subentende um mineral que produz fogo] uma parte, e de pirita [também um mineral que produz fogo] uma parte e uma parte de areia

cozida com enxofre, e do monóxido de chumbo com amianto duas partes, e das cinzas de kobathia [que também é, provavelmente, um sulfeto de arsênico], uma parte; converta-se tudo em líquido com um ácido muito ativo, um ácido branco, e deixe-se secar, e assim se obtém o grande remédio branco.

A descrição prossegue por mais duas páginas, mas tomarei a liberdade de abreviá-la. Quero colocar o leitor em confronto com isso, pois até agora não soubemos o que essas palavras significam. Naturalmente, os químicos realizaram um profundo estudo dos textos e, com certa probabilidade, puderam deduzir que palavras gregas corresponderiam a que substâncias, visto que, em alguns casos, são escassas as descrições mostrando que elas têm tal ou tal efeito, do que o químico poderia deduzir que estava sendo indicada certa substância. Mas no caso de algumas outras palavras, por exemplo, Kobathia – que eu traduzi como "pedra verde" – e a palavra que não traduzi mas deixei como "magnésia", embora não seja o que entendemos hoje por magnésia, desconhecemos realmente o que significam; estamos convencidos de que se referem a algumas substâncias químicas cozidas, mas descritas de um modo tão paradoxal nos diferentes textos que não podemos ter certeza absoluta.

Depois, temos um material muitíssimo diferente, a urina de um rapaz incorrupto. Evidentemente, a urina também contém substâncias importantes e corrosivas, e era muito usada, mas o fato de ter de ser de um rapaz incorrupto, de um indivíduo que ainda não atingiu a puberdade, mostra também que papel considerável as representações mágicas desempenharam. Trata-se de um preconceito geral, ou superstição antiga, que a urina de rapazes incorruptos é particularmente eficiente, não só em operações químicas mas em sortilégios de amor etc., em que é mais eficaz do que a urina comum. Ela tem em si algo mágico.

Escolhi justamente isso porque, sobre esse ponto, conhecemos algo mais, proveniente de outros campos. Por exemplo, sabemos que, na prática da magia a urina de um rapaz incorrupto era frequentemente usada; era uma tradição africana, e particularmente egípcia. Pouco antes da puberdade, os rapazes são médiuns mais dotados, faculdade que perdem mais tarde. Os mágicos que, com muita frequência, praticavam o hipnotismo, usavam outras pessoas como médiuns, fazendo-as dormir para que revelassem a verdade. Para esses experimentos mágicos – e, em tempos antigos, muito generalizados – eram preferidas as crianças que não tivessem atingido a idade da puberdade, algumas vezes meninas, mas mais frequentemente rapazes, e os rapazes incorruptos eram considerados recipientes mais puros do inconsciente, por meio dos quais fantasmas e deuses podiam falar. Existem inúmeras receitas mágicas em que é dito, por exemplo, que caso se deseje encontrar alguma coisa roubada, faça-se dormir um rapaz incorrupto, cozinhe-se tal e tal coisa, dê-se-lhe tal e tal coisa a comer e depois, quando ele estiver adormecido, pergunte-se-lhe onde está o objeto perdido, e ele, em transe, lhe dirá. Esse era o papel do rapaz incorrupto em outros campos e, portanto, a urina de um indivíduo desses tem aqui, provavelmente, a mesma conotação, sendo também considerada uma substância mágica, porque tais associações estão presentes na mente dos alquimistas.

Observação: Um paralelo com a aquisição, por Ísis, dos mistérios alquímicos por intermédio do anjo seria Azazel, o anjo caído, transmitindo aos judeus o conhecimento da arte do ferreiro. O professor do E.T.H. que falou sobre alquimia numa reunião de Eranos disse que a ideia de que os ferreiros estavam associados à alquimia originou-se em Tobalki.

Dra. von Franz: De fato. No *Livro de Enoque* há uma descrição completa de todas as técnicas dadas aos anjos. Originalmente, a arte do ferreiro na forja e a do alquimista eram consideradas uma só e alimentavam a mesma tradição, embora eu pense que a ideia de Tobalki é algo arbitrária. Mas é uma tradição. No Antigo Testamento, é dito que as filhas dos homens adquiriram a arte da forja e a da alquimia ou de anjos ou de anjos caídos, ou mediante a prostituição, ou, como nesse caso, pelo seu oposto, uma vez que Ísis, pelo menos, não se entregou enquanto não obteve do anjo aquilo que queria saber. Existem, portanto, versões diferentes. É dito, às vezes, que as filhas dos homens tiveram relações com gigantes; assim, os anjos são às vezes substituídos por gigantes. O texto continua por mais uma página com essas receitas e

9. A imagem alquímica do "manequinho" (*pissing mannikin*) e o uso da "urina de um rapaz incorrupto" como solvente, relacionam-se com a realidade psicológica de que o inconsciente é mais receptivo para as atitudes inocentes e espontâneas associadas à infância.

depois volta às operações. Darei um breve excerto delas, para que o leitor possa fazer uma apreciação mais completa:

> Se queres fazer algo branco dos corpos [isto é, material], mistura-o com mercúrio e gotas de amianto e urina e leite de cabra e natrão, e então poderás fazer tudo funcionar e, se queres saber como duplicar uma substância, ou como colorir o material, e todas as disposições, então fica sabendo

que tudo tem o mesmo significado [e isso é importante], que tudo tende a ter o mesmo significado [ou seja, o significado é suscetível de ser sempre o mesmo para a mesma operação]. Agora concretiza o mistério, meu filho, a droga, o elixir da viúva.

Ísis frequentemente é citada como a viúva no texto e, portanto, desde seus primórdios na alquimia, a pedra filosofal, o mistério, é chamada o mistério da viúva, a pedra da viúva ou a pedra do órfão; havia uma ligação entre a viúva e o órfão, mas tudo aponta para Ísis. O texto conclui com outra receita:

> Tome-se uma porção de arsênico, cozinhe-se em água, misture-se com azeite de oliva e depois deixe-se numa garrafa, colocando-se carvões sobre ela até que fumegue, e também a mesma coisa pode ser feita com rosalgar...

Nesse ponto, o texto é interrompido e depois tudo é repetido de novo. Por essa amostra já se vê com o que temos de nos defrontar! Às vezes, a fórmula varia um pouco. Por exemplo: um homem pode não chamar-se Acharontos, mas Acharos, e outros casos semelhantes; quanto ao mais, é exatamente o mesmo. Acharontos [Aqueronte] é um problema importante que examinaremos mais adiante.

Gostaria agora de discutir e ampliar o texto, segmento por segmento, a fim de descobrir o que ele poderia significar. O dr.

Sas já registrou uma ampliação geral para a primeira parte ou, melhor dizendo, para toda a estrutura da história, que é um paralelo da história do *Livro de Enoque*, no qual é dito que todas as artes e ofícios, assim como os truques cosméticos etc., foram roubados pelas filhas dos homens, dos anjos ou, segundo outras versões, dos gigantes. Ou seja, pertenciam originalmente aos anjos ou aos gigantes, e depois as mulheres se apossaram deles. No presente caso, não são as mulheres, mas Ísis quem obtém o segredo do anjo e depois o comunica a Hórus, que é como a tradição começou.

Que teríamos a dizer, psicologicamente, acerca desse mito? Diz-se que todo o mal proveio da mulher, como sabemos pelo Gênesis e pela história de Eva, que também estava mais perto do problema de como adquirir o conhecimento que estava na posse

10. A Tentação de Eva. "O conhecimento é ou venenoso ou curativo... Tem de se ter uma dupla atitude quanto a isso, o ensinamento da *felix culpa*." – von Franz.

de Deus. Nessa história, Eva adquiriu-o por meio da serpente e depois repartiu-o com Adão – o que também foi roubo, porque Deus guardou o conhecimento de Si Mesmo para Si Mesmo – e, depois, o homem conheceu o bem e o mal, como Deus conhecia.

No Gênesis, o roubo é considerado como sendo exclusivamente mau e, no *Livro de Enoque*, o roubo da técnica é pintado do mesmo modo, ou seja, o roubo desses segredos por mulheres desempenhou um papel na corrupção do nosso mundo, visto que assim se perdeu a inocência original do mundo. No entanto, no nosso texto, o sentimento muda muito porque, quando Ísis obtém o segredo daqueles anjos, isso é visto como grande façanha. Temos aqui uma mudança no sentimento judicativo, embora o evento, em si, pareça um paralelo muito próximo: o elemento feminino, o princípio feminino, adquire o segredo de camadas mais profundas e depois é o mediador que o transmite à humanidade.

Podemos reconhecer o simbolismo da *anima*, pois a história de Eva é ainda mais verdadeira para a *anima* do que apenas para mulheres, e aqui está a mesma ideia simbolicamente expressa a partir do inconsciente. A deusa Ísis tem a seu lado o signo da lua. Nesses últimos tempos, Ísis era identificada com Hathor, a deusa-vaca e a deusa-lua, e com Nut, que era a deusa do céu. Ela já existia nessa fase posterior de desenvolvimento histórico. Na religião egípcia posterior, ela é uma espécie de deusa feminina cósmica, envolvendo o aspecto de todas as outras deusas femininas do Egito antigo, e é, por assim dizer, a grande portadora do mistério da natureza. Ela engloba completamente a natureza. Como se sabe, na oração do Apuleio a Ísis, em *O Asno Dourado*, ela é tratada como *Domina rerum*, senhora de toda a natureza cósmica, e em épocas subsequentes foi cultuada no aspecto da natureza cósmica. No texto que estamos analisando, ela não se apresenta diretamente como uma deusa, mas antes como profetisa: Ísis *prophetis*. Que ela também é profetisa foi naturalmente enfatizado porque ela prevê desenvolvimentos futuros: ela diz a verdade, que depois se concretiza; ela transmite a verdade que antes estava oculta.

Pergunta: Ainda estou confuso quanto à pertinência disso para o motivo ou propósito total da psicologia junguiana. Vejo que você consumiu energia e esforço debruçando-se sobre esse texto. Ora, será que a ouvi dizer que isso é importante em termos da interpretação do simbolismo dos sonhos de uma pessoa? É isso?

Dra. von Franz: Sim, certamente. Digamos que deparamos com um homem que sonha que uma mulher misteriosa avança para ele. Lembro-me de um sonho desses: foi o sonho inicial de um homem que tinha um problema sexual. Não sei exatamente o quê, pois não era um caso meu, mas ele tinha algum tipo de problema sexual e, no seu sonho, uma mulher desconhecida, que lhe causou grande impressão, disse-lhe que todo o segredo consistia em secar o pó dentro da maçã.

Pergunta: Assim, o ponto principal seria a importância que isso tinha para a vida da pessoa?

Dra. von Franz: Sim. Suponhamos que um homem se apresenta para análise e diz que é impotente ou que é um dom-juan. Podemos dizer que veremos o que o inconsciente diz a esse respeito. Colegas lhe disseram há muito tempo o que pode ser dito conscientemente, mas isso em nada o ajudou e ele está no limite de suas forças. Afirma saber tudo sobre o seu caso, que seria o seu complexo materno, mas nada mudou. Assim, aparentemente, nada disso adiantou. Portanto, propõe-se um exame dos seus sonhos. E então, num sonho, aparece uma mulher maravilhosa que lhe diz que tudo é um problema de secar o pó branco na maçã. Ele acha isso uma tolice, mas tem algo a aprender. Não fará associações, porque as pessoas não podem fazer associações para seus sonhos arquetípicos. Pó branco numa maçã não sugere coisa nenhuma; ele pode dizer que gosta de maçãs ou coisa parecida, mas nada se obterá dele e, portanto, temos de conhecer as associações da humanidade.

Se pudermos obter as associações do analisando, tanto melhor, mas quando se apresentam semelhantes motivos num sonho, há geralmente um branco e temos de dizer, por exemplo, que a humanidade acreditava que a maçã contivesse o conhecimento de Deus, do bem e do mal, e faremos com que ele se lembre da Bíblia e de que as pessoas sempre afirmaram que a maçã renovava os segredos. Contamos-lhe alguns mitos a respeito e então o analisando começa a ficar impaciente e diz: "Sim, mas o que é que isso significa para mim?". Os mitos mostram que há outra avaliação, pois no mito bíblico a avaliação é feita do ponto de vista do sentimento e é especificada como sorte adversa e como acidente. Só na interpretação católica posterior há a *felix culpa* que diz: "Graças a Deus por terem Adão e Eva pecado, pois do contrário Cristo não teria vindo para nos redimir". Mas, originalmente, a tônica sentimental era a de que Adão havia sido corrompido por meio de Eva, e depois disso tudo saiu errado. A própria Igreja sempre afirmou que Maria corrigiu todos os erros e Eva cometeu todos os erros. Eva só é tolerável porque as coisas foram corrigidas mais tarde; mas a tônica, pelo menos no Antigo Testamento, é que o pecado de Eva originou todas as desgraças e infortúnios, e que foi muito deplorável que Adão e Eva tenham comido a maçã. Em nosso texto, entretanto, é uma bela proeza, pois Ísis obteve então do anjo o maravilhoso segredo e diz que vai contá-lo ao filho. O texto nos diz que um leão gera um leão, e é isso o que Ísis conta como segredo.

Como já foi indicado, a história de Ísis é um paralelo da história bíblica, mas com um sentimento judicativo diferente. Na Bíblia, é sobretudo o acidente corruptor, ao passo que a obtenção do segredo dos anjos é descrita como uma façanha maravilhosa. Nada é dito acerca de correr tudo mal com o mundo pelo fato de o segredo ter sido revelado, mas, antes, que ele é tão maravilhoso que Ísis só o contará a seu filho e ao seu melhor amigo. Se quisermos prosseguir na interpretação psicológica, o que significaria essa diferença? A humanidade está muito dividida em torno da avaliação da origem da ciência e da técnica, a origem da química e das ciências naturais, de alguma espécie de conhecimento. O conhecimento corrompe ou ajuda?

Observação: Parece que a Bíblia diz que o conhecimento – que é o que a maçã representa – é corruptor em si mesmo.

Dra. von Franz: Sim, por causa dele é que fomos despejados do Paraíso.

Pergunta: Você está considerando o conhecimento como próprio de Deus?

Dra. von Franz: Sim... De certo ponto de vista é uma identificação com Deus, de modo que apoderar-se desse conhecimento constituiu um ato de pretensão. O ego apoderou-se de algo que não lhe pertencia, ficou pretensioso, perdeu seu equilíbrio e tudo o mais saiu errado. Mas na história de Ísis a avaliação é inteiramente oposta, subentendendo que fizemos grande progresso, arrancamos o segredo aos anjos, algo tão imenso que só o contarei a meu filho e a meu amigo. Não é feita qualquer menção à pretensão ou ao azar.

Nesse texto há o oposto da tradição religiosa e das ciências naturais *in nuce*. As técnicas e as ciências naturais que alcançamos acarretaram-nos infortúnio? Elas corromperam o estado original do homem ou são uma indicação de progresso? E algo muito mais profundo, pois está implícito um recrudescimento da consciência, o desenvolvimento da consciência humana. Isso é vantajoso para nós ou não? Pioraremos cada vez mais, à medida que nos tornarmos mais conscientes, que nos distanciarmos da natureza e perdermos o nosso equilíbrio, ou é isso a única coisa que devemos fazer? Se tentamos conscientizar-nos, estamos cumprindo a vontade de Deus ou contrariando-a? É a misteriosa questão.

Trata-se de uma projeção religiosa e, se nos expressarmos mais humildemente, psicologicamente, teremos de discutir o problema de saber se um aumento de consciência constitui um progresso ou não. Quando as pessoas nos procuram para análise, homens e mulheres, dizem pensar com frequência ser preferível deixar quieto o cão adormecido. Por que exumar problemas sobre os quais quanto mais se pensa mais confuso se fica? Deixe-se a natureza operar e os problemas se resolverão por si mesmos, de uma forma ou de outra! Então aparece um rapaz que tem uma fixação materna e não quer sair de casa; nós o analisamos e lhe mostramos por seus sonhos que, obviamente, ele deveria ser afastado da mãe, mas então ela entra vociferando e pergunta por que andamos remexendo nessas coisas e destruindo a harmonia familiar, por que dizemos semelhantes coisas a seu filho, destruindo a boa relação entre toda a família, que está tão perturbada, e o rapaz nada melhorou!

Assim, um aumento de consciência é uma coisa boa ou má? Nós, terapeutas, temos de formular essas perguntas a nós próprios o tempo todo. E sempre deparamos com essas associações vitais. Alguém fala conosco no trem e pergunta o que fazemos profissionalmente e, se dizemos que somos psicanalistas, eles dizem que é muito interessante e que tiveram um sonho e vão contar-nos! Pensam que os sonhos nada significam, mas o sonho mostra o problema do homem, e perguntamos aos nossos botões se deveríamos dar-lhes uma alfinetada e umas gotas do veneno do conhecimento, proporcionando-lhes uma ideia do que o sonho realmente significa, ou simplesmente responder que não é hora de consulta.

O conhecimento ou é venenoso ou é curativo; é uma coisa ou outra, e é por isso que alguns mitos dizem que o conhecimento acarreta a corrupção do mundo, e outros, que o conhecimento é salutar; e então temos a ideia bíblica que diz que, no começo, ele é corrupção mas depois, graças a Deus, torna-se curativo. No Antigo Testamento, significou corrupção; mas Cristo que, de certo modo, reorganizou esse conhecimento, converteu-o em curativo, de modo que temos uma dupla posição a seu respeito, o ensinamento da *felix culpa*.

Numa situação concreta, no entanto, não se pode adotar uma posição dupla. Toda vez que se apresenta o terrível dilema: conto-lhes ou não? – temos sobre nós toda a responsabilidade ética e, toda vez, não sabemos se fizemos a coisa certa ou errada. É o problema da consciência. O que fará o homem com a sua consciência? Como a conduzirá? Se tenho consciência do que um sonho significa, como o tratarei, como lidarei com ele? Usá-lo-ei como veneno ou como fator curativo? A consciência ou o conhecimento é um problema terrível que ainda não resolvemos.

Observação: Nunca o resolveremos; é o problema com que vivemos.

Dra. von Franz: Sim, isso é verdade, mas é uma generalidade. Devemos ir mais fundo do que isso. Necessitamos de uma posição mais específica pois, caso contrário, podemos ser negligentes a esse respeito e dizer que é um problema que sempre teremos, uma vez que somos terapeutas, mas é um problema de relacionamento. É um problema, e teremos que enfrentá-lo seriamente, em vez de simplesmente colocá-lo de lado.

De um modo sumamente genérico, pode-se dizer que é o problema da humanidade, pois o homem é essa estranha invenção da natureza que carrega consigo uma nova forma de consciência. Os livros de antropologia dizem que o homem se distingue pelo fenômeno da consciência e não sabe precisamente como avaliar essa qualidade. Devemos vivenciá-la como uma praga ou como uma bênção? Aqui estamos nós no começo das ciências naturais de tradição europeia; o nosso texto vem de fontes pagãs, sem qualquer influência judeu-cristã, mas egípcia e grega, e temos uma avaliação inteiramente positiva. Quando analisamos o homem moderno, o físico moderno, defrontamos com um homem que tem a mesma posição. Ele acredita na ciência e que ajudará a humanidade por suas descobertas adicionais; assim, estamos diante da mesma posição e situação. Portanto, é interessante estudar o simbolismo inconsciente de tal tendência, pois ele está de novo presente e é muito discutido em nossos dias.

Fico muito satisfeita por responder a essas perguntas, porque essas coisas têm de ser colocadas na realidade. Podemos dizer por que desenterramos esses densos e velhos textos com todas as suas complicações, mas não se pode esquecer que essa é raiz de boas ideias e preconceitos de nossa civilização. Se não discutirmos esses preconceitos básicos de nossa civilização, jamais entraremos em contato com outras civilizações. Devemos saber que preconceitos temos, embora possamos continuar a guardá-los, dizendo que gostamos deles, mas é possível pensar de modo diferente; as opiniões diferem. Essa largueza mental é necessária se desejarmos analisar as pessoas objetivamente e não ser apenas propagandistas de uma tendência; um analista deve ser tolerante e ver o que natureza íntima do analisando constela como processo curativo, para onde quer que ele conduza. Essa, pelo menos, é a nossa convicção.

Pergunta: Em que medida essa posição em relação ao conhecimento é comparável com a antiga atitude prometeica?

Dra. von Franz: É uma boa pergunta. Na mitologia grega, temos esse típico mito grego que espelha a posição grega e não faz disso um problema primordialmente ético, como ocorre na Bíblia: ou bem ou mal. Acontece também um roubo: rouba-se dos deuses algo que estes queriam conservar para si mesmos e, de acordo com o mito, isso acarreta uma punição. Prometeu mete-se em apuros e sai-se mal – mas não há uma avaliação moral.

O pensamento afirma simplesmente que se deve pagar quando se rouba algum conhecimento do inconsciente, mas isso não impede que, mesmo assim, se possa ter a atitude certa! Podemos dizer: não importa, eu pago, mas quero ter isso! O mito não recomenda que se faça ou não se faça, mas temos de saber que há sempre um preço a pagar.

Essa é a posição muito diferente do pensamento grego comparada com as posições judaicas e judeu-cristã, que fazem disso um problema moral. Isso é algo que conhecemos e que constitui uma verdade arquetípica muito básica. O conhecimento é parte do desenvolvimento da consciência; há outros aspectos, mas esse é um deles e tem de ser pago. É caro, mas cabe a cada um decidir se está disposto a pagar o preço ou não. Na tradição judeu-cristã, a ênfase recai sobre o aspecto ético e, na grega, é mais desapaixonada e constitui mais uma declaração de fato do que outra coisa. Mas aqui há ainda outra nuança e a avaliação é altamente positiva e significa um progresso divino.

Observação: Foi citado duas vezes o desejo do anjo de manter relações sexuais com Ísis, e da segunda vez foi usada a palavra "violar", mas isso faria grande diferença em termos de pagamento, pois um é forçado e o outro voluntário.

Dra. von Franz: Literalmente, o texto diz apenas que ele quer unir-se sexualmente e que ela não quer, e eu simplesmente resumi isso com a palavra "violar". Ela fez uma barganha, coisa típica de mulher. Ela diz que o anjo não deve ter tanta pressa mas deve contar-lhe primeiro o segredo e, depois, de modo tipicamente feminino, não nos conta se pagou ou não o preço. Ísis era uma mulher! O grego realmente diz que ele se precipitou para o que queria, "mas eu, Ísis, tinha em mente o que *eu* queria". O que a investida sexual do anjo contra Ísis significa psicologicamente, e qual o sentido psicológico do retardamento de Ísis no sentido de obter conhecimento? Como se compara isso, psicologicamente, com a situação psicológica em que sempre nos encontramos?

Observação: É a irrupção do conteúdo coletivo, para o qual ela exige uma explicação.

Dra. von Franz: Sim, em nossos termos, o anjo representaria um conteúdo do inconsciente coletivo, que irrompe no sistema psicológico com uma exigência, nesse caso uma exigência sexual. Qual é o paralelo que nós sempre experimentamos? A alquimia nasceu pela resistência de Ísis e do fato de ela não ter cedido logo ou, pelo menos, ter protelado o processo sexual, se é que não o sustou por completo. Ignoramos o que ela fez no final; muito discretamente, ela não o contará nem mesmo a seu próprio filho. Mas o que significa isso?

Se Ísis fosse uma mulher humana, a investida do anjo seria uma invasão do *animus*, mas eu prefiro formulá-la em termos muito mais gerais porque isso se aplicaria a um caso único, e não é material específico de um caso. Isso significa que, com muita frequência, o conteúdo do inconsciente coletivo irrompe numa forma instintiva, na forma de alguma espécie de pulsão instintiva, seja poder ou sexo, ou algo desse gênero. Em outras palavras, a irrupção da libido do inconsciente apresenta-se num primeiro nível relativamente baixo ou animal, e isso é algo que experimentamos repetidas vezes. O desenvolvimento posterior da consciência manifesta-se inicialmente, muitas vezes, nessa forma. Um dos grandes problemas no domínio psicológico foi reconhecer esse fato. Se tal irrupção acontece, podemos dizer que a consciência está sendo inundada pelo impulso sexual, ou por fantasias, ou mesmo por um impulso sexual físico. Temos sempre de decidir se isso é um impulso sexual genuíno ou um impulso inconsciente disfarçado, o que realmente implica conhecimento ou um progresso da consciência, que se apresenta primeiro nessa forma.

Se estivermos isentos de preconceitos, seremos obrigados primeiro a experimentá-lo, mas tem sido frequentemente provado que o retardamento é uma atitude sábia. Digamos que um homem tem uma tremenda projeção da *anima* numa mulher e a experiência apresenta-se como um impulso muito forte de união sexual. Suponhamos que ela ceda e que então a coisa toda desapareça. É o que acontece frequentemente com o dom-juan. *Après le coup*, isso nada significa para ele. O homem deixa-a e pensa: "Oh, não era isso o que eu queria!". Assim, também seria perfeitamente aceitável dizer que, desde o começo, não era realmente isso, que estava apenas encoberto desse modo, mas o impulso não atingiu sua meta nem sua intenção e nenhum progresso da consciência foi obtido. O homem poderia ter igualmente resistido ao impulso e realizado primeiro um esforço no sentido de descobrir para onde estava sendo realmente impelido, porque, como observamos com frequência, os impulsos no sentido de algo que deve ser feito se manifestam primeiro na forma de reações físicas, se não puderem atingir diretamente a consciência.

Por exemplo: se defrontamos com uma situação analítica em que simplesmente não sabemos o que fazer, pode acontecer que, enquanto estamos sentados em nossa poltrona, analisando, ocorra uma súbita reação sexual, a que *não* é aconselhável ceder – independentemente das convenções –, mas nós não estamos tratando de convenções e podemos falar abertamente. A experiência demonstrou que é mais sensato parar e perguntar: por que é que isso aconteceu nesse momento particular da análise? O que é que estava sendo examinado quando esse impulso veio subitamente à tona? Que sonho estava sendo discutido? Podemos estar absolutamente certos de que teremos tocado num ponto em que, tanto nós quanto o analisando, devemos tomar consciência de algo, de que alguma coisa está fazendo pressão para entrar na consciência e é algo tão distante do que podemos conceber que só pode manifestar-se de um modo físico. É uma espécie de explosão por baixo da escada, porque ela não pode subir pela escada; é como se tentássemos empurrar escada acima um animal que, em vez disso, preferiu simplesmente saltar pela janela. Algo quer irromper do inconsciente, mas acontece um curto-circuito, que se manifesta como um impulso sexual, porque há uma espécie de dificuldade em ir mais além.

No entanto, às vezes trata-se de um impulso sexual genuíno. Não se pode dizer sempre que não seja exatamente o que parece ser porque, no fim das contas, somos animais de sangue quente e temos nossas reações físicas normais. Mas antes de tudo pode acontecer que, numa tal situação, ignoremos o que é o quê e, por conseguinte, a técnica de Ísis é uma demonstração de sabedoria, ou seja, retardar e perguntar primeiro à coisa que nos acomete todos os seus segredos, e só depois decidir se haverá ou não um *caso*. Ísis não nos conta... ela é muito discreta! Nunca diz que fez ou não fez. Essa é uma livre decisão ética entre seres humanos ou, como nesse caso, entre deuses, e situa-se num outro nível. Porém, na medida em que for um impulso vigoroso, não estamos livres para decidir.

Em primeiro lugar, deve-se retardar e descobrir o que é aquilo com que nos defrontamos. O que está por detrás disso? Um impulso sexual pode ocorrer quando falamos com uma pessoa agonizante. Como isso parece inoportuno! Nesse caso, seria muito plausível pensar que não era o nosso instinto sexual natural querendo copular com um moribundo; tal coisa seria impossível. Sabemos desde o começo que não significa isso e, no entanto, trata-se de uma situação típica e algo com que frequentemente tenho deparado. Por trás disso está todo um problema simbólico arquetípico. Por que será o impulso sexual tão tremendamente importante nesse momento, a ponto de recair sobre a pessoa agonizante e sobre aqueles que a cercam? Este é apenas um exemplo entre muitos outros. Então, temos de deter o anjo e dizer-lhe que conte primeiro o seu segredo, que queremos tornar-nos conscientes do que está por trás do impulso; ou seja, a estranha conexão entre instinto e arquétipo.

Jung, em seus escritos, refere-se às vezes ao instinto como se fosse a mesma coisa que o arquétipo e outras vezes como se fosse diferente. O que ele quer dizer é que, se o encararmos como o oposto do instinto, o arquétipo seria um modo herdado e instintivo de ter emoções, ideias e representações com símbolos, e o instinto seria o modo herdado de agir fisicamente, certo tipo de ação física. Naturalmente, instinto e arquétipo estão ligados.

INSTINTOS		**ARQUÉTIPOS**
	experiência	
infravermelho	———————————————	ultravioleta
(Fisiológicos: sintomas corporais, percepções instintivas etc.)		(Psicológicos: ideias, concepções, sonhos, imagens, fantasias etc.)

11. A ligação entre instinto e arquétipo comparada ao espectro.

Por exemplo: suponhamos que, quando estamos passeando num campo, começamos subitamente a correr sem qualquer razão aparente, pulamos uma sebe e, ao olhar para trás, vemos que um touro nos perseguia! As pessoas diriam que isso foi um milagre, pois não saberiam explicar por quê, de repente, sentiram que tinham de correr; não se aperceberam do que estava acontecendo, mas o instinto as salvou. Isso acontece frequentemente. Uma pessoa atravessa uma rua, ignorando por quê, e então alguma coisa cai do telhado, exatamente onde ela estivera momentos antes! É muito importante aprendermos a confiar nesses impulsos.

Ora, isso é algo que acontece fisicamente. Começo a correr sem me aperceber sequer do perigo, mas graças a Deus o meu corpo é mais arguto do que eu! Entretanto, em vez da ação física, eu posso ouvir uma voz, ou ter uma alucinação que me diz: corre! Num caso, a advertência chega como uma reação física e, no outro, como um pensamento, o que constitui a diferença entre o instinto e o arquétipo; a voz seria uma manifestação do arquétipo e o movimento físico uma manifestação do instinto, mas na realidade são dois aspectos da mesma coisa. O comportamento físico concreto de acordo com o padrão seria instinto e as concomitantes representações internas, emoções, audições, visões, seriam as manifestações do arquétipo.

O homem possui em si alguma coisa herdada e estrutural, que o faz atuar e pensar de certo modo, sendo por isso que, às vezes, não distinguimos claramente entre instinto e arquétipo. Como esse conteúdo do inconsciente tem uma espécie de aspecto físico, e também um aspecto somático e psicológico, às vezes algo que deveria encaminhar-se através do aspecto psicológico desvia-se para o aspecto físico, ou o aspecto físico desvia-se para o psicológico; são como vasos comunicantes e, se há um bloqueio num deles, a água transborda do outro.

12. O deus Sol Rá com seus atributos.

Se acontece frequentemente de terem as pessoas grandes problemas psicológicos, cuja causa elas consideram psicológica, e depois experimentam algo no aspecto físico, então o problema se desintegra. Elas haviam bloqueado um instinto, digamos um impulso sexual, que depois se manifestou na mente delas como um problema filosófico a respeito de Deus. Isso foi o que Freud generalizou! Ele viu que isso acontecia com frequência e pensou que poderia explicar tudo nesse nível, mas não é assim: a pessoa poderá igualmente bloquear a outra ponta e então a coisa manifesta-se pelo lado oposto.

Esse é um dos eternos conflitos: viverei isto concretamente ou assumi-lo-ei simbolicamente? Isso deve ser entendido como uma concretização ou ser simplesmente vivido, sem pensar demasiado? Este é um dos nossos grandes problemas. Afirmamos aqui que bloqueando, ou retardando, um impulso físico, ocorre um progresso na consciência.

OBSERVAÇÃO: Essa não foi a primeira barganha feita em nome da aquisição de conhecimento, pois Ísis comprometeu-se a curar o deus Sol Rá da mordedura do verme venenoso, desde que ele lhe dissesse seu nome sagrado. Como explicar esse paralelo?

DRA. VON FRANZ: Sim, sem dúvida trata-se de um paralelo. Quando o deus Sol Rá ficou velho e senil, e incapaz de continuar exercendo adequadamente suas funções, Ísis colocou uma serpente venenosa no caminho dele, que o mordeu e envenenou, de modo que Rá ficou muito doente. Nesse tempo, acreditava-se que o poder de um homem residia em seu nome secreto, que era a sua alma, ou mana, seu poder vital, e, quando Rá jazia em seu leito de enfermo, Ísis acercou-se de seu pai e ofereceu-se para curá-lo se ele lhe dissesse primeiro o seu nome secreto. Diante dessa chantagem, Rá cedeu e confiou-lhe o nome, e daí em diante ela dispôs do poder do deus Sol.

Mas o que significa isso? Não podemos discutir esse caso no mesmo nível do outro tema, que seria o nível de um impulso físico por trás do qual acreditamos estar escondido algo arquetípico. Para responder à pergunta acima, precisaríamos examinar brevemente todo o desenvolvimento da consciência na civilização egípcia.

No Egito, o culto do deus Sol e do filho do deus Sol era, em geral, em função da estrutura social e política, uma ordem patriarcal. Por volta dos anos 3000 a 2800 a.C., o culto do sol suplantou gradualmente o da lua e o do touro; o rei principal representava o deus Sol e já não estava intimamente ligado à lua e ao touro, ou havia algumas diferenças, embora ligeiras. Com esse desenvolvimento e recrudescimento do culto do sol, ocorreu um progresso na lei, na ciência, na geometria, no planejamento de campos, de construções etc. Houve um enorme avanço na civilização racional, na organização, na guerra etc. Ocorreu um desenvolvimento do mundo masculino, do mundo do pensamento e do mundo da ordem, que acompanhou o culto do sol.

Em certa medida, pode ser comparado com o desenvolvimento inicial da civilização cristã, em que a mesma coisa aconteceu: crença na lei, crença no dogma, crença na ordem, crença no conhecimento e, depois, porque essas coisas chegam a um término, a uma enantiodromia, o modo masculino de consciência se cansa. Esse é um típico evento arquetípico, e então o modo feminino, ou o inconsciente, a natureza, o caótico têm de voltar à luz. Esse primeiro grande mito ilustra a enantiodromia em que o masculino, o deus Sol macho, transmite todo o poder à ordem feminina.

Hoje em dia, nossas organizações oficiais acreditam cada vez mais na burocracia, em mais congressos, mais regulamentos e mais religiões para salvar o mundo. Estão determinadas a instaurar a ordem, pensando que isso resolverá o problema e que outras tendências que encontramos nos sonhos de nossos pacientes não vingarão. Porém, o mundo cansou-se uma vez mais –

então o Papa decreta a Assunção da Virgem Maria e vemos a reavaliação do feminino nos sonhos atuais dos homens.

Posso dar um exemplo. Outro dia, revoltado com a matança que está ocorrendo atualmente no Tibete*, um homem escreveu um veemente artigo alertando para o fato de que nós, suíços, que também somos um povo montanhês ameaçado por grandes potências circunvizinhas, deveríamos mostrar mais simpatia e sensibilidade por esse outro pequeno povo montanhês que está lutando por sua liberdade, e que não basta ler os jornais e expressar solidariedade, pois amanhã a mesma coisa poderá acontecer a nós, como uma invasão russa. Deveríamos fazer algo de concreto e suspender o comércio com a China. No entanto, depois ele sonhou que o mundo estava chegando ao fim e que algumas pessoas escavaram numa geleira das montanhas, encontrando um velho navio no qual estava sentada uma bela mulher. O navio era como a Arca de Noé que estava se deslocando rumo ao mar, e só aqueles que nele embarcassem com a mulher seriam salvos!

Portanto, o inconsciente diz que aquilo que os indivíduos veem em sua mente masculina, política, racional, é apenas um pequeno aspecto do que está realmente acontecendo. Defrontamos agora com o dilúvio. O nosso verdadeiro problema, na atualidade, é o da superpopulação e não a tensão com árabes ou

---

* A autora refere-se aos violentos tumultos que, em 1959, redundaram na tentativa de sublevação separatista dominada pelas forças de ocupação chinesas, acarretando a anexação do Tibete e a fuga do Dalai Lama para a Índia. Esses eventos coincidiram com a preparação deste livro. (N. do T.)

13. O poder vivificante do feminino é representado como o mar da renovação proveniente do leite da virgem.

russos. Estamos diante de uma situação irremediável. O princípio salvador é o princípio feminino e, desta vez, não será Noé na arca, mas uma mulher, isto é, uma deusa. O que significa isso? Dê-se o leitor conta dos sonhos com que, por vezes, defrontamos! Não podemos avaliar essa mulher como uma mulher. O que sonha está seguro em seu relacionamento com mulheres, nada há de errado nesse nível. O que representará então a mulher na arca e aquele punhado de pessoas que vão com ela?

14. A espiritualização da matéria retratada como a coroação da Virgem Maria. A cena representa a quaternidade alquímica: Pai, Filho e Espírito Santo (pomba), com o feminino (matéria) como quarto elemento.

Isso não é fácil de interpretar, mas no final da civilização egípcia ocorreu uma enantiodromia semelhante. Subitamente, Ísis teve tudo em suas mãos e os deuses masculinos se desvaneceram

– e é interessante assinalar que isso ocorreu no final da era de Áries, e que estamos agora no final da era astrológica de Peixes e, uma vez mais, uma mulher está recebendo a colheita e os homens estão um tanto exaustos.

Pergunta: Mas o anjo nada perdeu quando entregou seu segredo à deusa. Ele ainda o compreendia – não é verdade?

Dra. von Franz: Sim, mas ao passo que o anjo não fez qualquer uso de seu conhecimento, Ísis fundou a alquimia; ela fez algo com esse conhecimento, enquanto o anjo simplesmente o guardou para si.

3ª Palestra

ALQUIMIA GREGA

Examinamos no capítulo anterior o possível significado da transmissão do segredo da alquimia pelo anjo Amnael à deusa Ísis. Usamos ampliações das antigas lendas que dizem, com efeito, que todo o conhecimento científico natural, da matemática à fabricação de cosméticos para mulheres, foi ensinado aos seres humanos por anjos ou gigantes. Também examinamos o estranho fato de que, com muita frequência, no final de uma civilização patriarcal, ocorre uma enantiodromia – o poder é transmitido a uma figura feminina como, por exemplo, quando, no final da civilização egípcia, o culto de Ísis tornou-se predominante e Ísis assumiu cada vez mais o papel de todos os outros deuses. Conhecem-se até preces egípcias desse período final, em que Ísis é invocada como aquela que é todos os outros deuses numa forma feminina. Comparamos isso, *cum grano salis*, ao fato de que hoje, no seio da civilização cristã, pelo menos em sua parte católica, a Virgem Maria ascendeu subitamente a um papel mais dominante do que teve até agora.

Não devemos esquecer que essas deusas-mães também estão ligadas ao conceito de matéria, pois não só a própria palavra "matéria" está ligada à palavra "mãe", mas toda a projeção da matéria e a ideia arquetípica modelar no fundo da mente dos cientistas naturais surgem do arquétipo materno. Platão, por exemplo, diz que o espaço é como uma nutriz para toda a ordem cósmica; assim, o espaço é visto como um recipiente feminino, uma função nutriente da mãe.

Como a ideia de matéria está ligada secretamente ao arquétipo da mãe, se o Papa transfere a ênfase do culto cristão para a Virgem Maria, isso constitui, consciente ou inconscientemente, um golpe desferido contra o materialismo comunista. É um gesto nesse sentido e uma tentativa de atingir seu aspecto materialista, conferindo destaque à matéria numa forma diferente. Portanto, o interesse na matéria provém de um ressurgimento desse arquétipo.

Quando jovens cientistas naturais escolhem sua profissão, a Natureza-Mãe aparece-lhes em sonhos na forma de uma mulher idosa, ou de alguma outra figura, e mostra-lhes o caminho. Vi muitos desses sonhos em casos de jovens que estavam indecisos entre se dedicarem ao estudo da ciência natural, da medicina por exemplo, ou de qualquer outra área. Assim, pode-se realmente provar pelo material do homem moderno que a tendência no sentido do interesse pelo aspecto material da natureza exterior provém, muito frequentemente, da constelação desse arquétipo, que constitui o dinamismo subjacente na ciência natural. Se a história bíblica avalia essa transmissão de conhecimento ao homem como uma catástrofe, ou como um infortúnio, isso certamente pode ser comparado ao fato de a ciência natural, incluindo a matemática, ser propensa, desde seus primórdios, a possuir as pessoas de um modo autônomo, a possuir seus interesses de uma forma total, a ponto de lhes incutir um impulso demoníaco, subvertendo não só o seu equilíbrio pessoal, mas também, em certa medida, o equilíbrio da civilização.

Essa propensão excessiva da ciência natural e seu aspecto destrutivo é, hoje em dia, de tão grande banalidade que não preciso me alongar sobre esse ponto, mas assinalarei apenas que isso deriva do fato de um arquétipo estar, por assim dizer, afastando-se da ordem instintiva geral. Portanto, podemos dizer que o mito da origem da ciência natural é, em parte, o mito de uma dissociação instintiva: o *Homo faber* já está dissociado ou encontra-se, de forma perigosa, afastado de suas raízes instintivas naturais. Isso é o que o mito bíblico diz, ao passo que o mito de Ísis, pelo contrário, exalta o mesmo evento como um enorme progresso. Se há dois mitos, um dos quais é mais ou menos o oposto do outro, ou a mesma coisa com uma avaliação diferente, só podemos concluir que há uma incerteza básica no ser humano, e mesmo em sua consciência; o problema é real e não inventado, e temos de examiná-lo de ambos os ângulos.

O anjo traz na cabeça um vaso não vedado com resina e que contém água clara. Essa água, absolutamente transparente ou cristalina, diz o texto grego, é em alquimia o símbolo da misteriosa matéria básica por excelência. A ideia de água eterna é, como sabemos pelas inúmeras e amplas explicações de Jung e por associações com outros textos, um dos mais importantes símbolos alquímicos. É água divina, que não é naturalmente H_2O, mas, de fato, um símbolo para a matéria mais básica do mundo, a *prima materia*. Assim, nessa imagem, é dito que o anjo traz consigo o mistério do material básico – diríamos, do cosmo – e é exatamente isso o que esses alquimistas, tal como os físicos modernos, tinham em mente: que, possivelmente, todos os fenômenos materiais derivavam, em última instância, de um material básico, cuja busca era o seu grande *fascinosum*, porque se faz acompanhar do sentimento de que, se esse material básico puder ser descoberto, então será possível, de certo modo, examinar a tessitura divina do cosmo.

Ísis insiste em obter o segredo, após o que o texto prossegue com o juramento pelo qual Hórus é intimado a não desvendá-lo. Isso está de acordo com o estilo do mistério e das iniciações religiosas subsequentes em geral. No mundo helenístico, é uma ênfase que mostra que a grande coisa tem agora de ser transmitida e, portanto, o filho de Ísis, Hórus, tem de compreender que

15. O alquimista e sua assistente fazem o sinal do segredo, de acordo com a experiência de que muito do que acontece no relacionamento entre duas pessoas não pode ser compartilhado com outros.

o segredo é somente para ele e mais ninguém, e jamais deverá falar sobre isso.

Temos nesse antiquíssimo texto algo que voltaremos a encontrar repetidas vezes na história da alquimia: o tema do grande segredo que não pode ser cientificamente contado e transmitido de um indivíduo para outro.

Na história da alquimia e da química, isso foi sempre encarado como um ardil para fazer a coisa toda parecer importante e misteriosa, e para encobrir segredos. Naturalmente, há certa dose de verdade nisso, porque, como se sabe, nessa época, a alquimia também era química e, por conseguinte, o conhecimento de como fazer ligas etc., era um segredo profissional pela simples e muito banal razão financeira de manter a vantagem. Em nossas modernas indústrias acontece a mesma coisa; existe, inclusive, uma rede de espionagem para descobrir os segredos das indústrias, de suas gerências, de seus métodos metalúrgicos, pois esse conhecimento significa poder e dinheiro, tal como nos tempos antigos. Se, por exemplo, alguém pudesse produzir uma liga metálica que parecesse ouro, graças ao controle policial muito insignificante da época, poder-se-ia fabricar dinheiro falso e adquirir-se rapidamente fortuna, sendo natural, pois, que o segredo só fosse confiado aos melhores amigos do alquimista.

Mas esse aspecto banal não explica o fenômeno todo. Vejamos o que acontece numa situação analítica. Talvez a maioria dos analistas já tenha tido a experiência de que certas coisas só podem ser ditas, ou explicadas, ou feitas, com uma outra pessoa e, geralmente, se uma análise vai bastante fundo, chega um momento em que analista e analisando compartilham o segredo que ambos sabem não poder ser compartilhado com mais ninguém e que, portanto, estabelece um relacionamento ímpar.

Isso é experimentado pelas pessoas no ambiente exatamente do mesmo modo como era sentido a respeito da alquimia, ou seja, deve existir algo sórdido ligado a ela, pois caso contrário ela seria comentada e discutida às claras. Mas é inteiramente impossível dizer e fazer certas coisas, exceto para uma única pessoa; essa é a incomparabilidade e exclusividade de toda a relação humana real e de todo o encontro real com o inconsciente. Por isso é tão difícil e, de certo modo, enganador, relatar o material obtido num caso, pois vêm à tona certas coisas que não podem ser contadas, não por razões de discrição ou porque se relacionam com sexo, ou dizem respeito a um divórcio ou a um casamento, ou têm algo a ver com finanças, ou com alguma espécie de sordidez indiscreta – o que as pessoas sempre pensam ser o caso –, mas porque a coisa é *inefável*.

Por vezes, a relação ou análise prossegue em meias palavras, que são entendidas de um modo específico pela outra pessoa, mas que não podem ser repetidas quando se fala no caso. Podemos contar os sonhos e repetir o que dissemos ao analisando acerca do seu significado, mas sabemos perfeitamente bem que estamos contando apenas metade da história. Também há coisas que não podem ser contadas porque acontecem sem o nosso conhecimento. Alguém poderá dizer mais tarde: "Não me lembro do que você disse nessa altura, mas recordo que riu de certo jeito, o que me sugeriu algo". Isso pode acontecer sem que nenhuma das partes o notasse na época, e tais efeitos não podem ser evitados nem podem ser comentados depois, embora sejam, de fato, suscetíveis de formar a base do processo analítico e terapêutico.

Também há a simpatia entre duas pessoas, a *sympathia*, que significa que elas sofrem juntas, se impressionam juntas, e essa condição de relacionamento "unido", que decorre da participação na mesma experiência, não pode ser explicada – não porque se *queira* fazer disso um segredo, mas porque é inexplicável, irracional e muito complexa. Assim, podemos dizer que em todo e qualquer processo de análise há um segredo e, de modo geral, não se pode falar a esse respeito. Portanto, se relatamos um caso, nós o relatamos apenas em parte; é uma coisa única, mas normalmente as pessoas vão para casa e pensam que então sabem como funciona o processo de individuação, e depois ficam inteiramente desorientadas porque seu processo de individuação se desenvolve de um modo seguramente muito diverso. *Per definitionem*, trata-se de uma individuação, o que significa algo único.

Portanto, é até motivo de desorientação descrever um caso único, porque as pessoas involuntariamente generalizam, pensando que agora entendem como a terapia é conduzida – mas já estão pondo seus esforços a perder. Há um segredo real, pois assim que atingimos a singularidade do processo, ou do indivíduo, deixamos de poder falar nele. Com frequência, quando solicitada a falar sobre o material de um caso, quando folheio os registros de meus casos, penso que seria um erro divulgar qualquer deles. De um modo geral, só podemos falar de casos triviais, ou daqueles que redundaram em fracasso – o que é humilhante para a nossa vaidade, mas pelo menos podemos falar deles.

OBSERVAÇÃO: Não está Ísis referindo-se a algo como isso, quando diz: "Tu és eu e eu sou tu", após o que não há nada mais a dizer?

DRA. VON FRANZ: Sim, exatamente, é a isso que eu queria chegar. Há nisso o "Eu sou tu e, tu és eu", e esse é justamente o elemento que não pode ser contado. E a *unio mystica*, a coisa que acontece no fundo daquilo que tentamos destacar com a palavra "transferência", tornando-a assim uma coisa técnica. Mas é um mistério real, uma experiência mística, uma experiência que, portanto, nunca pode ser comunicada nem compartilhada com outra pessoa.

Ísis jura primeiro em nome de Hermes, que é provavelmente a tradução grega de Thoth, o deus-lua, deus-macaco; depois em nome de Anúbis, que não foi traduzido e, portanto, é reconhecível em sua forma egípcia, e também no nome de Kerkoros – o uivo de Kerkoros, referindo-se ao cão Cérbero. No texto paralelo, o nome é KerkoOuroboros. Ouroboros é a serpente que devora a sua própria cauda, de modo que o texto deve referir-se a um demônio cinoforme que foi confundido com essa serpente, e é descrito aqui como a serpente e o guardião do inferno. Assim, é um misto da figura de Cérbero, portanto de "ker", a primeira sílaba do grego *Kerkoros*, e de certas figuras guardiãs do inferno egípcio, entre as quais encontramos, com frequência, a serpente que come sua própria cauda.

Citarei agora o texto que fala da serpente Ouroboros, tal como é pintada em alguns túmulos egípcios. No túmulo de Seth I, por exemplo, existe o desenho de uma casa com duas esfinges do lado de fora, o que é uma espécie de representação esquemática do mundo dos mortos, onde ocorre a ressurreição do deus Sol. Momentos antes de sua ressurreição, o deus Sol é representado como um homem ictifálico que jaz de costas, com o falo ereto e ao redor dele está a serpente que come a própria cauda. A inscrição diz apenas: "Este é o cadáver". Vemos, portanto, que no mundo dos mortos, quando o deus Sol atingiu o momento em que a morte e ressurreição se encontram, quando ele está em seu túmulo nas profundezas do inferno, é representado como estando rodeado por essa serpente. De acordo com o texto egípcio, a serpente que come a própria cauda é considerada a guardiã do mundo dos mortos e, provavelmente, é essa a serpente invocada nesse caso.

O texto prossegue: "Eu te conjuro também em nome do barqueiro Acheron". E mais adiante: "Vai e pergunta ao camponês Acharontos, e ele te contará todo o segredo". Pensa-se primeiro, naturalmente, em Aqueronte, o rio do inferno grego, mas como a tradução representa obviamente ideias e imagens egípcias, temos de apurar que divindade ou figura do mundo dos mortos poderia ter dado origem a esse nome.

A esse respeito, descobri algumas ampliações muito interessantes. Há um deus, ou conceito, egípcio, chamado Aker ou, por vezes, Akerou. Esse deus é representado por dois leões sentados de costas um para o outro, às vezes com o disco do sol entre os respectivos lombos. Seu nome é Rwti, ou leão duplo, e é assim que se representa o deus ou a palavra Aker. Ele é mostrado como o leão duplo, ou o cão duplo, ou como Ontem e Amanhã, porque na mitologia egípcia, essa imagem representa o momento da ressurreição do deus Sol. Ontem ele estava morto, amanhã estará vivo de novo.

À meia-noite, quando o sol está em seu ponto mais baixo e começa a erguer-se de novo, é o momento decisivo da passagem da morte para a vida, do ontem para o dia seguinte. Esse momento mais baixo de enantiodromia e de ressurreição é Aker, pois *Aker* significa "aquele momento".

16. O Ouroboros, a serpente que devora a própria cauda, como dragão coroado e como serpentes aladas e sem asas (comparar com os pássaros alados e sem asas da figura 36).

Nessas línguas mais recentes e nas antigas línguas primitivas, *Aker* significa não só o momento, mas também o lugar e a situação, a situação de morte e ressurreição, de ontem e amanhã, de ressurreição e regeneração do deus Sol. Às vezes, Aker não é representado como esse ponto mais profundo dos infernos, mas como a porta para o Além, da qual o leão duplo é o guardião, de modo que ocorre uma combinação de duas ideias: é a entrada para o Além, o *limen*, ou o ponto mais profundo do próprio inferno. Nos túmulos de Tutmés III e de Amenófis II, existe a mesma cena que no túmulo de Seth I.

Mencionarei agora algumas das invocações. No *Livro das Cavernas*, um dos livros dos mortos nas muitas variações egípcias, o deus Sol, quando na região dos mortos, diz: "Oh, Aker, eu segui o teu caminho, tu, cujas formas são misteriosas, abre teus braços diante de mim. Aqui estou; aqueles que estão em teu seio me chamam". Quando ele diz "aqueles que estão em teu seio me chamam", Aker é simplesmente todo o mundo dos mortos, o espaço no mundo dos mortos; aqueles que estão no mundo dos mortos são os espíritos dos mortos e o deus dos mortos; e os espíritos chamam o deus Sol quando este mergulha na região dos mortos. O texto continua: "Eu vi teus mistérios, meu disco do sol e Geb, o deus da terra, são aqueles a quem carrego em minhas costas. Khepera está agora dentro de seu invólucro". Khepera é a forma ressurgente do deus Sol, que agora está no ovo, está no invólucro e no momento seguinte aparecerá no horizonte. "Abre teus braços, recebe-me. Aqui estou e afugentarei a tua escuridão."

No túmulo de Ramsés VI, Aker é representado pelos dois leões e sob eles estão as palavras: "Vede a aparência que tem este deus. Geb, o deus da terra, e Khepera, o escaravelho, observam as imagens que estão dentro dele". Assim, Aker é um espaço que contém os mortos, ou as imagens de tudo o que existe. Ele é não só o leão duplo, ou a porta para o Além, mas esse espaço misterioso na região dos mortos onde estão os mortos e as imagens. Eles os observa e os tem nos seus braços. Esse grande deus permanece na região dos mortos e fala com a grande imagem que carrega o seu cadáver. Aker é a grande imagem que carrega o cadáver ou o corpo do deus Sol, como se pode deduzir do desenho. O deus Sol derrama luz sobre tudo o que está nos braços de Aker, que procede à reunião dos ossos do deus – ele reúne os ossos dispersos do cadáver.

17. Rwti, o leão duplo egípcio com o disco do sol, representando Aker, o momento em que o sol ressurge após sua jornada pelo mundo dos mortos, isto é, o renascimento da consciência após a "viagem pelo mar noturno".

Um dos grandes temas de *O Livro Egípcio dos Mortos* é que os mortos são desmembrados, como Osíris; e, portanto, devem ser reajuntados antes de poderem ressuscitar; eles têm de ser remontados para que possam erguer-se do mundo dos mortos. Aker é o agente na reunião dos ossos e membros do deus.

Outra representação encontrada no túmulo de Ramsés VI é a do leão duplo postado entre as águas primordiais. Por baixo está a inscrição "Aker" e depois uma elipse, que, nesse contexto, simboliza a região dos mortos, ou o mundo dos mortos; e a inscrição diz que Aker e Xu, o deus do ar, são os dois criadores do mundo. Vemos, então, que Aker é não só o agente, na ressurreição do deus Sol e de todo o mundo dos mortos, mas também uma das forças motrizes na criação do mundo. Às vezes, os leões duplos são substituídos, como mencionei acima, pelos dois chacais de Anúbis, dois animais ciniformes; nesse caso, a inscrição é: "Estes são os abridores do caminho, os agentes da ressurreição".

18. Osíris com trigo ou milho brotando de seu corpo.

Penso, portanto, que não seria forçado demais conjeturar que Acharon, ou Acharontos, alude a esse deus egípcio, pois, como sabemos, o conteúdo principal do grande segredo comunicado por Ísis a Hórus é que um leão gera um leão, a cevada gera cevada, o trigo gera trigo etc.; por conseguinte, o homem só pode ser gerado da mesma maneira; e também é dito, especialmente, que um cão gera um cão.

Assim, o que no começo parece ser uma afirmação completamente banal da natureza, ou seja, o segredo da geração sexual, e das células germinativas, e da geração das plantas, revela-se detentora, nos gregos e egípcios antigos desse período, de outra rede completamente distinta de associações. Essas imagens estavam todas ligadas ou associadas à ideia de ressurreição dos mortos, de recriação do deus Sol e de recriação do mundo; essa é uma alusão secreta do texto.

Como se sabe, a ressurreição de Osíris foi representada com muita frequência pelo símile – embora seja muito mais do que um símile – da ressurreição do trigo. No período final da Antiguidade, por exemplo, em muitas cidades egípcias havia rituais durante os quais um pinheiro era abatido e escavado, representando o corpo de Ísis, ou o esquife – o esquife é a deusa-mãe, como se sabe. Trigo, ou milho, ou cevada, era então colocado nele e regado, e o grão brotava quando posto ao sol, representando assim um ritual primaveril de ressurreição.

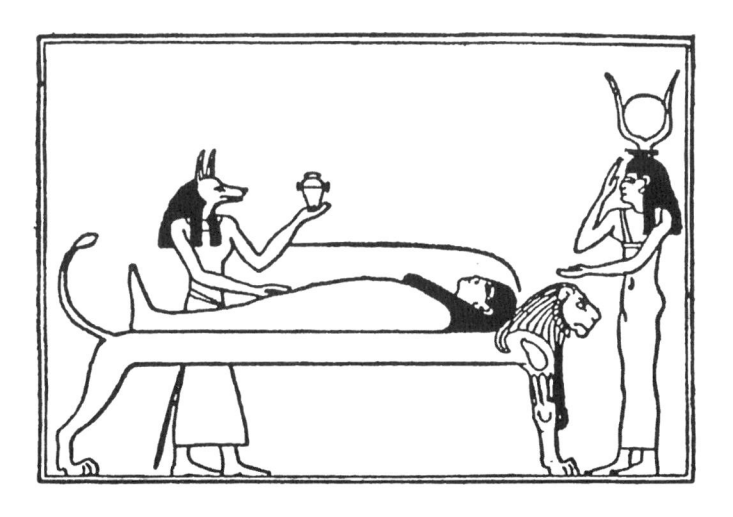

19. Anúbis ungindo a múmia de Osíris, com Ísis dando instruções.

20. A ressurreição de Osíris, assistida por Néfits e Ísis.

No museu do Cairo, pode-se ainda ver essa múmia de cereal. Numa espécie de caixa rasa com areia, o cereal era semeado na forma da múmia de Osíris. Era borrifado com água, germinava e depois era posto para secar. Essas múmias eram conhecidas como hortas de Osíris e representavam a ressurreição dos mortos. O processo era repetido em todos os funerais egípcios clássicos: o cereal era colocado dentro das faixas da múmia e borrifado com água e, quando o grão começava a germinar, era sinal de que o morto havia ressuscitado. Nessa típica forma primitiva e mágica, todos esses rituais eram executados de um modo completamente literal sobre a múmia. Assim, o processo da morte do cereal na terra e sua ressurreição como trigo ou cevada estava intimamente associado na mente das pessoas à ideia de ressurreição, primeiro do deus Osíris e, depois, de todos os seres humanos.

Ora bem, perguntará agora o leitor: O que é que tudo isso tem a ver com a alquimia? Isso parece referir-se claramente a certos mistérios antigos dos mortos no mundo egípcio helenístico, e podemos reconhecer a ligação com o famoso mistério arquetípico da morte e ressurreição do jovem deus da primavera. Mas por que isso se apresenta como a explicação essencial de todo o mistério alquímico? E por que é que no texto citado no capítulo 2, depois dessa explicação, figuram receitas da mais completa banalidade? Penso que, para compreendermos o que essas pessoas tinham em mente, devemos ser, acima de tudo, extremamente ingênuos, e seguir um pensamento simplista.

Suponhamos que o leitor pense em sua própria ressurreição, se realmente espera que ela ocorra, muito embora possa não crer nisso. Naturalmente, a primeira coisa que lhe ocorre é o cadáver e o que acontece a ele. Os vermes o devoram ou é reduzido a cinzas no crematório. Se formos ingênuos e honestos, não podemos desprender nossa mente da visão imediata do que resta de nós após a morte e, portanto, em todas as civilizações humanas, o cadáver é tratado com grande cuidado e com toda espécie de ritual, porque ele representa um mistério. A forma do ser humano que viveu ainda está ali, mas algo lhe falta, ou algo mudou. O sentimento simplista ainda aceita o que está jazendo diante de nós como sendo o nosso pai, ou o nosso amigo, ou seja quem for, e, se não for, então o que é? Se cremos na ressurreição, se pensamos que tal coisa existe, então o corpo que se desintegrou deve, de algum modo, ser recomposto. E se continuarmos acompanhando esse pensamento sem preconceitos, pensaremos que, se conhecêssemos a matéria básica de que é construído todo o complexo fenômeno do corpo, então este poderia ser refeito sem grandes problemas.

Não se imagine que estou expondo isso como algo indiscutivelmente verdadeiro! Nada disso. Quero apenas mostrar que seria uma ideia suscetível de ocorrer a uma mente ingênua e, ao procurar discutir o problema da ressurreição com outras pessoas, tenho frequentemente comprovado que muitas delas pensam nessa linha. Elas falam do corpo glorificado – mas poderiam referir-se a uma matéria ou substância básica. Ignoramos que matéria é, de modo que, partindo dessa base, que não sabemos qual seja e que é segredo do próprio Deus, porque não reconstituiria Ele todo o corpo de novo? Essa é uma crença comum entre muitos cristãos que não dedicaram ao assunto uma reflexão demasiado profunda mas que, no entanto, num esforço para compreender, possuem uma ideia geral da ressurreição do corpo; e penso que nesses textos antigos está subentendido um pensamento ingênuo semelhante.

Ora, se existe uma matéria básica que pode ser transformada em alguma outra coisa, ela terá de ser imortal e nunca poderá ser dissolvida. Essa é, inclusive, a ideia de átomo – aquilo que não pode ser dividido – ou seja, a partícula ou matéria mais básica, que é o que a palavra átomo significa em grego, ou a unidade individual, a porção mínima, que não pode dividir-se nem desintegrar-se, e é, portanto, imortal. De modo que estamos lidando com uma coisa eterna e, se formos ao fundo da questão, teremos então o segredo da ressurreição e da imortalidade, e de como Deus fez o mundo.

Essa era a tendência do pensamento e da reflexão subentendida nas ideias contidas no texto, o que explica a investigação sobre a composição básica da matéria cósmica. O fato de o problema da ressurreição dos mortos estar, para essas pessoas, vinculado a tais pensamentos mostra que a esperança de imortalidade, todo esse tremendo impulso emocional que o homem sente, em seu anseio de imortalidade, recaiu nesse tempo na alquimia, o que explica como as imagens do processo de individuação foram projetadas nesse problema. Até aqui, apenas expusemos e desenvolvemos as considerações acima, baseados em poucos textos egípcios, mas apresentarei adiante um texto completamente diferente, do século V, pelo qual se verá que esses pensamentos realmente existiram. Até agora, apenas fizemos alusão a eles, de modo que teremos de reconstituí-los com base em outros textos.

Depois de aludir à afirmação de que um leão gera um leão, e um cão gera um cão, o texto diz: "Tendo tido a ventura de participar do poder divino, podemos agora passar à preparação de outras coisas. Tome-se uma porção de mercúrio..." etc. Prossegue, então, com as receitas, que não posso interpretar porque simplesmente ignoro o que significam. Algumas, como a urina de um rapaz incorrupto, podem ser desenvolvidas, pois sabemos que isso desempenhou um papel importante na magia antiga subsequente. Mas ignoramos a que se referem outras substâncias, e os historiadores da química fazem conjeturas e discutem sobre o seu provável significado que, na grande maioria dos casos, não foi estabelecido definitivamente. Sabemos apenas que são misturas de metais etc., principalmente usadas na fabricação de ligas, e que havia certos processos de fusão ou de lenta corrosão por ácidos. Enquanto ainda está dando essas receitas, Ísis diz: "Agora, minha criança, conheces o mistério do elixir da viúva". Essa frase mostra que algumas das receitas se referem a elixires curativos, a alguns remédios poderosos, no sentido africano da palavra, e não à produção de algum tipo de metal. Como é que isso se combina, se continuarmos pensando na questão ingenuamente?

Tive uma experiência em minha infância que poderá elucidar este ponto. Quando eu tinha uns 10 anos de idade, tinha de faltar com frequência à escola por motivo de uma doença e normalmente só ia na parte da manhã. À tarde, quando minha irmã estava na escola, eu ficava sozinha e muito entediada, por não ter ninguém com quem brincar. Então, nos fundos da casa, ao lado do galinheiro, instalei o que passei a chamar de meu laboratório. Eu havia lido, certa vez, que o âmbar era formado por resina caída na água do mar e solidificada após muitos anos. Assim, pensei que poderia fazer âmbar. Logo, em minha fantasia, o âmbar transformou-se numa pérola amarela e imaginei que seria capaz de criar uma pérola amarela e redonda de âmbar.

Mediante intermináveis escaladas e quedas do alto de abetos, reuni uma boa quantidade de resina mas, depois, pensei que também tinha de produzir água do mar. Pelo dicionário, descobri em que consistia a água do mar; roubei sal e iodo no armário do banheiro e fiz uma mistura, tão completamente quanto era possível nessa idade, algo a que eu chamava água do mar. Depois, pensando que o âmbar tinha de ser purificado antes que a pérola amarela pudesse ser produzida, comecei derretendo e cozinhando a mistura, para livrá-la das formigas mortas e de outras coisas; e enquanto fazia isso e observava o âmbar sendo aquecido e derretido, em minha solidão comecei a ter dó dele, pensando que, por estar sendo queimado, eu deveria conquistar-lhe as boas graças. Assim, resolvi falar com a resina, dizendo-lhe que não deveria se sentir infeliz se eu a queimava, pois no final tornar-se-ia uma maravilhosa pérola amarela e para tanto era preciso que fosse torturada pelo fogo.

Desse modo, mergulhei numa grande fantasia acerca da produção dessa pérola amarela, cuja ideia se originara de um modo muito racional em algo que eu havia lido. Mas na solidão da tarefa, a coisa redundou numa completa obra alquímica, com preces pelo bom êxito. Dirigi preces ao âmbar, implorando-lhe que não ficasse zangado comigo por cozinhá-lo e prometendo transformá-lo numa pérola etc. Essa é a mentalidade primitiva ou infantil, e devemos supor que essas pessoas adotavam atitude semelhante. Cumpre lembrar que, nesse tempo, era muito perigoso realizar experimentos químicos, porque o sujeito era olhado como feiticeiro – com todas as consequências que isso acarretava. Ele era respeitado, mas também era odiado e temido; portanto, essas coisas tinham de ser feitas secretamente e em completo isolamento, o que sempre traz à tona o inconsciente.

O leitor poderia descrever essa ocupação infantil, que durou mais de um ano, como um brinquedo ou algo parecido com uma imaginação ativa, realizado com substâncias químicas – e é nisso, em grande parte, que consiste a alquimia. A imaginação ativa pode ser praticada com cores; hoje em dia, fazemos isso principalmente por meio da pintura, ou escrevendo histórias, mas também pode-se fazer de um outro modo – coletando substâncias e misturando-as. Foi o que essas pessoas fizeram e, assim, elas se desviaram um pouco da produção exclusiva de experimentos químicos e passaram a realizar outros experimentos em que o material da fantasia era predominante, tal como eu comecei, querendo racionalmente fazer âmbar e, no decorrer do processo, entreguei-me à fantasia de produzir uma pérola amarela.

Eventos sincrônicos acontecem tanto nesses como em outros campos experimentais, e são interpretados como milagres e, naturalmente, confirmam tais fantasias. Que isso ainda continua ocorrendo em modernos laboratórios químicos fica evidente por uma história que ouvi de um cientista que estava tentando produzir certa vitamina em forma sintética. Ele havia calculado tudo, sabia que o produto seria obtido – mas a mistura parecia não querer se cristalizar. *Quando* alguma coisa se cristaliza depende de fatores muito irracionais. É claro que o peso, o calor e a forma da mistura desempenham um importante papel, mas ainda hoje existem fatores que não podem ser desprezados na manufatura química; só que não se sabe do que é que eles dependem. Assim, contrariamente a todas as expectativas, essa coisa não cristalizava de jeito nenhum. O cientista ficava observando dia e noite, noite e dia, dizendo que aquilo tinha de se cristalizar... Mas a mistura continuava obstinadamente líquida. Até que cansou de esperar, arranjou um assistente para ficar no lugar dele e manter a mistura numa determinada temperatura, e foi para casa dormir. Teve então o mais surpreendente dos sonhos, em que uma voz lhe dizia: "Vai agora e verás que a mistura se cristalizou!". Levantou-se e telefonou para o laboratório – e era verdade: a mistura tinha-se cristalizado! Assim, o inconsciente desse homem estava realmente ligado ao processo químico que se desenrolava na retorta, ou estava informado sobre todas as suas fases.

O leitor poderá chamar a isso de sincronicidade, mas não terá explicado coisa nenhuma. É simplesmente um fato. E mostra que não sabemos como o inconsciente está ligado à matéria mas apenas que está, e que ele tem conhecimento de tais coisas; como, não sabemos, pois o nosso conhecimento científico a esse respeito chegou ao seu término, por enquanto. Segundo parece, a química, mesmo nos tempos mais recentes, ainda tem uma conexão com o inconsciente da pessoa que executa o experimento, até mesmo a ponto de ocorrerem coisas como a que descrevi. Tocamos de novo num segredo, e esse tipo de experiência, embora numa base mais primitiva e rudimentar, geralmente estava implícito nos experimentos dos alquimistas.

Se resumirmos o texto que estivemos examinando, não de um ponto de vista psicológico, mas histórico, veremos que na alquimia há ideias e concepções religiosas que remontam ao Egito helenizado, com sua mistura inicial de religião grega e de religião egípcia posterior. Não posso transcrever todos os textos mas, em outros, há traços de simbolismo judaico e gnóstico, assim como de muitas outras religiões desse tempo. O outro elemento, associado em pensamento, mas desligado no que se refere aos textos, é o das receitas, obviamente remanescentes de tradições profissionais secretas, que se originaram com os feiticeiros africanos e se relacionavam com a produção de feitiços amorosos, com as poções para garantir beleza etc., assim como com a fabricação de ligas metálicas. Todas essas receitas eram segredos dos artesãos-ferreiros e de curandeiros. Durante a civilização egípcia, elas eram provavelmente transmitidas por certas classes de sacerdotes que tinham o monopólio da fabricação de determinadas ligas ou mezinhas, que obtinham por meio do Faraó reinante e, provavelmente, mantinham em livros secretos conservados nos templos.

Nessa mesma ordem de ideias, existe no Museu do Cairo um papiro que foi desenterrado há algum tempo e contém todas as receitas para o embalsamamento de cadáveres. As instruções para esse processo deveras complicado são dadas em termos puramente técnicos e químicos. Esse era o segredo da classe dos sacerdotes de Anúbis e constituía um conhecimento transmitido exclusivamente a sacerdotes iniciados. Isso provavelmente tem suas raízes na mais antiga espécie de tradição dos primitivos curandeiros africanos, e ainda hoje pode ser observada na África, em forma mais simples; a atitude psicológica e o segredo na base de tais procedimentos ainda se mantêm inalterados.

O texto grego seguinte introduz um terceiro elemento nesses antigos escritos químicos, a saber: a filosofia natural grega. Talvez um dos maiores eventos históricos da Antiguidade tenha sido o fato de que, na filosofia natural grega, a filosofia pré-socrática, homens como Demócrito, Heráclito, Tales de Mileto, Anaxímenes e Anaximandro especularam sobre teorias acerca da natureza e foram os criadores de termos técnicos tais como "tempo", "espaço", "átomo", "matéria" e "energia".

Todos esses conceitos básicos da física moderna remontam, como se sabe, à filosofia grega, pois os gregos foram os criadores desses conceitos em seu significado científico natural e específico, embora não realizassem muitos experimentos com matéria. Eles tinham poucos laboratórios, ou nenhum, e a maioria de suas teorias sobre a natureza resultou da intuição especulativa, embora usassem, às vezes, exemplos práticos para explicar o que pretendiam dizer. Por exemplo: se Demócrito diz que o átomo tem diferentes formas – digamos, como pequenas pirâmides com os cantos formando ganchos pelos quais se ligavam uns aos outros –, isso constitui uma espécie de modelo materialista de sua ideia de átomo. Os átomos redondos seriam a alma, e há também átomos de fogo que rolam pelos espaços interiores dos átomos. Era esse o modelo de realidade de Demócrito.

Os gregos nunca pensaram em provar ou demonstrar tais coisas pela experimentação, como é o procedimento comum dos cientistas atuais; se temos esse modelo especulativo, tentamos prová-lo num experimento prático, mostrando que ele se ajusta ou não aos fatos. Isso os gregos não fizeram. Mas então o pensamento grego – naturalmente e, lamentavelmente numa fase muito diluída – conheceu as ciências secretas egípcias, que consistiam inteiramente numa antiquíssima tradição artesanal e prática sobre o comportamento da matéria. Os egípcios sabiam muito pelo ângulo prático. Sabiam como fabricar o esmalte e a tinta invisível, e toda espécie de complicadas ligas e, quando esses dois mundos se encontraram, no Egito ptolomaico, esse fato foi imensamente fecundo para ambos, pois o que na tradição egípcia consistia em receitas e pensamento religioso conjugava-se agora com o acurado pensamento científico dos gregos.

Chamaríamos a isso o momento do nascimento da alquimia, quando os modelos de pensamento da filosofia grega convergiram com as práticas experimentais das tradições egípcias. Para dar ao leitor uma noção mais nítida do que representou essa confluência, citarei em suas linhas gerais um texto muito extenso de um alquimista posterior, Olimpiodoro, cujo nome já deve ser conhecido pelos escritos de Jung.

Olimpiodoro foi ministro e funcionário da corte bizantina no século V d.C. Foi membro de uma delegação enviada a Átila, rei dos hunos, e escreveu uma história consideravelmente famosa de sua época, publicada em 425. Alguns de seus biógrafos dizem que, ao mesmo tempo, ele era conhecido como um grande mágico e curandeiro na corte bizantina, e, de acordo com os textos, estava muito ocupado com experimentos alquímicos. Entretanto, nas histórias da alquimia, é dito que isso não era verdade, pois Olimpiodoro não possuía grande conhecimento prático e, mesmo que realizasse tais experimentos, estava certamente mais interessado nos aspectos teóricos e simbólicos da alquimia.

Afirmou ele que os objetivos da alquimia não podiam ser alcançados de um modo racional, que poderíamos seguir as receitas como melhor nos aprouvesse, mas nunca chegaríamos a lugar nenhum com a ajuda da magia e dos poderes mágicos. Assim, Olimpiodoro começou assumindo uma atitude dupla acerca do que poderíamos chamar as ciências sérias ou práticas e a magia, uma divisão que não encontramos nos textos anteriores. A razão disso estava no fato de Olimpiodoro ter tido uma educação filosófica grega, que ele tentou aplicar aos seus conhecimentos. Transcrevo agora excertos desse texto, como fiz com o de Ísis, sem alterar sua estranha confusão literal, para que o leitor forme sua própria impressão pessoal. Começarei com uma seção do capítulo XXX, sobre a Arte Sagrada ou Divina, e passarei depois ao capítulo XLI, que nos dá, por assim dizer, a essência de seus escritos.

No capítulo XXX, Olimpiodoro fala do chumbo e cita a profetisa Maria, que teria dito ser o chumbo negro a base do mundo. E ele comenta a esse respeito. O tema prossegue no capítulo XLI, onde se lê:

> Vejamos agora como o chumbo negro é preparado. Como disse antes, o chumbo comum é negro desde o começo, mas o *nosso* chumbo torna-se negro, o que no princípio não era. Os experimentos vos ensinarão, e por eles descobrireis a verdadeira demonstração e prova. Opiniões dignas de crédito são unânimes nesta matéria. Não tentarei abordar o nosso objetivo. Se o Asem [uma liga como prata, embora não se saiba exatamente em que consiste] não se converte em ouro, ou não pode converter-se em ouro, embora seja um trabalho, nem por isso devemos desprezar o que as pessoas antigas disseram, a saber: que a letra mata mas o espírito vivifica. (II Cor 3:6.)
>
> Ora, isso está em completa harmonia com tudo o que foi dito pelos antigos filósofos e aponta para o mesmo fim, para a palavra do Senhor. [Olimpiodoro era cristão e citava a Bíblia, sublinhando que não se pode aceitar literalmente

os textos e as receitas dos alquimistas, pois isso matava, mas cumpre entender o espírito do texto e o que *isso* significava.] Os oráculos de Apolo também estão em harmonia com o que pretendemos dizer, porquanto eles mencionam o túmulo de Osíris. [Isto amplia o nosso outro texto.] Mas o que é o túmulo de Osíris? Há um cadáver, envolto nas faixas de linho da múmia, apenas com o rosto nu visível, e, interpretando Osíris, o oráculo diz: "Osíris é o esquife sufocado em que estão escondidos seus membros, e cujo rosto só é visível a seres mortais. Ocultando os corpos, a natureza está atônita. Ele, Osíris, é o princípio original de todas as substâncias úmidas. Ele é mantido como prisioneiro pela esfera do fogo. Ele, portanto, sufocou todo o chumbo".

Outro oráculo, pelo mesmo autor, diz:

> Tome-se um pouco de ouro, que é chamado o macho da Chrysokolla [o que quer que seja tal substância] e um homem que tenha sido amassado. O ouro da terra etíope é produzido pelas suas gotas. Certa espécie de formiga traz o ouro para a superfície da terra e saboreia-o. Ponha-o junto com sua esposa de vapor, até que a divina água amarga apareça. Quando ela ficar espessa, ou de cor vermelha [cobre vermelho] com o suco do vinho dourado do Egito, passe sobre ele as folhas da deusa portadora da luz [deve ser a lua] e também do cobre vermelho ["cypris"

pode representar ou o cobre ou Vênus] ou de Vênus vermelha [provavelmente refere-se a Vênus] e então deixe-se que engrosse, até que coagule em ouro. Ora, o filósofo Petásios, que fala sobre o começo do mundo alquímico, está em completa harmonia com isso, e ele também se refere ao nosso chumbo quando diz que a esfera do fogo subjuga e sufoca através do chumbo. Depois, interpretando suas próprias afirmações, ele diz: "Tudo isso provém do masculino, ou da água de arsênico".

A palavra "arsênico" significa masculino; não é o arsênico que conhecemos, mas refere-se a todas as substâncias que possuem um impulso dinâmico intrínseco que afeta outras substâncias. Tudo o que parece afetar uma outra substância era masculino, porque era ativo, de modo que não deve ser confundido com aquilo que chamamos de arsênico. É ao arsênico que ele se refere quando fala da esfera de fogo.

> O chumbo está de tal modo possuído por demônios e é tão despudorado que aqueles que querem estudá-lo enlouquecem em virtude de sua inconsciência. [Essa afirmação figura em livros do dr. Jung, que a cita frequentemente.]
>
> Darei agora uma explicação sobre os elementos químicos e então isto ficará esclarecido. Eles chamam ao chumbo de o ovo – ou seja, o ovo dos quatro elementos – é isso o que diz Zózimo, e com isso ele sempre quis referir-se

realmente ao chumbo. Se eles explicam o seu formato, na verdade aludem secretamente à coisa toda, visto que, como diz Maria, os quatro elementos são um só. Quando ouvirdes a palavra "areias", deveis entender que isso significa "formatos" ou ideias [em grego, tanto pode significar uma coisa quanto outra]. Se ouvirdes "eide" [formatos, formas, ideias], isso realmente quer dizer "as areias" – o tipo de areia – porque os quatro corpos, ou os quatro elementos, são também as quatro "corporeidades" [esta é uma palavra inventada, mas em grego também é].

Zózimo explica as quatro corporeidades da seguinte maneira: agora, a pobre [no grego, o adjetivo é feminino] coisa cai dentro dos quatro corpos a que está acorrentada, e muda imediatamente de uma cor para outra, todas as cores em que as técnicas desejam amarrá-la: branco, amarelo, ou mesmo preto, ou primeiro preto, depois branco e depois amarelo e, quando essa coisa feminina evidenciou todas essas cores e rejuvenesceu, continua até a velhice e depois morre nos quatro corpos, o que quer dizer, ferro, estanho, bronze e chumbo, com cada um dos quais morre no *rubedo* – o estado de conversão ao vermelho – e assim é completamente destruída de modo que não pode evadir-se, fato esse que é muito satisfatório para os alquimistas, pois agora ela não pode escapar. E então repete-se tudo, pelo que o seu perseguidor também é acorrentado [aquele que persegue essa mulher também é acorrentado], ocorrendo tudo isso fora do vaso redondo. O que é o vaso redondo? Ou o fogo ou a forma redonda do recipiente impede-a de se evadir. Assim como se, numa doença, o sangue tivesse sido destruído e agora fosse renovado, também no estado argênteo dela vê-se que tem sangue vermelho, e isso é o ouro.

Esta é uma longa passagem literal de verdadeira alquimia, pela qual o leitor poderá apreciar como o dr. Jung foi misericordioso

21. A face dupla da alquimia – laboratório e biblioteca – corresponde à natureza dupla do processo de individuação: a participação ativa na realidade e nas relações exteriores, em conjunto com o processo de reflexão interior.

ao selecionar trechos e publicá-los reunidos em capítulos, porque, se tivesse de ler o texto original, poderia ser também vitimado pela loucura do chumbo. Muitas pessoas, ao lerem os livros do dr. Jung, pensam que é impossível entender a coisa, é tudo complicado demais; mas, na realidade, ele a simplificou consideravelmente e realizou um tremendo esforço para sacar as pérolas da estrumeira e dar alguma forma a tudo isso, pois o material original era como a amostra acima. Uma vez acostumados a seguir essa linha de pensamento, descobriremos que a coisa toda é completamente lógica, possui a mesma lógica de um sonho e pode ser aceita como tal. A primeira vez que se ouve um sonho, poder-se-á pensar que ele é absolutamente disparatado; mas, se lermos esse material como se estivéssemos lendo um sonho, atingiremos o seu significado.

Por exemplo, Olimpiodoro fala do chumbo negro, e é evidente que se trata da substância original e é, portanto, o mistério de que já falamos – a *prima materia* – a substância básica do mundo em que reside o segredo divino da vida e da morte. Olimpiodoro refere-se a ele como o "nosso chumbo", que no começo não é negro, e contrasta-o com o chumbo comum, assinalando assim que aquilo a que os artesãos comuns chamavam de chumbo (como o que é usado para fazer canos de água, pois na época do Império Romano o chumbo era usado na canalização de água) não é aquilo a que eles – os alquimistas – aludem quando falam de chumbo. Trata-se de uma espécie diferente de chumbo, uma substância mais básica com que se deve realizar experimentos, diz ele, a fim de descobrir o que os autores mais antigos queriam dizer.

Ele cita depois a Bíblia, dizendo que o texto não deve ser aceito literalmente, o que também é compreensível, e afirma que a transformação do chumbo é um segredo. Cita em seguida um oráculo de Apolo, que deve estar num escrito mais antigo que se perdeu, e diz que isso é o esquife de Osíris.

Para entendermos isso cumpre conhecer a lenda, segundo a qual Seth matou Osíris, tendo feito primeiro um esquife de chumbo e, depois, induzido as pessoas, quando estavam ébrias numa festa, a entrar nele com o pretexto de descobrir a quem ele se ajustava. Mas quando Osíris entrou no esquife, Seth colocou rapidamente a tampa e lançou-o ao mar. Portanto, pode-se dizer que Osíris foi sufocado em chumbo, de modo que podemos pensar no túmulo de Osíris como um esquife de chumbo, ou um esquife hermeticamente vedado com chumbo, dentro do qual jaz o deus morto, ou o espírito divino, na forma assumida na morte.

Esse é o significado que Olimpiodoro tenta nos comunicar. Osíris jaz mumificado no esquife, somente com o rosto visível. Todos já vimos em museus ou, pelo menos, em fotos, múmias enfaixadas em tiras de linho, com a máscara mostrando o rosto. O significado disso não é claro, mas poderíamos dizer que há algo humano e algo não humano nisso, pois, se interpretássemos simbolicamente, como se fosse um sonho, diríamos que deve referir-se a um ser semi--humano; se o rosto é humano, então parte pode ser entendida a partir do aspecto humano, mas parte não podemos compreender.

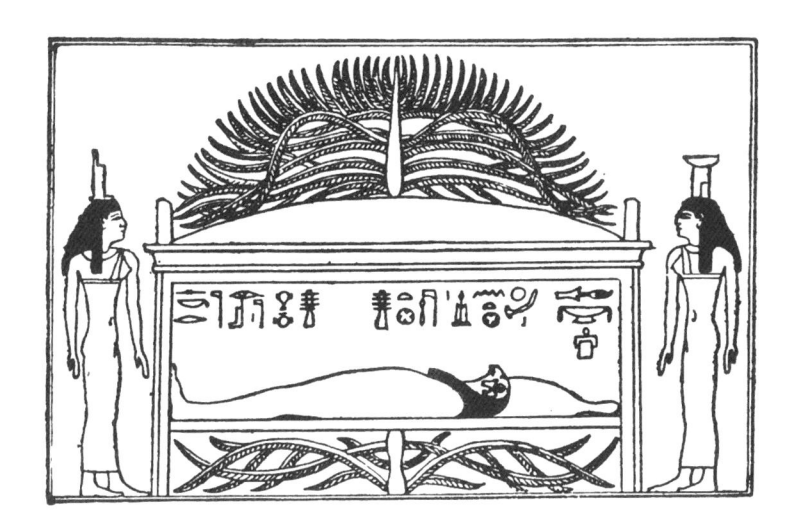

22. Osíris no esquife de cedro coberto com chumbo, representando o eclipse da consciência, isto é, a depressão.

Olimpiodoro prossegue dizendo que o próprio Osíris é o esquife sufocante, ou o túmulo, que oculta seus membros e mostra apenas o rosto aos seres humanos. *Brotois* é um nome específico para seres humanos e significa "os mortais". Osíris é imortal, ou o imortal mortal; aos mortais, ele apenas mostra sua face humana, enquanto o resto de seu corpo é um segredo. "Escondendo os corpos, a natureza maravilhou-se, ou ficou atônita." Não consigo entender isso inteiramente, exceto que deve significar: isso é parcialmente compreensível porque existe um rosto humano, e parcialmente um mistério, a cujo respeito a própria natureza se surpreende. Não consigo dar qualquer explicação

23. O recipiente hermeticamente vedado (contendo aqui Mercúrio como símbolo do espírito aprisionado na matéria) é comparável, no plano psicológico, a uma atitude básica de introversão que atua como um recipiente para a transformação de atitudes e emoções.

mais completa. "Isso é o começo de todas as substâncias úmidas" – isto é, matéria básica, matéria original, o ponto de partida (*Arché*). A substância úmida representa o material básico do cosmo, sendo capturado na esfera do fogo.

Do que ocorre subsequentemente pode-se ver que havia a seguinte conexão: a matéria foi colocada numa garrafa, que foi hermeticamente vedada e depois submetida a cozedura, e isso foi considerado um paralelo exato do espírito divino. Osíris, o homem-deus, jazendo morto em seu esquife de chumbo, ou na garrafa, para o caso tanto faz, estava exatamente no mesmo estado.

Foi precisamente isso o que eu senti quando torturei a minha resina, na minha infância, pois senti que ela estava sendo torturada pelo fogo em sua garrafa, por assim dizer; não podia fugir, o que significa que não podia evaporar-se, pois também eu fechara a garrafa. Portanto, a resina estava presa, eu a tinha em meu poder e estava fazendo algo com ela. A analogia é Seth capturando Osíris e, agora, porque ele foi apanhado por Seth, pelo poderoso princípio do mal, ele é transformado e ressuscitado. Essa era, provavelmente, a associação. Assim, ele sufocou todo o chumbo. Não entendo isso, mas parece-me que esse aprisionamento num esquife, ou num recipiente alquímico, representa um processo de sufocação, a morte da *prima materia* por sufocação.

Obviamente, há aqui uma analogia com o que fazemos quando impedimos um ser humano de projetar ingenuamente e forçamos essa pessoa a olhar apenas para si mesma; isso seria como que uma sufocação, pois a pessoa quer chegar para o analista e dizer "foi assim que minha mãe me criou". Ao que o analista responde que a pessoa deve ver o papel desempenhado pelo seu próprio complexo, e depois terá de aceitar tudo aquilo por que antes responsabilizava Deus e o destino, os pais e o marido. Tudo isso tem de ser aceito de volta, e é como sufocação, uma espécie de morte, pois o impulso para projetar tudo no exterior é sustado.

O recipiente é um símbolo para a atitude que impede qualquer coisa de escapar para fora; é uma atitude básica de introversão que, em princípio, não deixa escapar nada para o mundo exterior. A ilusão de que todo o problema reside fora do eu tem de acabar, e as coisas têm de ser encaradas a partir de dentro. É desse modo que hoje "sufocamos" o *mysterium* do inconsciente. Não sabemos o que é o inconsciente, mas sufocamo-lo mediante esse tratamento concentrado pelo qual toda projeção é sustada, intensificando o processo psicológico. O recipiente é, também, a tortura do fogo, porque, quando o fluxo de intensidade dos processos psicológicos torna-se concentrado, a pessoa é assada, assada naquilo que ela é. Portanto, a pessoa no túmulo e o próprio túmulo são a mesma coisa, porque ela assa no que é ela mesma e não em qualquer outra coisa; ou poderíamos dizer que a pessoa é assada em seu próprio suco, e é, por conseguinte, o túmulo, o recipiente do túmulo, o sufocado e o sufocador, o esquife e o deus morto nele.

A pessoa que está dentro não é naturalmente o ego, mas todo o seu ser, pois está olhando para todo o seu ser e não para o seu ego, que escaparia. Ora, isso é tão penoso que todos nós tentamos escapar. Creio que não analisei, durante anos e anos, ninguém que, de tempos em tempos, não tenha namorado a ideia de desistir de tudo e voltar à chamada vida normal. Portanto, penso que é muito compreensível que o texto, passado algum tempo, fale da mulher que sempre tenta fugir e tem de ser atada ao corpo quádruplo.

Voltando ao texto, Olimpiodoro indica que se tome certa substância, isto é, a pedra dourada, que é chamada a parte masculina do Chrysokolla – provavelmente, ele tinha algum material específico em mente –, e um homem moldado.

E quem é o homem moldado, ou o homem que foi amassado num certo formato? Olimpiodoro é cristão e essa é uma definição de Adão! A ideia para um homem desse tempo seria a de que Adão foi feito de barro e, portanto, segundo a Bíblia, o barro é a *prima materia* do homem, o segredo básico do homem. Eles já não se referiam mais ao barro; eles sabiam nessa época que aquilo não podia significar barro; seus conhecimentos de biologia e fisiologia eram suficientes para saberem que o homem feito de barro era simplesmente um símile. Portanto, o barro simbolizava a *prima materia*.

O homem moldado a partir do barro era, então, Adão, que nesse tempo era um símbolo do Si-mesmo, do Self ou, diríamos, o homem que acabava de sair das mãos de Deus, o homem indene, o homem que ainda não passara pelo processo de corrupção. Homem incorrupto, saído diretamente das mãos de Deus, esse é o homem que foi amassado, e é por isso que Olimpiodoro não fala de Adão, pois Adão está associado à corrupção e ao pecado com Eva etc. Ao aludir a Adão desse modo, ele quis referir-se a Adão em sua forma original e impoluta, ao acabar de ser formado por Deus. Obviamente, isso se refere à *prima materia*, a que chamamos o Eu, sendo por isso que no Zen-budismo é dito: "Mostra-me tua face original". Num dos *koans*, um dos Mestres fica iluminado quando outro Mestre lhe diz isso.

O ouro da terra etíope gera-o – isto é, gera o homem – a partir de gotas, e existe uma espécie de formiga que o leva para a superfície da terra e desfruta dele.

Isso refere-se às famosas Arimasps, que também são mencionadas no *Fausto*, de Goethe. Havia uma lenda no final da Antiguidade, segundo a qual existiam na Índia, em certa época, formigas gigantescas, tão grandes quanto seres humanos, que escavavam ouro na terra. Para os gregos, a Índia era a terra da sabedoria e das riquezas, era o Paraíso onde o ouro era encontrado nas árvores, nas ruas, em toda parte, e onde homens sábios perambulavam, absortos em suas meditações e ensinamentos. Nas descrições da Índia dessa época havia menção dessas Arimasps, lendárias formigas gigantescas que arrancavam o ouro das entranhas da terra e que se supunha ser o segredo da grande riqueza da Índia. Portanto, quando Olimpiodoro diz isso, está referindo-se às formigas.

Se atentarmos para o simbolismo da formiga nesse tempo, verificaremos que, de acordo com certas versões, as formigas ressuscitavam o sol empurrando-o todas as manhãs sobre a linha do horizonte, de modo que elas eram um paralelo completo do escaravelho egípcio, que empurra o disco do sol e o faz surgir todas as manhãs no horizonte. O escaravelho é um símbolo do sol nascente e da ressurreição. Essa lenda do escaravelho foi substituída, no final da Antiguidade, em certas tradições, por formigas gigantescas que têm exatamente a mesma função. Portanto, faz-se referência aqui, uma vez mais, à ressurreição do sol, ou àquele momento da criação inicial do deus Sol, o que, de acordo com a nossa interpretação, seria o símbolo da consciência.

Em linguagem psicológica, diríamos: "Retorna ao ser humano original dentro de ti, retorna ao lugar em que as reações nervosas simpáticas (ou o teu inconsciente) se ligam com a origem da tua consciência". Falando em termos mais precisos, significa: "Regressa ao ponto original de tua consciência, tenta regressar ao lugar de onde provém a tua consciência, ao limiar do inconsciente".

Depois junta-se esse "Adão" com sua esposa, o vapor, até que brote a amarga água divina. Isto significa que esse Adão, a coisa

24. A criação de Adão a partir do barro.

original, está unido ao seu oposto, o qual parece ser uma substância gasosa, e os dois juntos criam uma substância amarga e aquosa. Esse é o motivo da *coniunctio*, a união dos opostos, e o resultado é a mística água divina, a água amarga.

Psicologicamente, isso significaria: "Coloca-te numa atitude de reflexão em que indagues de ti mesmo de onde surgem os teus processos conscientes; liga isso com o material de fantasia – o vapor que sobe do inconsciente – e cria um lampejo intuitivo estimulante, que é amargo". O lampejo que se obtém ao olharmos para nós mesmos é geralmente muito amargo, sendo por isso que poucas pessoas o tentam; é *pikros* – azedo – porque corrói e porque é deveras desagradável para as ilusões da consciência. E por isso que dizemos "verdade amarga", "percepção amarga" e "compreensão amarga", porque o autoconhecimento é, no começo, uma experiência amarga.

Assim, se lermos o texto psicologicamente, se o aceitarmos como um sonho, não é um amontoado de tolices sem nexo, mas, ao contrário, completamente lógico. Um dos grandes méritos de Jung é o de nos ter fornecido a chave para esses textos que são considerados oficialmente pelos historiadores da química como um absurdo absoluto, já que para eles não significam coisa alguma. Mas para nós é evidente o que Olimpiodoro está objetivando, a saber: informar-nos sobre uma experiência interior, uma experiência religiosa introvertida, que essas pessoas tinham em suas meditações e experimentos com fenômenos materiais. Essa era a base da alquimia.

Pergunta: A referência a Adão situa-o antes ou depois da Queda?

Dra. von Franz: Penso que antes da Queda, pois, caso contrário, o texto diria Adão e não usaria essa expressão peculiar do homem amassado ou moldado. O homem amassado refere-se, antes, a um aspecto de Adão, o de sua criação; o fato de ser feito de barro é o que é enfatizado e, portanto, eu diria que o homem moldado em barro é o que deve estar presente na mente de uma pessoa quando pensa nele, e *não* o fato de que ele estava com Eva e a serpente etc. Penso que isso pode ser corroborado pelo fato de Olimpiodoro conhecer Zózimo, que tinha uma teoria gnóstica em que Adão é considerado o homem original incorrupto, antes da Queda. Portanto, é mais do que certo que ele faz referência a Adão antes da Queda.

Assim, a esfera de fogo mantém o chumbo e sufoca-o, diz Olimpiodoro, e essa é a coisa masculina, e o chumbo está tão demoniacamente possuído, é tão despudorado, que aqueles que desejam investigá-lo enlouquecem pela sua inconsciência, pela sua falta de conhecimento da Gnose.

Quimicamente, isso deve ser uma alusão provável ao fato de o chumbo ser normalmente venenoso. Esse seria o seu aspecto químico e é evidente que coincide com o fato de, no começo (de uma análise, por exemplo), quando se penetra no inconsciente, vêm à superfície impulsos e emoções instintivas tão fortes que a pessoa passa por estados que poderiam levar à loucura. Os alquimistas afirmam frequentemente que muitos

25. O Ouroboros

deles haviam perdido o juízo, o que pode ser interpretado em sua acepção literal.

Há muitos anos, tive uma experiência interessante que me mostrou que existiam ainda aqui, na Suíça, alquimistas loucos. Quando eu estava trabalhando nestes textos na Biblioteca Central, um dos funcionários perguntou-me se eu estava estudando textos alquimistas e, quando lhe respondi que sim, disse-me que tinha um colega a quem me apresentaria. Ele achou que seria uma grande piada e caminhou até um velhote miudinho e encarquilhado, sentado a um canto da biblioteca e debruçado sobre um texto alquímico. O funcionário apresentou-nos, dizendo que eu era uma especialista em alquimia. Olhei o tal homem, cujo nome esqueci, e quando observei seu olhar vi imediatamente que era um esquizofrênico.

Sentei-me a seu lado e, pouco depois, ele disse: "Já tem o segredo?". Eu respondi: "Não, ainda não". E ele segredou: "Estou muito perto; penso que necessitarei de mais dois ou três meses".

26. Adão caído, como *prima materia*, mostrando o falo, o masculino criador, como uma árvore vicejante.

Eu disse que isso era maravilhoso e então ele me perguntou se eu sabia grego, porque o seu problema era não saber grego e que, se eu o pudesse ajudar no grego, poderíamos chegar juntos mais depressa ao segredo. Eu respondi: "Sim, sim, mas não agora!". Era um verdadeiro alquimista vitimado pela *mania* do chumbo.

4ª Palestra

ALQUIMIA GRECO-ARÁBICA

Finalizamos o capítulo anterior examinando uma passagem muito obscura do texto de Olimpiodoro. A receita por ele citada dizia que se deve tomar a Chrysokolla, a pedra dourada, que era chamada o masculino, juntamente com o homem amassado, referência óbvia a Adão, que foi amassado ou moldado do barro. Assim, temos uma referência indireta a Adão no Paraíso, o que seria confirmado pelo fato de Zózimo ser conhecido de Olimpiodoro.

Como se sabe, em *Psicologia e Alquimia*, o dr. Jung faz referência a um texto de Zózimo que fala de Adão como tendo sido criado no Paraíso a partir dos quatro elementos, após o que teria ocorrido sua queda no mundo. A tarefa da alquimia, segundo Zózimo, consiste em reunir de novo as centelhas de luz de Adão e reconduzi-lo de volta ao Paraíso. Olimpiodoro, que viveu duzentos anos depois, conhecia esse texto de Zózimo, pelo que, obviamente, a referência aqui é à reconstituição de Adão, à recuperação de Adão caído, que vive como uma centelha luminosa em todos os seres humanos, reconduzindo-o ao reino celeste. Portanto, o nosso texto é uma variação da ideia de que, no fundo da matéria, numa forma dilatada ou dissolvida, ou na figura cósmica de um ser humano, está Adão, o primeiro homem, designado por diferentes nomes, que foi libertado ou redimido da matéria.

Remeto o leitor para aquele trecho de *Psicologia e Alquimia* concernente a Adão caído, a *anima* caída do homem, quando o dr. Jung se reporta a diferentes textos para mostrar que isso espelha o processo de projeção. Recorde-se que ele diz que o mito de um anjo, ou Adão, ou uma figura cósmica da *anima*, caindo na matéria, representa o momento em que essa figura é projetada na matéria, o que significa que, na alquimia, as teorias que provêm do inconsciente introduzem a ideia de que, subitamente, o símbolo do Eu é conscientemente procurado na matéria.

É claramente assim, pois o nosso texto anterior referiu-se ao ritual fúnebre de Osíris e a todos os rituais fúnebres, no sentido egípcio da palavra. A busca da imortalidade era, na realidade, a busca de uma essência incorruptível no homem que sobreviva à morte, uma parte essencial do ser humano que possa ser preservada. Assim, a busca da imortalidade, do eterno no homem, deve ser situada logo nos primórdios da alquimia. Podemos dizer que o impulso emocional e o interesse em torno do fenômeno da matéria não constituem um interesse científico moderno, no sentido de curiosidade quanto ao aspecto apresentado pela matéria, mas que o que originou o estímulo e a libido para a busca de compreensão do mistério da matéria foi um verdadeiro impulso emocional e o desejo de descoberta da parte imortal do homem.

Essa busca prosseguiu até praticamente o século XVII, com todas as teorias posteriores do elixir da vida, o *pharmakon* da vida etc. Algo imortal que sobreviveria à morte e que, traduzido para termos psicológicos modernos, poderia ser expresso como um aspecto do Eu, a busca da parte maior, incorruptível e essencial do homem.

A parte seguinte do texto trata da retirada do ouro da terra etíope pelas formigas. Aí, subentendido, está o mito das Arimasps da Índia, pois ambos os países, Índia e Etiópia, tinham a projeção de serem os países em que ocorriam milagres assim como aqueles em que a devoção era maior. Nos romances do final do período greco-alexandrino há muitas pseudocartas de Alexandre, o Grande, dirigidas a sua mãe, Olímpia, em que ele fala da Índia e diz que os brâmanes andam quase nus e são os mais sábios e devotos homens da terra. Essa mesma ideia também foi projetada na Etiópia. Nos romances e crônicas geográficas subsequentes, em grego, é sempre dito que a população etíope negra é a que está mais próxima de Deus, o povo mais piedoso do mundo. Também se pode dizer que os gregos, ao longo de sua evolução intelectual, perderam certo aspecto da religião primitiva, aquela atitude religiosa primitiva e imediata que, até onde nos é possível descortinar, é comum a todas as civilizações primitivas.

Um estudo de civilizações primitivas mostra que sua atitude religiosa em relação à vida é algo completamente claro. A religião não estava separada da vida profana, cotidiana, mas era a base evidente de tudo o que era feito, de tudo aquilo em que se acreditava, de tudo o que se dizia. Em sua condição primitiva, o homem é naturalmente religioso, e a religião impregna toda a sua natureza e todas as suas atividades. A civilização grega evoluiu desse estado por meio da filosofia pré-socrática e sofística, bem como por meio dos vários desenvolvimentos da filosofia grega subsequente. Na Grécia, a camada superior de pessoas eruditas, porventura pela primeira vez, desligara-se da atitude religiosa primitiva, a qual foi então projetada, primeiro nos indianos e etíopes e, depois, de acordo com a literatura grega do período posterior, nos egípcios; e esses povos, então considerados os mais elevados e mais próximos de Deus, eram aqueles em cujos domínios, diz o nosso texto, seria encontrado o mistério alquímico. Um regresso à primitiva atitude clara em relação à vida é um requisito para a experiência do Si-mesmo que não pode ser descoberto pela mente consciente e com a parte desenvolvida da personalidade, mas exige que se retorne antes à atitude humana primitiva.

O texto prossegue: "Ponha então, com o ouro que as formigas trazem para cima, a esposa, ou a mulher do vapor, até que ela saia, isto é, a divina água amarga". Aqui temos, pois, o motivo de uma *coniunctio*. Tome-se o ouro que foi extraído da terra etíope, a substância masculina, e junte-se lhe uma substância feminina a que se dá nome de mulher da emanação, ou do vapor.

Pergunta: A atitude religiosa primitiva tem algo a ver com a *participation mystique*?

Dra. von Franz: Sim, ela tem todos os sintomas da religião primitiva, ou seja da *participation mystique* – observação de eventos sincrônicos, observação de sinais, não agir sem observar primeiro os sintomas e sinais interiores e exteriores, ou, como foi definido, a atenção constante e cuidadosa em relação a fatores desconhecidos.

De acordo com essa definição, a religião significa nunca agir somente segundo o raciocínio consciente, mas com atenção e consideração constantes aos fatores participantes desconhecidos. Se alguém diz, por exemplo: "Que tal tomarmos um café juntos depois da aula?" e eu penso apenas que disponho de tempo para isso, pois não irei almoçar antes das 12:30, isso seria um raciocínio consciente, que, é claro, também é correto; mas se sou uma pessoa religiosa, farei uma pequena pausa para tentar ter uma intuição sobre se será acertado ou não aceitar o convite e, se tiver uma sensação instintiva contra isso, ou nesse momento uma janela se fecha com estrondo, ou eu tropeço, então poderei não ir.

O leitor poderá rir disso, considerando esse tipo de conduta fruto de uma superstição, mas não se trata apenas de uma coisa mecânica – como a ideia de que, se um gato preto cruza o nosso caminho, devemos voltar para trás – mas da necessidade de concentrar-nos o tempo todo e tentar obter algum sinal do Si-mesmo, ou do nosso próprio íntimo. Na filosofia chinesa, isso equivale a prestar atenção constante ao Tao, se o que estou fazendo agora é o correto no Tao. Naturalmente, também, há argumentos pessoais, os prós e os contras, mas viver de um modo religioso significaria estar constantemente alerta para aqueles poderes desconhecidos que também guiam a nossa vida. Se não recebo qualquer indicação contrária, posso decidir a favor do café, porque disponho de tempo ou porque gosto da bebida. Um sino não toca sempre para nos advertir, mas quando toca e o ignoramos, algo sai errado. A atitude religiosa e primitiva envolve a consideração constante desses poderes.

Quando o dr. Jung esteve na África, seu guia de safári era um islamita, creio que xiita. Todo dia, no café da manhã, os carregadores negros discutiam seus sonhos, após o que o líder do grupo se dirigia ao dr. Jung e dizia se nesse dia continuavam a marcha ou não. O dr. Jung apurou que, quando eles diziam "hoje não vamos", o aspecto geral dos sonhos não tinha sido favorável, de modo que achavam talvez fosse preferível aguardar mais um dia antes de prosseguir. O dr. Jung aceitava as decisões e conseguiu até ser incluído na discussão sobre os sonhos, participando dela; e eles ficaram muitíssimo impressionados ao descobrir que ele sabia algo a respeito, que estava interessado em sonhos e podia até interpretá-los melhor; e assim foi que ele pôde observar o que estava acontecendo. Porém, um inglês que esteve no mesmo lugar algumas semanas mais tarde fez naturalmente o que a maioria dos homens brancos faz: acusou os carregadores de serem um bando de preguiçosos, insistiu em que tinham de chegar a seu destino no prazo de cinco dias e usou de força, e foi morto.

O episódio ilustra a atitude de consideração cuidadosa de todos os aspectos irracionais. Os nativos agiam assim porque podia haver um dia de violentas tempestades, ou um encontro com um rinoceronte e serem atacados etc. Na natureza, defrontamo-nos constantemente com tais coisas e o consciente tem conhecimento delas; quando se vive no seio da natureza selvagem, prestar atenção a esses fatores é essencial para a sobrevivência. Os animais recebem sempre avisos a respeito de abalos sísmicos e de outros perigos, captam-nos instintivamente e, se prestarmos atenção, também os recebemos mediante nossos sonhos, sendo por isso que esses nativos, de um modo razoável e adaptável, prestavam atenção a seus sonhos todas as manhãs.

Outro dia, eu tive uma experiência que serve para exemplificar algo semelhante, quando me encontrava em minha casa de veraneio. Era evidente que uma tempestade se aproximava, proveniente da parte superior do lago. Naturalmente, eu não sabia se ia chover granizo, mas o meu cão, de repente, encolheu as orelhas para trás, correu para dentro de casa, galgou as escadas até o andar de cima e foi esconder a cabeça em minha cama; nesse momento, o céu desabou em trovões e granizo! Os animais recebem esses avisos por uma espécie de telepatia.

Porém, na realidade, telepatia significa apenas estar consciente de algo distante, e isso nada explica, pois telepatia é apenas uma palavra. Sabemos apenas que no funcionamento instintivo, inconsciente, de animais superiores, incluindo o homem, há uma percepção sobrenatural ou, melhor dizendo, suprarracional de coisas que ainda não conhecemos racionalmente, e que, portanto, é útil, saudável e muito importante prestar atenção a esses impulsos. Eles parecem não só trabalhar pela sobrevivência de animais e seres humanos, mas além disso parecem possuir uma extensão adicional, a de trabalharem pelo desenvolvimento superior, a maturidade e o bem-estar psicológico da pessoa, que é o que chamamos de inconsciente em seu aspecto preservador e curativo.

A religião, em nossa definição, em sua forma mais básica seria simplesmente a atenção constante e alerta dirigida para esses fatos, em vez de governar e decidir a vida mediante decisões racionais conscientes e exame racional de prós e contras. Portanto, nas sociedades primitivas, a religião impregna a vida cotidiana. Os primitivos, antes de saírem para caçar, celebram um ritual; se, durante a cerimônia, ocorre um acidente, eles não saem. Não há nada de místico, ou de transcendente, ou de especial, nessa conduta; a atitude religiosa básica está ligada à ideia de sobrevivência e, portanto, ser religioso constitui uma vantagem imediata, porque assegura a sobrevivência.

Quando nos deparamos com o fenômeno da neurose, quando as pessoas ficam atoladas em suas dificuldades, tentamos descobrir o que o inconsciente tem a dizer e os analisandos são orientados a primeiro prestar mais atenção aos seus instintos, nos quais estão subentendidos todos os fenômenos de lampejos intuitivos e experiência religiosos. Jung, é claro, começou como todos os médicos fizeram, com base também no seu contato com Freud, com a ideia de ajudar as pessoas a se tornarem mais instintivas, a fim de que pudessem ser mais saudáveis, mas depois descobriu que, por trás do instinto estava também a religião, ou que esta era algo instintivo e completamente natural, pois o homem natural é o homem religioso. Por conseguinte, a pessoa tem de se voltar para o que é natural e imediato em seu íntimo e para uma atitude religiosa, pois não podemos ter uma coisa sem a outra.

Pergunta: A palavra religião deriva de *religare* ou *religere*?

Dra. von Franz: Há uma discussão etimológica sobre se a palavra *religio* deriva de *religare* ou de *religere*. Naturalmente, ambas têm a mesma raiz: *legere*, "escolher", "eleger", "juntar", "apanhar" etc. Originalmente, referia-se a apanhar ou colher madeira, mas *legere*, "ler", tem outra conexão: a pessoa "escolhe" ou "reúne" as letras, uma a uma; é assim que as pessoas começam a ler e que as crianças ainda hoje aprendem a ler.

Religare foi aceito como a interpretação oficial na época de Santo Agostinho, com a reflexão teológica de que significa "ligar", ligar de novo uma pessoa a Deus. Santo Agostinho disse que o homem foi desligado de Deus pelo pecado original e que a tarefa da religião era voltar a ligá-lo. Essa, obviamente, não é uma interpretação científica, mas é muito interessante e uma boa reflexão a respeito da ideia cristã de religião. Etimologistas modernos pensam que, provavelmente, *religio* deriva da palavra *religere*, o que significaria "consideração cuidadosa", sobre o que dei ampliações como, por exemplo, atenção pronta aos fatores irracionais, mas elas não estão na própria palavra, que significa simplesmente, como dissemos, reflexão cuidadosa. O prefixo *re* indica "para trás", de modo que o vocábulo significa que uma pessoa olha para trás a fim de verificar se o que está atrás também está vindo ou se aproximando, ou se isso é duvidoso. Temos sempre de nos mostrar vigilantes e apurar o que as outras forças têm a dizer sobre nossa vida.

PERGUNTA: Poderíamos dizer que isso é apenas superstição?

DRA. VON FRANZ: Não! Superstição seria a mecanização dessa atitude.

De um modo geral, pensa-se em superstição quando se bate na madeira, ou quando se diz que ver um gato preto é sinal de azar, ou que ver uma aranha de manhã é deprimente, um mau sinal. Tudo isso pode ser verdadeiro, mas se aplicado mecanicamente, se a consideração cuidadosa dos sinais acabar sendo codificada, então entra em cena a superstição. Uma aranha indica fiação, a tecedura de fantasias. A superstição diz que, de manhã, uma aranha significa azar e que, de noite, é sinal de sorte. Obviamente, isso quer dizer que se, de manhã, uma pessoa está

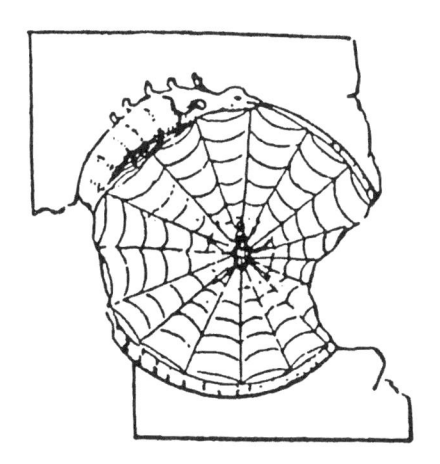

27. A aranha como símbolo de Maya, a tecelã de um mundo de fantasia. "Quando aparece à tarde, ou no entardecer da vida, tudo bem; mas é péssimo começar o dia com ela" – von Franz.

indolente e sonolenta, levanta-se tarde e senta-se meio vestida e pensando apenas em seus problemas neuróticos, seria a aranha, nessa manhã, que certamente lhe traria azar. Mas se, depois de trabalhar o dia inteiro, acendemos um cigarro ao fim da tarde e nos sentamos na varanda da casa, como fazem os camponeses, e deixamos a fantasia correr, ou filosofamos sobre a vida, isso é excelente, é uma ótima forma de nos prepararmos para um sono reparador. Portanto, a aranha vespertina é de bom agouro, e talvez tenha sido esse o significado original de uma superstição tão difundida. A aranha é um símbolo materno negativo, é Maya, e assim por diante. Quando aparece à tarde, ou no entardecer da vida, tudo bem; mas é péssimo começar o dia com ela.

Seria divertido se um de nós resolvesse escrever uma tese sobre superstições comuns e o que elas significam simbolicamente. Isso seria sumamente interessante e proponho o tema a

28. A água da vida flui entre os opostos: o masculino (consciência solar, aqui representada como enxofre) e o feminino (consciência lunar, simbolizada por Mercúrio o espírito do inconsciente).

quem não souber sobre o que escrever: escolha algumas das superstições mais vulgares e analise-as, pois são muito interessantes. Somente a aplicação mecânica é que é superstição no mau sentido da palavra; isso é simplesmente o hábito estúpido e nada tem a ver com a atitude religiosa.

Agora, no nosso texto, junto com a substância masculina, é colocada a esposa-vapor, ou a mulher que consiste em vapor, até que saia a água amarga. Isso representa a conjunção de masculino e feminino, de macho e fêmea; o filho é a divina água amarga. A esposa é caracterizada como vapor. Outros textos mostram que, em geral, a fumaça ou o vapor é considerado a psique da matéria. Até 1910, no serviço militar suíço, costumava-se ministrar um breve curso de medicina geral, para dar às pessoas uma noção sobre os ossos, a circulação sanguínea etc., e um professor disse que o cérebro era como uma tigela cheia de macarrão e que o vapor que ficava por cima dele era a alma! Ele havia adotado o velho padrão alquímico! O leitor poderia dizer que a fantasia tinha dois mil anos de idade, pois nos antigos textos de alquimia a ideia de vapor ou fumaça sempre comportava a ideia da psique, ou matéria sublimada, um corpo sutil, algo meio material. Em relatos parapsicológicos, se aparece um fantasma, vislumbra-se primeiro algo como vapor, ou uma névoa, pelo que se pode dizer que uma das ideias mais arquetípicas é a de que a psique está relacionada com a qualidade de névoa ou vapor, o que expressa a ideia de que está, de algum modo, ligada à matéria sólida mas não é idêntica a ela. Há nela certo fator de *anima*, pois esse texto, provavelmente, foi escrito por um homem.

Após a união da substância masculina com o vapor apareceu a água amarga divina. A palavra "divino" em grego é *theios*, que também significa enxofre, de modo que pode ser traduzida como a água divina, a tradução oficial geralmente aceita, ou como água sulfurosa, uma vez que o enxofre era considerado uma substância divina.

A água, em geral, incluindo a urina, comporta a projeção de conhecimento. No simbolismo da Igreja medieval, fazia-se referência à *aqua doctrinae* e, no dialeto suíço, se alguém profere uma porção de tolices sem pé nem cabeça, diz-se que está urinando palavras. Os problemas renais psicogênicos relacionam-se frequentemente com o fato de as pessoas estarem cheias dessa água ruim, por não terem a atitude correta ou a ligação certa com o conhecimento; elas apenas tagarelam uma porção de conhecimentos não digeridos e isso é como urinar. Assim, normalmente, pode-se afirmar que a água se relaciona com o conhecimento extraído do inconsciente, que tanto pode ser mal-usado como ser usado de forma positiva.

Na alquimia, a água ou era o grande fator curativo ou era venenosa e destrutiva. Geralmente, interpretamos a água como o inconsciente e diferenciamos seu significado específico de acordo com o contexto. Se no sonho de um paciente a água está subindo, ou se ocorre uma grande inundação, então diríamos: "Tenha cuidado, o inconsciente está engolindo você"; nesse caso, a água seria negativa. Contudo, por outro lado, se ele se vê com sede num deserto, ela é a água da vida. Cristo é o poço da vida e existem vários outros símiles conhecidos. Em todas as religiões, a água é a substância vital, o que se resume no fato de que a *extractio* da *anima*, ou esse conhecimento diluído, é o que ocorre na interpretação de uma situação psicológica, ou num sonho.

Se alguém se apresenta com um problema, em vez de discutirmos com essa pessoa, observamos o sonho que explica a situação; talvez ele possa ser interpretado de tal modo que estimule e dê novo alento ao analisando, proporcionando-lhe um sentimento de esperança e a sensação de que o problema tem um significado encoberto, embora possa não estar ainda esclarecido. Em tal caso, o conhecimento obtido do inconsciente tem a qualidade da água da vida, pois essa pessoa bebeu, por assim dizer, da água da vida e sairá com a sensação de que agora está fluindo e terminou o período de estagnação. Depois, haverá certa tensão até a hora analítica seguinte, pois o analisando se pergunta como continuará sua aventura interior, para que a vida ganhe um novo impulso e volte uma vez mais a fluir.

Por outro lado, temos visto pessoas afogadas no inconsciente, notadamente as esquizoides e os casos de fronteira, ou pessoas num episódio psicótico que *expressam conhecimento* do inconsciente. Sentam-se na cama, ou em seus quartos no hospital psiquiátrico, e falam da criação do mundo, do que é Deus e do que deveria ser feito para salvar o mundo, dizendo que todos os médicos do hospital são uns idiotas e que elas, sim, é que sabem das coisas etc. Esse é o conhecimento oriundo do inconsciente: é água, e está cheio de sabedoria, mas a cabeça dessas pessoas está debaixo da água e o conhecimento apoderou-se delas, e não o contrário. Essa pobre gente está literalmente afogada na sabedoria do inconsciente; não quer sair porque sente que está afogada em algo muito bom e muito maravilhoso, motivo pelo qual a maioria delas se recusa a ser curada.

Encarada de um ponto de vista racional, essa é uma condição péssima para se estar, pois essas pessoas se tornam tão inadaptadas que têm de ser confinadas. Têm um excesso de água da vida, embora o que dizem não seja absurdo. Se temos suficiente conhecimento simbólico, podemos entender tudo o que uma pessoa psicótica diz, exatamente como se fosse uma conversa de todos os dias.

No nosso texto temos a situação normal, ou seja, que a água divina tem de ser produzida como resultado da *coniunctio*, o que, em termos psicológicos, seria o que fazemos diariamente. Unimos a nossa atitude consciente com o inconsciente, por exemplo, na interpretação de sonhos. Desse modo adquirimos esse conhecimento revigorador, o sentido de compreensão, e isso seria a água. Ora, no texto, a água é mencionada como amarga. Por quê?

Resposta: Porque é a verdade.

Dra. von Franz: Sim, naturalmente! Com muita frequência, não temos uma reação das mais felizes, mas o contrário, porque a verdade fornecida pelo inconsciente muitas vezes é amarga. É uma pílula amarga que temos de engolir porque contém críticas muito óbvias às nossas atitudes – e essa é uma experiência amarga. Isso explica a resistência contra a psicologia, pois muitas pessoas não querem engolir a pílula amarga. Elas têm uma vaga sensação de que estão seriamente fora do eixo, e de que só poderiam recuperar a saúde se engolissem certas críticas; estão determinadas a lutar se as críticas vêm de fora, mas é muitíssimo embaraçoso se as críticas provêm do seu próprio íntimo. O analista pode, então, simplesmente lavar as mãos e dizer que lamenta

29. A *coniunctio*, união de opostos, como interação harmoniosa entre a água masculina e o fogo feminino.

muito, mas que se trata do próprio sonho do analisando e não de alguma coisa que o analista tenha dito e que terá, portanto, de engolir se quiser se curar.

O texto prossegue dizendo que o filósofo Petásios também fala do trabalho do mesmo modo, afirmando que a esfera do fogo é subjugada pelo chumbo. O mesmo filósofo, interpretando-se a si mesmo, diz que isso deriva da água masculina. Olimpiodoro diz que água masculina, portanto, parece ser a mesma coisa que a esfera de fogo, a qual, na parte anterior do texto, vimos ser o túmulo de Osíris, que estava sufocado no chumbo. Por conseguinte, temos Osíris, a esfera de fogo e a água masculina, todos os três sufocados no chumbo, o inimigo.

No conhecimento da Antiguidade, o chumbo era o metal do planeta Saturno e tinha as mesmas qualidades: no aspecto negativo, depressão; no positivo, depressão criativa. Saturno é o deus das pessoas mutiladas, dos criminosos e dos aleijados, mas também das pessoas artísticas e criativas. Em nossa linguagem moderna, isso significaria a estranha qualidade de certas depressões em que o indivíduo se sente literalmente como chumbo. Sem pensar nesses símbolos alquímicos, as pessoas dizem frequentemente: "Hoje sinto-me como chumbo". Numa pesada depressão, a pessoa se sente incapaz de se levantar de uma cadeira, ou mesmo de abrir a boca para explicar que está deprimida; deixa-se ficar sentada como um bloco de matéria pesada. As confissões de pessoas nesse estado têm inúmeros símiles com o chumbo.

Como a palavra sugere, numa depressão a pessoa é pressionada para baixo, comprimida, em geral porque uma parte da libido psicológica está embaixo e tem de ser resgatada; a verdadeira energia da vida caiu numa camada mais profunda da personalidade e só pode ser alcançada por meio de uma depressão. Assim, a menos que haja uma psicose latente, as depressões devem ser encorajadas e as pessoas, aconselhadas a entrar nelas e a ser deprimidas – sem tentar escapar por meio da televisão ou das *Seleções* – e, se as depressões dizem que a vida nada significa e que nada vale a pena, deve-se aceitar isso e perguntar o que fazer. O que há a fazer é ouvir, mergulhar cada vez mais fundo, até se atingir o nível da energia psicológica em que alguma ideia criativa pode surgir; de repente, no fundo, aparecerá um impulso de vida e de criatividade que havia sido ignorado.

As pessoas que são profissionalmente criativas, como os artistas plásticos ou os grandes atores etc., sabem que antes de toda e qualquer representação ou obra nova são suscetíveis de passar por essa depressão. Há quem a tenha em escala menor. Eu, por exemplo, sempre me sinto deprimida antes de fazer uma conferência, porque a libido vai primeiro ao fundo. Esses são ritmos menores de algo que acontece em grande escala numa depressão. Significa que a pessoa desprezou certos fatores criativos que se constelaram embaixo e atraíram a libido, causando apatia e falta de energia.

Também pode se tratar de um sintoma pré-psicótico, como os psiquiatras sabem muito bem. O que depois vem à superfície é também um conteúdo criativo, mas brota com tamanha abundância que pode destruir a personalidade. Nesses casos, deve-se pensar duas vezes antes de encorajar a pessoa a entrar em depressão porque, embora o mecanismo seja o mesmo, há o risco de o que sobe à tona ser demasiado forte e explodir a personalidade. O chumbo é, portanto, essa sensação de peso, de apatia, esse sentimento de vazio que tapa ou sufoca o conteúdo do inconsciente.

30. O "leão verde" alquímico devorando o sol relaciona-se com a experiência de esmagamento da consciência por desejos violentos e frustrados (frequentemente mascarados pela depressão).

Como o texto a que me venho referindo ao longo destas páginas diz, há no chumbo até o elemento de loucura. Isso alude a outro fato, pois se explorarmos os estados depressivos em pessoas, encontraremos normalmente, no fundo, ou um conteúdo criativo ou um desejo violento e não sacrificado. Com frequência, as pessoas deprimidas sonham com leões vorazes ou com outros animais devoradores, como dragões, mas especialmente leões, o que significa que estão deprimidas porque estão frustradas na realização de seus desejos mais desvairados. Essas pessoas querem tudo: ser o manda-chuva, andar nas mais belas companhias, ter muito dinheiro e tudo mais. Têm desejos pueris e veementes e gostariam de abocanhar tudo, mas ao mesmo tempo, são suficientemente inteligentes para saberem que a vida não é assim, que não podem ter tudo o que querem, de modo que o desejo redunda numa depressão mal-humorada. Esse tipo de depressão tem a qualidade do desejo frustrado e explica por quê, depois de um caso amoroso malsucedido, as pessoas caem numa horrível depressão. O leão delas foi frustrado e regressou de mau humor ao seu covil.

Algumas pessoas têm uma criança frustrada em seu íntimo. São normalmente muito corretas e polidas, e fazem poucas exigências ao analista, mas ser excessivamente polido e correto, exageradamente respeitoso, é sempre suspeito. Sabemos que elas gostariam de engolir completamente o analista, à semelhança do leão, fazendo cenas e exigências infantis, porque o analista parou cinco minutos antes do tempo, ou atendeu o telefone, ou cancelou a hora, ou até porque pegou uma gripe! Essas pessoas infantilmente exigentes compensam mostrando-se muito corretas, sabendo que, se admitirem suas exigências, o leão devorador aparecerá e naturalmente o analista revidará, algo que elas já experimentaram com frequência na vida, quando, depois de esconderem seus sentimentos, um dia resolvem correr o risco e, resultado, levam na cabeça. Assim, a criança magoada retira-se uma vez mais, amargamente frustrada, e sobrevém então a depressão, avança o leão devorador. Essa é uma parte da natureza primitiva, das reações arcaicas primitivas, que têm todos os conflitos de querer comer e não ser capaz de fazê-lo, de modo que a mania depressiva assume o controle.

Esse é o simbolismo da loucura no chumbo, mas também contém Osíris, o homem imortal e, se a pessoa aceitar esse ponto em seu íntimo, atingirá o conteúdo criativo em que o Si-mesmo se esconde. Pode-se dizer que a criança frustrada é um aspecto que encobre uma imagem do Si-mesmo, e o leão devorador também é um aspecto do Si-mesmo.

Se aceitarmos a imagem do leão devorador, isso fica muito claro. Se penso que devo ser a maioral em tudo, andar nas mais belas companhias, ter dinheiro, ser feliz etc., tenho uma fantasia paradisíaca, e o que é *isso*? E uma projeção do Si-mesmo! Assim, na realidade, a coisa infantil é o desejo de experimentar tudo, aqui e agora. A fantasia em si mesma é inteiramente legítima, tem a ideia de *coniunctio*, um estado perfeito, um estado de harmonia. E uma ideia religiosa, mas, naturalmente, se projetada na vida exterior e aí desejada, no aqui e agora, é impossível. O *modo* como a pessoa quer realizar a fantasia é infantil, mas em si mesma ela é valiosa e nada tem de errado ou de mórbido.

Assim, justamente nesse ponto insensato e indômito da pessoa, ou nesse ponto desvairado ou problemático, há o símbolo do Si-mesmo. Incute-lhe o impulso, sendo por isso que as pessoas nunca sabem o que fazer porque não podem reprimi-lo; ou, se são racionais e simplesmente desistem da coisa toda e se apercebem de como ela é infantil, e que devem resignar-se e adaptar-se à vida, então sentem-se curadas, mas despojadas de suas melhores possibilidades; e, portanto, são frustradas.

Tive certa vez um analisando que veio à Europa para uma análise junguiana, enquanto seu melhor amigo recorreu à análise freudiana. Um ano depois, resolveram encontrar-se de novo. O analisando freudiano disse que estava curado e ia voltar para o seu país; tendo compreendido todas as suas ilusões e fantasias neuróticas, ia começar a ganhar a vida, encontrar uma esposa e casar. O outro disse que não estava curado, em absoluto, mas ainda estava muito louco e numa condição de grande caos, e que, embora visse seu caminho um pouco mais claramente, havia muita coisa ainda por resolver. O paciente freudiano disse então que era estranho mas que, embora todos os seus demônios tivessem sido expulsos, infelizmente o mesmo acontecera com os seus anjos!

Havia sido colocada uma tampa sobre o ponto insensato, mas a fantasia religiosa de perfeição nele existente, a fantasia romântica, a fantasia do Si-mesmo também fora tapada, de modo que o homem será um animal resignado, socialmente adaptado, que funciona, mas todos os seus sonhos românticos de verdade, de vida e de amor autêntico – reconhecidamente fantasias pueris nesses dois jovens – também estão enterrados.

A grande dificuldade, portanto, para voltarmos à linguagem alquímica, consiste em extrair Osíris do chumbo, em salvar a fantasia que é propiciadora de vida e eliminar a puerilidade do desejo para concretizá-la. Isso é terrivelmente delicado. A grande tarefa a enfrentar é salvar o núcleo, a fantasia do Si-mesmo, e eliminar toda a infantilidade, o desejo primitivo etc. que o cerca, o que significaria retirar Osíris do esquife de chumbo. Foi isso o que o alquimista fez numa forma projetada, quando disse que o homem divino tinha de ser extraído do esquife de chumbo ou da matéria corruptível.

Creio que podemos passar agora a um texto arábico de autoria de um homem chamado Mohammed ibn Umayl al-Tamini. Basta falar de Mohammed ibn Umayl, porque al-Tamini – o de Tamin – refere-se apenas à tribo islâmica específica a que ele pertencia. Umayl viveu de cerca de 900 a 960, ou seja, no começo do século X, de acordo com as nossas datas. Um de seus escritos foi publicado em árabe em "As Memórias da Sociedade Asiática de Bengala", editadas em Calcutá em 1933, de acordo com um manuscrito que Henry Ernest Stapleton encontrou em Hyderabad. Stapleton afirma que existe cerca de uma centena de outros manuscritos do mesmo autor em Hyderabad, com títulos sumamente interessantes e promissores, como "A Pérola da Sabedoria", "A Lâmpada Oculta da Alquimia" etc., mas, se escrevemos para lá e pedimos informações sobre esses escritos, não obtemos resposta.

A partir do século XII, ou começos do século XIII, esse homem foi famoso na alquimia europeia. A obra que vou apresentar aos leitores foi traduzida para o latim no final do século XII ou nos primeiros anos do século XIII, e tornou-se um dos mais famosos textos medievais do mundo alquímico latino.

Nesses textos latinos, dava-se a ele o nome de Sênior e, até 1933, ninguém sabia quem era Sênior. Até mesmo o célebre J. Ruska afirmaria peremptoriamente que Sênior não era árabe, mas apenas a deturpação de um nome latino. No entanto, nunca se deve acreditar ao pé da letra no que Ruska afirma, pois ele é sempre ambíguo, e estava completamente errado em sua afirmação de que fora equivocadamente tomado por um texto arábico. Agora temos o original e sabemos que o nome Sênior é simplesmente a tradução latina de "O Xeque", que realmente significa "o velho" e explica como Mohammed ibn Umayl passou a ser chamado Sênior. Esse texto latino foi publicado com o título *De Chemia*, o que quer dizer que é sobre química, mas o título árabe original é "Água de Prata e Terra Estrelada". O texto arábico é dado de um lado e o latino do outro, de modo que é possível cotejar um com o outro. A tradução latina é muito correta e só se desvia em detalhes secundários.

Depois que ibn Umayl abandonou o país, seu melhor amigo foi queimado como herético, por ser xiita. No mundo islâmico, a seita oficial era a sunita e, em termos gerais, a cisão entre ela e os xiitas foi devida ao fato de que estes últimos tinham uma interpretação mais simbólica e mística do Alcorão. Por exemplo: não aceitavam o Alcorão literalmente, mas permitiam a interpretação simbólica, enquanto os sunitas insistiam na obediência literal às regras e em sua verdade literal. Os xiitas desenvolveram um extenso sistema místico de interpretação simbólica e, desse modo, podiam ser comparados aos místicos medievais, que também tentaram interpretar a Bíblia de forma simbólica, em contraste com outras tendências.

Poderíamos traçar uma comparação com a cisão paralela entre as tendências talmúdica e cabalística na tradição judaica. Os xiitas corresponderiam à tradição da Cabala, os verdadeiros introvertidos, que estavam mais dirigidos para uma interpretação simbólico-psicológica e uma experiência pessoal da verdade religiosa, em contraste com as pessoas de orientação literal, que prefeririam insistir no dogma e no texto sagrado.

Apresentarei o texto arábico tal como é, com todas as suas complexidades, como procedi com o texto grego, para que se possa receber todo o impacto e estranheza desse gênero de literatura.

> Eu e minha querida Obouail [a desinência é feminina] penetramos na Barba. [É claro, todos disseram que era impossível entrar numa barba, ninguém sabia o que dizer a respeito da palavra, mas aí simplesmente simboliza "Birba" – pirâmide – o que, obviamente, foi algo que o tradutor não entendeu, ocasionando assim grande confusão.] Entrei na Birba e numa certa casa subterrânea, e depois eu e El Hassan, isto é, Hassan, vimos todas as ígneas prisões de Joseph, e vi no telhado as nove águias pintadas com suas asas abertas, como se voassem, e com as patas abertas, e nas garras de cada águia havia um grande arco, como o que é também usado por aqueles que atiram com arco. Nas paredes dessa casa, à esquerda e à direita na

entrada principal, vi as imagens de seres humanos postados de pé. Não podiam ser mais perfeitos ou belos, nem ter mais belas roupas de todas as cores. Tinham as mãos estendidas para o centro da sala e olhavam para certa estátua no meio da sala, perto da parede da câmara interior, e que estava de frente para eles. A estátua era de uma figura sentada num trono, semelhante ao trono do médico, e nessa estátua repousava, em seu regaço, sobre seus braços, e com as mãos estendidas sobre os joelhos, uma placa de mármore, que foi extraída disso [do que é que foi extraída não se sabe], do comprimento de um braço e da largura de um palmo, e os dedos da estátua seguravam com firmeza as bordas da placa. A placa tinha a aparência de um livro aberto, de frente para a pessoa que entrasse, como se a estátua lhe quisesse mostrar.

Isso soa um tanto complicado, mas significa simplesmente que havia uma estátua sedestre no fundo da sala, segurando uma placa sobre a qual seus dedos estavam presos e à vista, placa que parecia um livro aberto que, aparentemente, queria mostrar à pessoa que entrasse.

Nessa parte da sala onde estava a estátua, havia imagens de coisas infinitas, e letras escritas em língua bárbara [o que simplesmente significa uma língua não arábica]. Essa placa vista no regaço da estátua era dividida por uma linha ao meio que a dividia em dois lados. Na parte inferior, estava a imagem de dois pássaros curvados um sobre o outro, um dos quais não tinha asas e o outro era alado, e cada um tinha no bico a cauda do outro.

Vistos esquematicamente, os pássaros estariam deitados um sobre o outro, cada um com a cabeça na cauda do outro pássaro, um alado e o outro sem asas. Era como se quisessem voar juntos, ou como se o pássaro sem asas estivesse retendo o outro, isto é, o pássaro superior queria carregar o outro pelos ares, mas o inferior retinha-o e impedia-o de voar. Os dois pássaros estavam unidos, eram homogêneos e da mesma substância, e estavam pintados numa só esfera como a imagem de duas coisas em uma.

Perto da cabeça do pássaro alado, e acima dela, estavam representados o sol e a lua. Isso estava perto dos dedos da estátua, e, na outra parte da placa – ou seja, à direita –, estava uma outra esfera ou objeto redondo, lado a lado com os pássaros e, como um todo, havia cinco ritmos de tempo [isso também é algo que não está explicado], notadamente, embaixo os pássaros e a esfera. Acima dessa esfera está a imagem da lua e outra esfera. Do outro lado, perto dos dedos da estátua, está a imagem do sol que emite seus raios como a imagem de dois em um.

Do lado oposto, está uma imagem do sol com um raio incidindo para baixo e, em conjunto, isso faria três, ou seja, os dois planetas – o sol e a lua – e o raio dos dois em

31. Estátua do velho sábio (Hermes Trismegisto) segurando a placa; reproduzido de *De Chemia*, de Sênior. (Detalhe na figura 36.)

um; e do raio uma parte desce e atinge a parte inferior da placa, cercando a esfera negra e dividido por essa esfera circundante, o que tudo somado faz dois, três e o terceiro.

O que está claro do acima dito é que o sol e a lua estão ao lado um do outro, com a lua defronte a nós à direita e o sol à esquerda, e embaixo está uma esfera negra que os raios penetram. A terceira tem a forma de uma lua cerosa, cuja parte interna é branca, sem escuridão mas está cercada por uma esfera negra, e a forma é como a forma de dois em um de um sol simples, e essa é a imagem de um em um e esses são novamente cinco e, somados fazem dez, de acordo com o número das águias e a terra negra.

Contei-lhes agora tudo isso e escrevi um poema e sem a graça de Deus, abençoado seja o seu nome, não teríamos esse segredo. Para que possam entender e pensar bem sobre isso, e meditar sobre isso, pintei para vocês a imagem da placa, e o que as imagens são será explicado em meu poema e depois podem ler os capítulos e ver o que cada figura significou. Agora já expliquei aquelas dez figuras e mostrei as figuras em meu poema e certamente ninguém poderia fazê-lo sem o meu poema; entretanto, quero manifestar-lhes algo que todos os sábios ocultaram até agora, aqueles que produziram essa estátua nessa casa, na qual toda a ciência é descrita numa figura simbólica, ensinando sua sabedoria nessa pedra e exibindo-a para aqueles que podem compreender. [Essa estátua representa

Hermes, o que significa que Hermes inventou a ciência e desenhou as figuras.]

Cumpre-nos agora apurar o que tudo isso significa. A estátua é a figura de um sábio e, no seu regaço, está a ciência oculta, que ele descreve por meio de figuras simbólicas, de modo a orientar aquele que conhece e compreende. O sábio que o entende deve examinar o interior com sutileza, e deve conhecer os termos de sabedoria, e deve entender uma linguagem obscura e simbólica. Quando ele compara depois essa linguagem obscura com as nossas imagens, abrirá então um a partir do outro e tornar-se-á o senhor da pedra secreta.

Segue-se então outra parte que tem um novo título, "Carta do Sol à Lua Cerosa". Como verão, é uma carta de amor.

"Em grande fraqueza, eu te darei luz oriunda da minha beleza, até ter atingido a perfeição." [O sol será exaltado até a máxima altura.] Primeiro a lua diz ao sol: "Necessitas de mim como o galo precisa da galinha, e eu necessito de tuas obras, ó Sol, sem interrupção, porque tu és o caráter perfeito, o pai de todas as luzes, a luz suprema, o grande Amo e Senhor. Eu sou a lua cerosa, úmida e fria, e tu és o sol, quente e seco.

"Quando nos tivermos unido numa igualdade da condição social de nossa casa, na qual nada mais acontece exceto que o pesado tem a luz com ele, na qual permaneceremos, então eu serei como uma mulher que está desimpedida para o seu marido e isso é verdadeiro em palavra, e quando estivermos unidos, permanecendo no ventre desta casa fechada, então eu receberei, adulando-te, a tua alma, e tu arrebatarás minha beleza, e através de tua proximidade eu ficarei delgada e nós seremos exaltados numa exaltação espiritual, ou realçados numa exaltação espiritual.

"Quando ascendermos à ordem dos Xeques, ou anciãos, a substância refulgente de tua luz será unida com a minha luz e tu e eu seremos como a mistura de vinho e água doce, e eu suspenderei meu fluxo e depois serei envolta em tua escuridão e isso terá a cor da tinta negra, mas depois de tua dissolução e de minha coagulação, quando tivermos entrado na casa do amor, o meu corpo coagulará e eu estarei em meu vazio."

Isso provavelmente significa que a lua minguou, isto é, está na fase de lua nova. A isso o sol responde:

"Se fizeres isso, e se não me infligires dano, ó Lua, e se o meu corpo retornar, então eu te darei uma nova virtude de penetração e depois disso serás poderosa na batalha do fogo da liquefação e purgação, e não mais haverá qualquer diminuição, ou escuridão, como ocorre com o cobre e o chumbo, e não mais me combaterás, porque deixarás de ser rebelde".

Portanto, o sol diz: Se não me causares dano nesta *coniunctio* – pois a lua poderia fazer mal ao sol –, então te farei poderosa na batalha do fogo, e nunca mais serás corruptível como é o cobre, e não me combaterás, a mim, o sol, mais tarde, porque deixarás de ter sentimentos rebeldes. Assim, a lua, que é caracterizada como cerosa, minguante e hostil ao sol, e como sendo escura e corruptível, perderá todas essas qualidades negativas e tornar-se-á uma luz sólida, como a do sol. E o sol continua:

> "Bendito seja aquele que pensa sobre as minhas palavras; a minha dignidade não te será arrebatada nem se tornará vulgar, tal como um leão não se tornará vulgar ao ser debilitado pela carne [o leão é aqui outra imagem para o sol], mas, se me seguires, não te negarei nem te arrebatarei o incremento do chumbo, mas a minha luz exinguir-se-á e toda a minha beleza será extinta, mas eles retirarão do cobre de meu puro corpo e da gordura do chumbo, verificando-o no silogismo do peso deles, mas sem sangue de cabra, e então será feita uma destilação entre o que é falso e o que é verdadeiro.
>
> "Eu sou o ferro duro e seco, sou o fermento forte, todas as coisas boas estão em mim, a luz do segredo dos segredos é gerada através de mim, e todas as coisas ativas são a minha ação. O que tem luz é criado na escuridão da luz [tudo o que brilha foi criado nas trevas] mas depois que fui levado à perfeição me recuperei da minha doença e da

minha fraqueza, e então aparecerá aquele grande líquido da cabeça e da cauda, e essas são as duas qualidades e as dez ordens ou pesos, cinco dos quais estão isentos de escuridão e cinco deles refulgindo em beleza."

Esse é o final da carta. Depois disso, Sênior promete dar uma explicação, mas o texto prossegue simplesmente no mesmo estilo. A explicação que ele dá é apenas o que chamaríamos uma ampliação, muito significativa é verdade, mas não uma explicação.

Sabemos, de fato, que Mohammed ibn Umayl foi um daqueles detestáveis saqueadores que arrombaram pirâmides e investigaram suas câmaras funerárias. Nesses tempos, os árabes destruíram grande número de pirâmides, roubando todo o ouro existente nelas, pelo que hoje em dia a maior parte das pirâmides está vazia; mas Sênior, ou Mohammed ibn Umayl, não o fez, como a maioria dos outros, para encontrar e roubar o ouro, mas porque projetou na câmara funerária das pirâmides o segredo alquímico.

Pensava ele, como descobrimos nas partes subsequentes do livro, que os egípcios conheciam a alquimia e que o que seria encontrado na câmara mais secreta da pirâmide era o segredo da alquimia; porém, o que estava escrito na antiga língua egípcia ibn Umayl não conseguiu ler, sendo esse o motivo pelo qual se refere a uma língua bárbara – isso passou-se muito antes de Champollion, claro. Assim, ele pensou que naqueles misteriosos sinais hieroglíficos estava escrito o segredo da alquimia e, como ele descreve em outro texto, descobriu uma rainha mumificada num caixão de ouro, que tinha um par de tesouras e pequenas tigelas de ouro, e ficou absolutamente convencido de que essa era a rainha da alquimia, por assim dizer, a sábia profetisa da alquimia, e de que os instrumentos escondidos no esquife da rainha egípcia eram alusões simbólicas ao trabalho alquímico.

Essa é uma das estranhas coisas de projeção no passado. Ele projetou todo o simbolismo do trabalho alquímico na mumificação. Mas o que é ainda mais interessante é que sabemos hoje, pelo que já expus antes, que a alquimia se originou realmente a partir do culto egípcio dos mortos, que a química da mumificação desempenhou um enorme papel; que os egípcios, de fato, mumificavam seus mortos a fim de obterem a imortalidade e tornarem divina a pessoa morta; e que a alquimia tentou fazer a mesma coisa, isto é, produzir o homem imortal, produzir a imortalidade. Portanto, aí está um excelente engodo para a projeção do velho Sênior – ele simplesmente projetou a coisa toda de trás para diante na mumificação egípcia, sendo essa a razão por que ajudou tão entusiasticamente a arrombar e destruir as câmaras funerárias nas pirâmides. Naturalmente, ele observou tudo o que lá viu e tentou descobrir se havia ou não alusões ao trabalho da alquimia.

O quadro dessa estátua segurando uma placa é um tópico clássico de muitos outros textos alquímicos. Não é específico de Sênior. Todos nós conhecemos, pelas conferências do dr. Jung sobre Zaratustra, a *Tábua de Esmeralda* (*tabula smaragdina*) – a placa esmeraldina. É um texto clássico para aquelas frases de que

Jung nos deu uma interpretação, pelo que não necessito entrar em detalhes a esse respeito. A mais antiga forma desse texto foi encontrada nos escritos de Gabir, o que seria no século VII, e do conjunto dessa versão mais antiga da descoberta da *tabula* fica evidenciado que a história remonta a fontes gregas. Deve ter existido uma história grega de uma estátua de Hermes encontrada num túmulo, a qual tinha sobre os joelhos da divindade todo o segredo.

Essa história tornou-se um tópico da literatura alquímica em numerosos escritos alquímicos, por exemplo, no *Kitab al-Habib*, ou também no *Kitāb al-Qīrāṭīs* (conhecido no Ocidente como *Livro de Krates*). Começa sempre da mesma maneira: "Entrei no túmulo e encontrei uma estátua com uma placa, na qual estava..." e depois segue-se uma espécie de explicação. Assim, na época de Sênior, isso se convertera num tema de literatura. Trata-se de um paralelo da tábua esmeraldina e existem novas variações. Sênior acrescenta algo que não encontrei em qualquer das outras histórias sobre a descoberta da placa, as nove ou dez águias que, no quadro, atiram para a estátua com arco e flecha. Ele também mudou o conteúdo da placa, pois nela não existem frases de sabedoria, como nas outras, mas dois desenhos simbólicos, um deles apresentando os dois pássaros que tentam voar e afastar-se um do outro, enquanto o outro desenho representa o sol e a lua e a esfera negra, e isso, até onde posso discernir, foi uma contribuição de Sênior.

Mencionarei agora algumas informações dadas no resto do livro, poupando ao leitor a leitura de sua transcrição na íntegra.

De acordo com o texto, as águias representam a substância sublimada ou volátil e, portanto, algo semelhante à esposa do vapor em nosso outro texto. As substâncias voláteis, como a fumaça e o vapor, eram frequentemente simbolizadas por pássaros, porque diziam que essas substâncias tinham adquirido qualidades espirituais. O arco e a flecha são muito misteriosos e nunca receberam uma explicação em todo o livro, de modo que temos de deixá-los sem explicação ou dar-lhes uma explicação psicológica. Hermes está sentado e cercado pelas nove águias, que o alvejam com arco e flecha. Esse tema foi simplesmente ignorado por Sênior em sua explicação subsequente do texto mas, pelo resto do livro, podemos deduzir que as águias representam as substâncias espiritualizadas.

E o que representariam o arco e a flecha? Imaginemos que se trata do desenho de um paciente. Que diríamos então das águias alvejando Hermes? Temos primeiro de desenvolver o tema do arco e da flecha. O que é que ele nos sugere?

Resposta: Eros.

Dra. von Franz: Sim, essa é a ideia mais óbvia – o pequeno Cupido com suas perigosas flechas, e toda a literatura da Antiguidade a respeito do arco e flecha e de como Cupido até, por vezes, atira uma flecha contra Zeus, num momento muito ruim, e fica com ele em seu poder.

Um arco e uma flecha indicariam direção – algo aponta para um objeto. A libido foi dirigida, precisamente como acontece quando uma pessoa se apaixona; ela está nadando no rio da vida e, de repente, é alvejada; depois volta para casa e pensa nessa mulher ou nesse homem de manhã à noite. De um momento para outro, toda a libido é dirigida e concentrada aí. Não se quer pensar nisso, mas, depois, começa-se imaginando se voltaremos a encontrar essa pessoa amanhã no mesmo lugar etc., pois é aí que está a energia.

Portanto, podemos dizer que o arco e a flecha se relacionam com a súbita direção adotada pela libido inconsciente; arco e flecha estão relacionados com a projeção, pois uma flecha é um projétil e, mediante a projeção, a libido fica apontada. É a mesma coisa se odiamos alguém. Há até um aforismo a respeito de quem está mais próximo de Deus – creio que é um dito indiano – aquele que o ama ou aquele que o odeia? E a resposta é o homem que o odeia, porque pensará em Deus ainda mais frequentemente e mais intensamente do que aquele que o ama, pois seu arco e flecha estão sempre apontados; é essa a direção da libido mediante a projeção.

Poder-se-á dizer que todas as forças dissociadas do pensamento e da alma estão agora concentradas no que está na placa, isto é, toda a atenção psicológica se concentra em torno disso. Existem duas partes na placa, como duas folhas de um livro aberto ao meio, e de um lado está o problema dos dois pássaros; do outro, o da união do sol e da lua.

O problema dos dois pássaros é, obviamente, uma variação do Ouroboros, como na velha alquimia, pois, nos antigos textos

32. Rei e rainha segurando águia e cisne, símbolos do espírito volátil. Saturno, cujos aspectos positivos são a autodisciplina e a persistência, está no primeiro plano.

gregos, encontramos o desenho da serpente que come sua própria cauda. Em geral, a cabeça tem estrelas sobre ela e o resto é preto, o que seria a oposição secreta. No antigo texto grego, isso é explicado pelo fato de ser a cabeça diferente da cauda. Isso forma um quadro maravilhoso se dissermos que é uma coisa só, mas há uma oposição interior entre a cabeça e a cauda. Por isso, existem ditos como: "Agarre pela cabeça, mas cuidado com a cauda" ou

33. Expectativas e desejos frustrados, decorrentes em parte do fenômeno de projeção, constituem o material básico do trabalho analítico. As reações emocionais envolvidas no processo de retirada das projeções podem ser equiparadas à imagem alquímica da salamandra, como *prima materia*, assando no fogo.

"Se a cabeça não estiver integrada à cauda, a substância toda não vale nada". Muito se disse a respeito da cabeça e da cauda e sobre o modo como devem relacionar-se mutuamente; portanto, essa imagem descreve bem os opostos que são secretamente um. É uma espécie de *tai-gi-tu* europeu – o símbolo Yin-Yang, os opostos em um.

Observação: As águias dão a impressão de terem uma relação com Apolo, pois é dito que elas podem olhar para o sol e, é claro, Apolo tem o arco, tal como Cupido, o menino alado.

Dra. von Franz: Apolo é o representante do princípio da consciência, mas isso não contradiz a interpretação. O arco e a flecha de Apolo referir-se-iam à atenção dada pelo amor, à concentração da libido mental por meio do amor. De acordo com a teoria escolástica do conhecimento, só podemos obter conhecimento por meio do amor, o que significa que só se adquire o conhecimento amando o assunto que se quer conhecer, sendo fascinado por ele. Assim, a *anima* está sempre subentendida na busca da verdade.

Se temos de aprender uma matéria que não amamos, sobre a qual não temos qualquer projeção, o que quer dizer que não possuímos relação alguma com ela, que nada significa para nós e não está ligada ao nosso fluxo de libido, teremos de labutar e suar para aprender algo para um exame, por exemplo, mas dez minutos depois teremos esquecido tudo novamente. No entanto, se estivermos fascinados, o que significa que ocorreu uma projeção, então ficamos emocionados e adquirimos uma tremenda soma de consciência com facilidade e rapidez. Esse é o segredo do ensino e da aprendizagem. Poderão dizer que esses são simplesmente dois aspectos do que, como descrição geral, chamaríamos de atenção, que é criada, ou pela concentração da consciência, ou por amor e, subentendida em ambas as coisas, está a projeção. O fascínio envolve sempre uma projeção.

Observação: Estamos falando de projeção, mas todas essas figuras são arquetípicas.

Dra. von Franz: Sim, e isso levanta a questão de saber se os arquétipos projetam. Penso que sim. Certamente, isso está implícito em nossa ideia de projeção. Vejamos o que realmente acontece. Sabemos muito bem que nunca fazemos a projeção, mas que ela é feita para nós. Eu mesma não projeto algo; essa é a maneira como falamos, mas não é verdade. O fato é que eu me encontro subitamente na situação de projetar e, tendo visto que se trata de uma projeção, posso começar falando a respeito dela, mas não antes. Por exemplo: alguém que projetou a sombra, insistirá em que a outra pessoa é um patife e assim continuará, mas talvez dois anos depois, no decorrer da análise, ela perceba que estava projetando sua sombra no outro. Portanto, quem projetou? Eis um grande mistério.

Quando os gregos se apaixonavam, eram suficientemente modestos para não dizer "me apaixonei", mas expressavam isso mais exatamente declarando: "O deus do amor acertou uma flecha em mim". E é assim que acontece realmente: a pessoa tem, de repente, a sensação de uma ferroada dolorosa, que não foi causada por ela; é como se tivesse sido alvejada. Portanto, podemos falar do arquétipo do deus do amor. Se examinarmos a fundo a história de Eros, descobriremos que é uma variação de Hermes; o Eros da Antiguidade é semelhante a Hermes Kyllenios. Em tempos idos, quando havia um deus da fertilidade na Beócia,

34. "Cupido, Vênus e as Paixões do Amor", por Bronzino. "Quando X se apaixona por Y, um espectador poderia chamar a isso projeção... Mas desde que não haja constrangimento, não tenho o direito de interferir nessa *participation* chamando-a projeção; esse é um equívoco horrível e venenoso que as pessoas constantemente cometem." – von Franz.

ele era representado exatamente como as estátuas do Hermes priápico. Podemos dizer, portanto, que os gregos se referiam a uma variação do deus Hermes. É um símbolo do Eu ou da totalidade, que faz a projeção. Creio que isso está certo. Se me encontra numa situação de projeção, trata-se de um arranjo produzido pelo Eu.

Observação: Nesse caso, a águia está ligada a Eros, ou a Apolo, de modo que os deuses estão projetando em deuses.

Dra. von Franz: Sim, você tem toda a razão; portanto, em geral, podemos dizer que é sempre o inconsciente, ou algum aspecto dele, que produz a projeção. É o Si-mesmo ou um deus. É sempre um deus quem produz a projeção, o que quer dizer que é sempre um arquétipo; o complexo do ego não o produz.

O passo seguinte é indagar: O deus do inconsciente projeta em quê? Usualmente, projeta em objetos exteriores, em seres humanos ou coisas. Ou será que um arquétipo projeta num outro arquétipo? Penso que isso é possível, é algo que ocorre com frequência; seria um processo de unificação nos sistemas religiosos. Considere-se o politeísmo, por exemplo. Na maioria dos sistemas politeístas de religião há o conhecimento secreto de que todos são aspectos de um só deus. Até os gregos sabiam isso; na filosofia estoica grega sempre é dito que existe realmente um único deus e que todos os outros deuses – Atena, Hermes etc. – são apenas aspectos distintos desse deus único; de modo que podemos discernir um monoteísmo latente no politeísmo grego. A mesma coisa acontece com os Elohim no monoteísmo judaico. Quando Deus criou o mundo, Ele disse: "Façamos", e sempre se supôs que o plural verbal era endereçado aos Elohim. Logo, também existe um politeísmo secreto dentro do monoteísmo, o qual também se manifesta nas figuras dos Malak Yahweh, o anjo de Deus. Por vezes, o próprio Jeová interfere e, outras vezes, envia o Malak Yahweh, que é mais ou menos um aspecto dEle próprio.

Pode-se afirmar, de um modo geral, que em qualquer sistema monoteísta, tal como no judeu-cristianismo, há uma tendência secreta para o politeísmo que, embora não seja inteiramente percebida ou admitida, há, tal como nos sistemas politeístas há uma tendência secreta para o monoteísmo, para garantia de que todos esses numerosos deuses são, na realidade, simples aspectos diferentes do deus uno. Se quisermos expressar isso em termos psicológicos, diremos que a multidão de constelações arquetípicas são todas realmente uma no Si-mesmo, embora o Si-mesmo se manifeste com frequência na vida prática em aspectos separados, a que preferimos chamar de arquétipos diferentes.

O problema é saber se há muitos arquétipos ou se o arquétipo do Si-mesmo é realmente o arquétipo uno. Por exemplo: quando alguém é dominado pelo arquétipo de mãe, falamos de um complexo materno; mas, se o analisarmos, descobriremos sempre que o Si-mesmo está todo nele. Um complexo arquetípico conduz sempre para o símbolo do Si-mesmo. Assim, uma vez mais, verificamos que há aí um monoteísmo secreto no politeísmo, quer a ênfase recaia sobre um ou outro. Se os muitos apontam para o um, eu diria que há no inconsciente uma tendência para colocar toda a energia no Si-mesmo, retirando-a dos diferentes arquétipos isolados. Os numerosos arquétipos tendem a se concentrar em torno do arquétipo uno, que poderíamos dizer que reflete a tendência do próprio inconsciente para maior consciência.

Assim sendo, diríamos que as águias são como uma assembleia de deuses em torno do Deus uno, o que, psicologicamente interpretado, significaria que muitos arquétipos começam ordenando-se numa concentração em torno do arquétipo do Si--mesmo. O arquétipo do Si-mesmo começa a ser dominante e a dissociação em muitos arquétipos começa adquirindo ordem em torno de um centro. Segue-se que, se um arquétipo isolado é dominante na psique de uma pessoa, digamos, o arquétipo de mãe, ou o arquétipo de *anima*, ou seja ele qual for, então há certa soma de unilateralidade nessa pessoa. Somente quando o arquétipo do Eu começa, de fato, a conduzir o processo é que a coisa se torna unificada e tudo toma o seu lugar; eu diria que, na realidade, o senso de unidade é uma representação simbólica desse momento em que os muitos arquétipos começam cedendo sua energia a um.

OBSERVAÇÃO: Eu estava pensando em algo ligeiramente diferente, afastando-me um pouco dos arquétipos e aproximando-me mais da atitude religiosa primitiva, como a experiência do deus na árvore, ou o espírito na árvore. O paralelo que vejo neste caso é o seguinte: talvez *exista* um espírito na árvore, talvez os arquétipos estejam sendo projetados na árvore, de modo que Deus está realmente na árvore e os deuses estão projetando em Deus. Isso é uma especulação.

DRA. VON FRANZ: Sim, é, e não consigo responder-lhe. Pode-se acreditar nisso ou não, pois não se pode provar. Na verdade, isso simplesmente aborda a questão seguinte: se uma imagem arquetípica é realmente projetada, haverá também uma realidade transcendente que faz a projeção? Mas não temos meios de verificar tal coisa, de modo que é uma questão de crença: acreditamos ou não. Eu acredito, mas não pretendo tentar convencer ninguém porque não disponho de provas.

OBSERVAÇÃO: Se realmente voltarmos à atitude religiosa primitiva e tentarmos analisá-la, dizendo que isso é apenas uma projeção, então algo foi projetado imediatamente, e só podemos aceitá-lo nesse nível.

DRA. VON FRANZ: Isso é inteiramente errado. O dr. Jung, em sua definição de projeção, diz categoricamente que só podemos falar em projeção quando foi suscitada a dúvida. Portanto, estamos errados se dizemos que os primitivos projetam na árvore. Isso é a nossa maneira de falar, pois duvidamos se Deus está na árvore e, por conseguinte, podemos dizer que seria uma projeção *para*

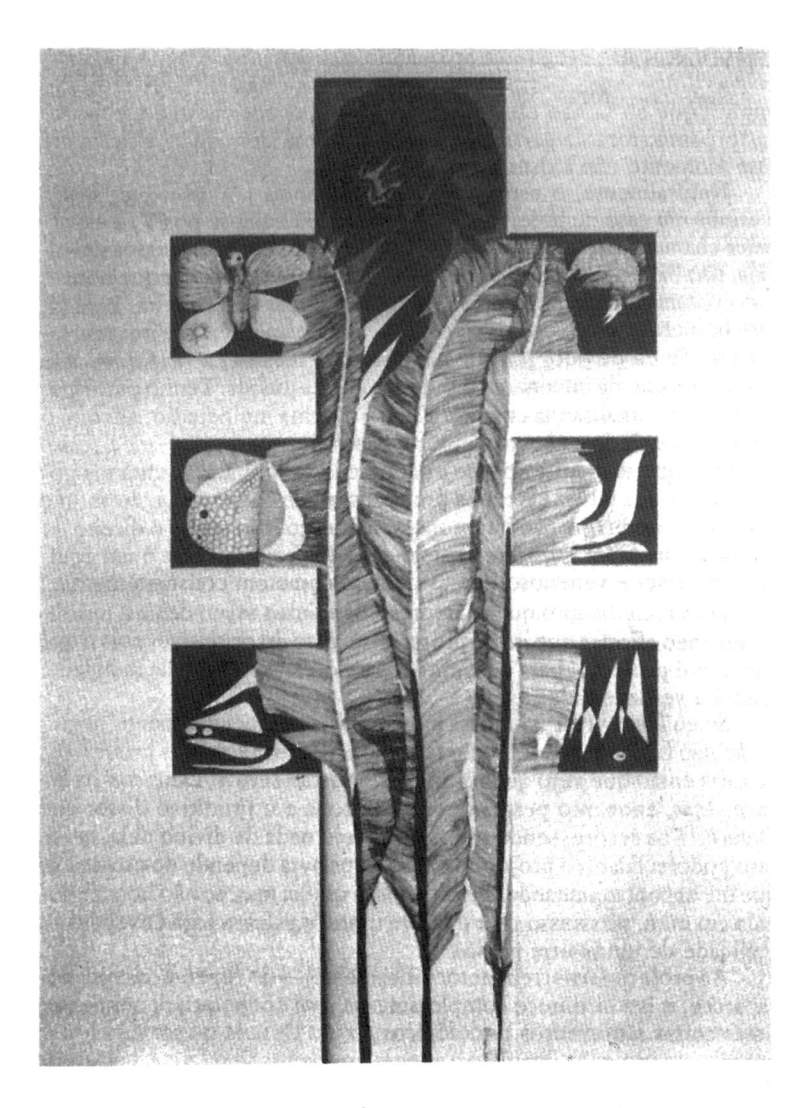

35. "O Espírito da Árvore", por Margaret Jacoby.

nós; mas, como no primitivo isso não oferece a menor dúvida, não temos o direito de falar em projeção.

Consulte-se a simples definição de projeção dada por Jung em *Tipos Psicológicos*. Ali se lê que só podemos falar em projeção quando surge uma dúvida e que, enquanto isso não ocorre, a asserção de que há uma projeção não é legítima. Só quando, no meu íntimo, sinto-me insegura é que posso começar a falar em projeção, e não antes. A projeção implica que eu já não estou inteiramente convencida; que estou, até certo ponto, fora da *participation mystique* ou identidade arcaica; até esse momento não há projeção.

Naturalmente, o espectador duvida, sendo por isso que, se tomarmos um caso de hoje, por exemplo, X apaixona-se por Y, o espectador chamará a isso uma projeção do *animus*. Mas para a pessoa envolvida não há projeção, e seria um equívoco analítico afirmar que houve; isso contaminaria a outra pessoa com as dúvidas da primeira. Para X, esse homem é agora o ser amado e não, simplesmente, uma imagem do *animus*. Se eu duvido, porque não estou na mesma *participation*, não tenho o direito de envenenar o outro com essa dúvida. Tenho de esperar até que a analisanda comece a sentir alguma inquietação, até que o homem que ela ama não se comporte como ela esperava que ele fizesse. Uma vez que se manifeste esse estado de intranquilidade, então já poderei dizer que talvez ela tenha projetado nesse homem algo do íntimo dela. Porém, desde que não haja constrangimento, não tenho o direito de interferir nessa *participation* chamando-a de projeção; esse é um equívoco horrível e venenoso que as pessoas cometem constantemente.

Já não acreditamos que as árvores e os animais sejam deuses; mas seria errôneo afirmar que isso é projeção no caso do primitivo, pois o que para nós é projeção, para o primitivo é a experiência total da realidade. Essa é a verdade deles.

Se eu fosse viver na África e me tornasse emocionalmente negra, então não falaria como costumo fazer agora da projeção dos primitivos; eu diria então que vejo que os primitivos estão certos: Deus *está* na árvore. Mas, enquanto permanecer na Europa e o primitivo disser que Deus está na árvore, sendo que eu não vejo nada de divino nela, nesse caso poderei falar em projeção. O uso da palavra depende do estado em que me encontro. Quando duvido, posso usá-la; mas, se não houver dúvida em mim, não posso usar e nunca usarei a palavra para envenenar a realidade de outra pessoa.

As projeções morrem automaticamente – de repente, a coisa desaparece, e isso acontece completamente sem cooperação consciente. Essas coisas são eventos psicológicos *per se*. Depois, posso dizer que houve uma projeção, mas isso é apenas uma verdade relativa, não absoluta.

36. Os pássaros alados e sem asas, e os sóis justo e injusto, desenhos simbólicos reproduzidos de *De Chemia*, de Sênior. (Detalhe da cena da figura 31.)

5ª Palestra

ALQUIMIA ARÁBICA

Vamos agora examinar o desenho das duas placas, porque contém algo mais do que o texto que já apresentei.

Numa parte da placa há um pássaro alado e um pássaro sem asas. O pássaro alado está em cima e o outro, embaixo; o texto diz que este último impede o pássaro alado de alçar voo. Um come a cauda do outro, de modo que se trata de uma variação da serpente Ouroboros, que come sua própria cauda. Acima dos pássaros, embora não sejam mencionados na descrição, estão a lua e o sol e, na parte inferior, está a esfera a que o texto, depois, dá diferentes nomes; essa esfera é designada por lua e também por terra, o mundo inferior, o mundo de baixo. Portanto, de certa maneira, a lua é dupla: em cima é a noiva, ou o oposto do sol, mas também está um tanto misturada com o mundo inferior, chamado terra. Existe uma lua idêntica à terra e uma que é a parceira do sol.

Na segunda placa há dois sóis: um emite dois raios para o mundo inferior e o outro apenas um. Ambos emitem raios para o mundo inferior, onde existe de novo a lua cheia, descrita numa parte subsequente do texto como sendo branca e cercada por uma esfera negra; olhando do exterior, veríamos apenas a escuridão, mas o interior é branco, tem uma substância de lua branca. Na ilustração, o sol está duplicado e cada um é o parceiro do outro.

Em ambos os desenhos há uma interligação entre os mundos superior e inferior e, no meio, a luta entre os pássaros. O sol irradia sua luz para o mundo inferior. A esfera do fundo, que é negra por fora e branca por dentro, é novamente chamada de mundo inferior – o *mundus inferior* – o que, nesse caso, significa este cosmo abaixo do firmamento ou até as esferas mais exteriores dos planetas. Na Antiguidade e na época medieval, pensava-se que embaixo estavam a lua e o mundo corruptível e, em cima, estavam as estrelas e o mundo eterno.

Pergunta: Por que é que um sol tem apenas um raio e o outro dois?

Dra. von Franz: É assim mesmo! Na verdade, os raios não são mostrados nas placas; um velho alquimista que possuiu outrora o livro desenhou nelas dois raios, à tinta, em ambos os lados; mas, de acordo com o texto, um sol envia para baixo apenas um raio. Aí se diz que um sol irradia com justiça e o outro sem; essa é a diferença entre os dois. Embora o texto não o diga, suponho que o sol com os dois raios seja o que irradia com justiça, por ser equilibrado, por ter os dois lados. *Sol cum justitia e non cum justitia* – como diz a mui canhestra tradução latina. Mas ambos os sóis irradiam e penetram com seus raios o mundo inferior.

Temos agora de tentar – digo tentar porque muitas partes estão muito além da minha compreensão – entender o texto psicologicamente. Em primeiro lugar, temos de nos referir ao próprio Sênior e ler as ampliações que ele fornece ao longo do livro. Sênior diz dos dois pássaros que eles também são o sol e a lua, que o pássaro sem asas é o enxofre vermelho e sua alma sublime é o pássaro alado; diz que os pássaros são irmão e irmã, e da coisa inferior diz que é a base dos dois pássaros, assim como a terra é a base da lua, ou o mundo inferior.

Consideremos essas poucas ampliações. O enxofre é uma das mais importantes matérias básicas no processo alquímico. Em *Mysterium Coniunctionis*, Jung escreveu um capítulo inteiro a esse respeito, a partir do qual pode-se ver que o enxofre é uma substância ativa, uma substância corrosiva e perigosa, em virtude de seu cheiro maligno. Como se sabe, no folclore, o demônio cheira sempre a enxofre e deixa um rasto de enxofre quando sai ou é exorcizado. O enxofre também produz todas as cores, é o amante da figura de noiva alquímica etc., e é um ladrão que interfere no relacionamento do casal amoroso.

Assim, poderíamos interpretar o enxofre como uma impulsividade, um estado de ser impulsionado. Não seria correto falar do próprio impulso; é, antes, o estado ou *qualidade* de ser impelido ou sobrepujado. Se encararmos de certo ângulo religioso, seria naturalmente o demônio; é sexo, por exemplo, mas no sentido de ser impulsionado pelo sexo, ou o sexo em sua forma irresistível, isto é, algo que não está sob o controle da pessoa.

O enxofre é a parte ativa da psique, a parte que tem uma meta definida. Numa conexão psicológica, presta-se atenção a fim de apurar em direção a que meta a libido está exercendo seu impulso. Pode não ser o sexo, mas outra espécie de impulso; poderá ser a ambição e a ânsia por poder, ou alguma outra coisa. Portanto, tem o duplo aspecto de suprir o ímpeto original – a substância masculina, como é chamada aqui – e é, ao mesmo tempo, positiva e negativa. Quem quer que se examine a si mesmo, se for honesto normalmente defronta-se primeiro com a parte da psique que está nessa condição.

A cor vermelha está ligada ao fogo – à qualidade emocional. O pássaro sem asas é o enxofre vermelho; é o pássaro que está embaixo e também é identificado como a fêmea, de modo que temos um paradoxo porque, sendo impulsionado, o pássaro é visto como a qualidade ativa masculina; mas projetado no pássaro inferior, é a fêmea. Assim, as características macho-fêmea são muito vagas; os termos são usados de diferentes modos na alquimia. Poderíamos dizer que o pássaro sem asas, o enxofre vermelho, é um fator subjacente da vida psíquica interior e é sempre o que tem de ser desenterrado primeiro, pois é a *prima materia*.

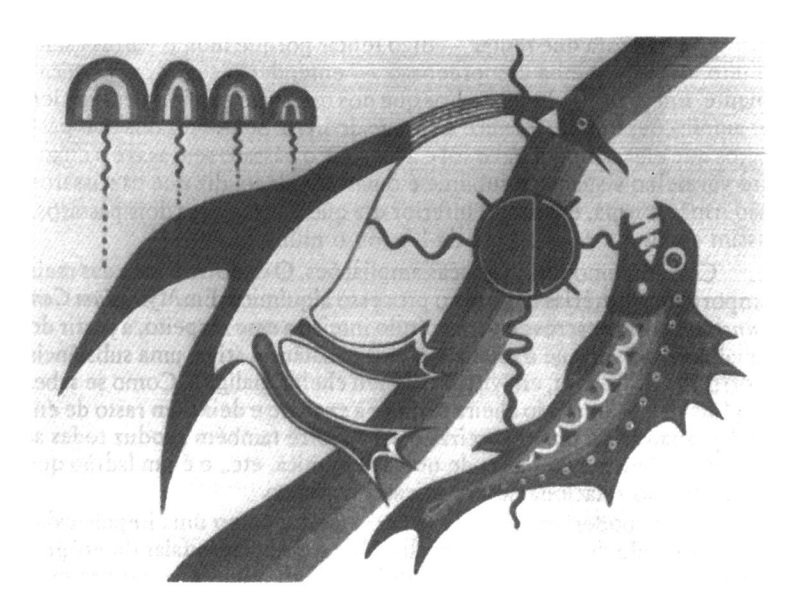

37. "Mergulhão e Peixe", variação moderna do tema alquímico de "pássaros alados e sem asas", por Jackson Beardy, índio Ojibway. O mergulhão representa o aspecto espiritual da psique (a "alma sublimada"); o peixe é simbolicamente equivalente ao pássaro sem asas (enxofre vermelho, os impulsos instintivos). A tensão entre os dois mundos – espírito e matéria, consciência e inconsciente – é indicada pelas linhas ondulatórias. O círculo dividido em duas partes, radiando energia, representaria o Si-mesmo.

Para se chegar ao fundo do problema de alguém é necessário descobrir primeiro a constituição desses impulsos. Todos os temos em nós e, enquanto não os trouxermos à superfície e os enfrentarmos, teremos um recanto escondido onde eles vivem autonomamente. Relacionam-se com o inconsciente e, como se sabe, Freud ficou tão impressionado com esse aspecto que, quando descobriu o "enxofre vermelho", pensou que isso era tudo, que estava aí a explicação. De certo modo, ele estava certo. Freud ficou impressionado com a natureza impulsora do inconsciente pelo aspecto sexual, assim como Adler ficou pelo aspecto ambicioso ou de poder, de modo que depararam com a *prima materia* do enxofre vermelho e tentaram explicar por esse ângulo o papel do inconsciente.

Ao pássaro alado foi dado o nome de alma sublime do outro, significando que, uma vez que a pessoa tenha a *prima materia*, que eu interpretaria aqui como os impulsos instintivos básicos da personalidade, isso tem de ser cozido e, quando cozido, emana o vapor que "voa" acima da matéria, o que seria aquilo a que os alquimistas chamam a alma da matéria. Tivemos isso antes, se o leitor bem recorda, como a esposa do vapor, no outro texto. Essa substância volátil, vaporosa – a "substância fugitiva voadora", como é chamada, o que explica por que o pássaro é alado –, deseja elevar-se durante o processo de cozimento.

Expresso em nossa linguagem, qual seria o aspecto psicológico correspondente? Suponhamos que o pássaro sem asas seja o fato básico da personalidade humana com o aspecto específico dos impulsos básicos mais fortes. Como cozinhamos os impulsos?

OBSERVAÇÃO: São cozidos na análise, por certo.

DRA. VON FRANZ: Sim, mas como se faz isso na prática?

RESPOSTA: Tornando-os conscientes. Entrando em depressões.

Dra. von Franz: Bem, isso seria um caminho para enfrentar os impulsos. Se não os conhecemos, temos de entrar primeiro em depressão para os encontrar. Quando os encontramos, estamos no fundo e atingimos a *prima materia* e tocamos nela. Meditamos sobre ela e usamos ativamente a imaginação, ou procuramos descobrir o significado subjacente.

Suponhamos que uma pessoa está apaixonada, mas não chega a lugar algum; ao ser frustrada dessa maneira, ela entra em depressão, dizendo que para ela é impossível afastar-se do ser amado. Isso seria uma tortura contínua. Então diríamos que no fundo há impulso, dependência, algo que ocorre constantemente numa transferência. Muitos analisandos se ressentem da transferência por causa da dependência que ela acarreta, mas nada pode ser feito nesse particular, pois eles são dependentes; são impulsionados, escrevem cartas, telefonam vinte vezes por dia etc. A coisa toda nada tem de agradável para o analista nem para o analisando. Com frequência, os parceiros, sendo razoáveis, concordam que isso é estranho, doido e incômodo para ambos, mas o impulso irracional não presta atenção, não se dá conta daquilo que a consciência prega. Quem quer que já tenha estado profundamente enamorado conhece isso.

Vejamos a mesma coisa no caso de um impulso de poder. A pessoa pode ter um ciúme louco de um amigo que foi bem-sucedido em sua carreira e argumentar consigo mesma, dizendo que não devia sentir ciúme, que isso não é justo, mas essas autoadmoestações nada mudam; o impulso ou ambição de poder, que é a

38. A transformação de Mercúrio, como *prima materia*, no recipiente aquecido e vedado, é comparável ao cozimento dos impulsos instintivos básicos em seu próprio afeto até que o conteúdo de fantasia essencial se torne consciente. "Em vez de argumentarmos com os impulsos que nos arrebatam, preferimos cozê-los e... perguntar-lhes o que querem... Eles podem ser descobertos por imaginação ativa, ou por meio de uma fantasia, ou por intermédio de experimentação na realidade, mas sempre com a atitude introvertida de observar objetivamente o que o impulso realmente quer." – von Franz.

causa de seu ciúme, não é afetado ou influenciado pelo que a pessoa diz. O enxofre vermelho permanece intacto, de modo que necessitamos de um remédio mais forte para lidar com esse impulso. Em vez de argumentar com os impulsos que nos arrebatam, preferimos cozê-los e decidimos fantasiar a respeito deles e perguntar-lhes o que querem. Temos de ser muito objetivos, sem opiniões e sem condenar a coisa como irracional. Deve-se tentar descobrir amistosamente o que o impulso realmente quer, isto é, o que está visando atingir, pois ele tem um objetivo.

Isso pode ser descoberto pela imaginação ativa, ou por meio da fantasia, ou por intermédio da experimentação na realidade, mas sempre com a atitude introvertida de observar objetivamente o que o impulso realmente quer ou deseja atingir. Isso seria cozinhar o enxofre vermelho. De um modo geral, os impulsos fortes emanam um conteúdo de fantasia, englobam um punhado de material de fantasia. Também poderíamos dizer que cozinhar alguma coisa até que sua alma apareça significa deixar que o material de fantasia emane do impulso, permitir que venha à tona o material de fantasia ligado ao impulso.

Esse seria o aspecto psicológico e corresponderia ao pássaro alado. Mas, logo que isso é feito, começa um terrível conflito. Nosso texto diz que o pássaro sem asas impede o pássaro alado de alçar voo, ao passo que o pássaro alado quer içar o outro levando-o consigo e, assim, permanecem ligados, unidos numa espécie de conflito insolúvel, o que mantém a coisa toda em suspenso. De que modo isso se apresentaria na realidade?

Observação: Seria uma tendência para espiritualizar ou concretizar?

Dra. von Franz: Exatamente, pois se desenvolvermos o material de fantasia verificaremos então uma tendência para concluir que tudo é uma projeção psicológica. Se estou apaixonada por alguém, posso chamá-lo de uma projeção do *animus* ou da *anima*, ou do pai ou da mãe, e desse modo espiritualizo ou "psicologizo" o amor, com a nuança do "unicamente" psicológico, e o equívoco se estabelece com a palavra "unicamente".

No nível concreto, naturalmente, tenho de estar resignada e não começar nada; devo comportar-me de modo convencional e apropriado, e tudo o mais terei de aceitar em meu íntimo porque se trata da projeção de um fator psicológico, trata-se de uma fantasia. E uma fantasia que me liga ao analista ou a outra pessoa e, se eu introjetar essa fantasia, estarei livre. Mas sabemos o que acontece se tentarmos fazer isso? O demônio – o enxofre vermelho – insiste que, de toda maneira, existe algo real, ou deve existir algo real em tudo isso pois, *caso contrário*, trata-se de algo *unicamente psicológico*, e uma relação "unicamente" psicológica eu não quero. Eu quero a coisa real, isto é, a coisa completamente material – o contato, por exemplo – ou, se for a ambição, um reconhecimento concreto, uma carreira etc.

A introjeção de uma fantasia que diz respeito à ambição apresentar-se-ia assim: alguém, de situação humilde, tem um impulso ambicioso megalomaníaco, desejando ser o maioral. Se procurarmos descobrir aonde essa pessoa quer chegar, constataremos em geral que, como no caso do impulso sexual, a ambição está sujeita ao objetivo do Eu. Esse homem poderá dizer que queria uma posição de autoridade a fim de realizar seus ideais ou melhorar o mundo; seu desejo não se baseia em egoísmo ou vaidade. Ele quer realizar algo e, normalmente, torna-se evidente que há um ideal muito elevado por trás da ambição. Mas às vezes, com a ambição a pessoa terá um sentimento encoberto de ser alguém muito especial; secretamente, ela sente que deveria ser objeto do reconhecimento geral e isso se mistura com a ambição.

O desejo de ser alguém especial manifesta-se realmente pelo palpite ou pela intuição de individuação; há uma ideia vaga de ser um indivíduo singular e, sem a percepção dessa singularidade, é impossível individuar. Portanto, *esse* aspecto da fantasia ambiciosa é perfeitamente correto. Mas se dissermos a alguém, numa situação humilde, que essa ambição é muito legítima e que é realmente uma coisa íntima – o impulso para ser alguém e tornar-se uma pessoa especial, realizar-se como filho ou filha especial de Deus, em decorrência de uma vaga intuição de sua própria natureza divina –, mas que não pode ser exteriorizada querendo ser mais do que as outras pessoas, essa pessoa sentir-se-á muito aliviada. Uma parte do impulso ambicioso se aquieta, mas aí o enxofre vermelho insistirá no outro lado. Ela perguntará se uma pessoa tem realmente de ser datilógrafo num escritório a vida inteira. Será tudo *unicamente* no nível interior? A pessoa não poderá nunca ter nada na vida exterior? Assim, o fenômeno é cortado em opostos polares: "unicamente" psicológico, e concreto. O demônio é aquele que quer a coisa concreta. Ele é o grande realizador que diz que algo que não tem existência na realidade concreta não é simplesmente real, e então começa o conflito entre a espiritualização do problema e a coisa concreta.

PERGUNTA: O que significaria a espiritualização de um problema?

DRA. VON FRANZ: A palavra usada foi espiritualização, mas penso que, provavelmente, "psicologizar" era o que se pretendia dizer, reduzir um impulso a um evento exclusivamente psíquico, interior. Mas vem a dar no mesmo.

Suponhamos que um monge se masturbe e, em sua fantasia, esteja sempre com uma bela mulher, mas sinta que esse comportamento está em desacordo com os votos que fez e com suas ideias de moralidade, e venha nos consultar. Será aconselhado a examinar profundamente a fantasia que tem da mulher nessas ocasiões. É quase certo que produzirá – sobretudo como introvertido e, em geral, só os introvertidos se tornam monges, embora existam algumas exceções – uma bela fantasia de *anima*, contendo todo o material da Virgem Maria, a Sophia de Deus, e figuras semelhantes. Então pode-se salientar que, embora a fantasia comece num nível baixo – Cristo, no fim das contas, nasceu num estábulo – é, realmente, a fantasia de união com a sabedoria divina e deve ser aceita como tal.

Isso poderá resolver todo o problema, de modo que ele até deixe de se sentir impelido à masturbação, percebendo que o fator psicológico interior, que se manifestou primeiro numa forma algo repulsiva, é a sua *anima*, e relacionar-se-á com ela. Isso seria um fator de espiritualização, produzindo o pássaro alado.

Mas, como disse Goethe, "*Uns bleibt ein Erdenrest, zu tragen peinlich*" – ou seja, um pouco de materialidade sempre fica e é incômoda de suportar. Mesmo depois do maior processo de espiritualização, há sempre algo que resiste e quer prender-se à terra; e esse monge, dez anos depois de ter sido "curado", ainda poderá perguntar-se se, em sua fantasia, não teria havido também o desejo de uma mulher de carne e osso. Esse pensamento incomoda-o de tempos em tempos e, se ainda estiver sob a influência do conceito medieval, pensará que isso é obra do demônio, algo que está absolutamente decidido a rechaçar.

PERGUNTA: Por que razão isso não seria válido também para pessoas do século XX?

DRA. VON FRANZ: Quem assim desejar, poderá ainda dizer que é o demônio; competirá a essas pessoas debaterem a questão, se quiserem.

PERGUNTA: Mas não temos de viver todos com esses resíduos dentro de nós?

DRA. VON FRANZ: Não, certamente que não; isso é uma questão individual que se relaciona com o destino de cada pessoa e está aberta à decisão consciente. É o conflito fundamental. Há pessoas que não têm paz e pensam ser simplesmente desonesto isolar a coisa e chamá-la de demônio; consideram que isso é uma desonestidade absoluta, enquanto outras acham que é uma decisão heroica, a decisão correta que pretendem sustentar a vida inteira. Uns encontram a paz de espírito de um modo, outros encontram-na de forma inversa, mas isso é algo que nenhum analista pode impor ao analisando; tem de ser sempre uma decisão individual, a que cada pessoa terá de chegar por si mesma. Não existem receitas. Para uns, seria pura covardia isolar isso; para outros seria uma prova de fraqueza ceder a isso. Mas esse é o grande conflito insolúvel.

Observação: É também uma questão das palavras que usamos para descrever os nossos sentimentos íntimos.

Dra. von Franz: Sim, e uma questão da espécie de fantasia que temos, e esse é o problema individual que ninguém pode resolver para ninguém; mas há um tipo geral do mesmo problema a cujo respeito se pode falar e que o alquimista tenta exemplificar nessa forma. Há o enxofre vermelho e a alma exaltada e, como diz o alquimista, esse é o problema insolúvel, pois um pássaro segura, impedindo que se levante, e o outro tenta alçar voo.

De certo modo, essa imagem diz que o problema é eterno: circula em si mesmo e sua totalidade de opostos é a coisa toda. Um é o mundo inferior, naturalmente ligado ao enxofre vermelho, e o outro é o mundo superior. No alto, estão o sol e a lua, e

39. Alquimista como rei, adorando o ígneo enxofre vermelho ("o pássaro sem asas"). "O enxofre é a parte ativa da psique, a parte que possui um objetivo definido... Pode não ser o sexo... poderá ser a ambição e o impulso de poder ou alguma outra coisa... O pássaro sem asas, o enxofre vermelho, é um fator subjacente da vida psíquica interior e é sempre a primeira coisa que temos de desenterrar, porque é a *prima materia*." – von Franz.

interpretaremos logo mais a carta de amor do sol para a lua, que se apresenta no domínio psíquico ou espiritual, e não na realidade concreta. Por conseguinte, pode-se dizer que a parte superior também se divide em dois opostos, o sol e a lua, pois ambos caracterizam a parte superior, ao passo que a terra e a lua formam outro par de opostos na parte inferior. A lua, por sua vez, está dividida na lua celeste e na lua terrestre, segundo foi expresso pelas palavras de Sênior. O texto é ambivalente: num lugar fala da lua e em outro, da terra e da base dos dois pássaros.

Assim, há oposição entre o mundo superior e o inferior, e, dentro do mundo superior, há oposição entre sol e lua; e, além disso, existem os dois aspectos da lua. É um tanto complicado mas, infelizmente, os processos psicológicos são assim mesmo. Se tivermos alcançado o estágio em que é possível extrair a alma de um dos nossos mais fortes impulsos e estivermos divididos entre os opostos do espiritual e do concreto, ou do "unicamente" psicológico, poderemos avançar mais para a parte superior, levando o conflito para dentro do material de fantasia e exercendo a imaginação ativa acerca do nosso impulso. Ao anotar a fantasia, estamos falando para a figura interior.

Observação: Alguns não entendem a imaginação ativa.

Dra. von Franz: Lamentavelmente, a psicologia junguiana é tão entreligada que cada experiência analítica está vinculada a todas as outras. Resumindo, a imaginação ativa consiste em formar uma fantasia acerca de um impulso quando nos defrontamos com ele. Não posso entrar agora na questão de como fantasiar, mas há certas questões técnicas importantes que têm de ser observadas. Suponhamos que o leitor esteja enamorado de uma bela mulher e que não possa tê-la, e então fantasie e sonhe com ela. Ele poderá depois continuar seu sonho, encontrando-se e falando com ela em sua imaginação.

Mediante esse procedimento, torna-se claro para ele o significado de muitas coisas. Ele entende por que se apaixonou por essa mulher desconhecida e essa parcela de compreensão lhe pertence; é parte do seu padrão e é significativa para ele, e talvez o leitor ponha então a sua fantasia de lado, pois agora compreende. Mas, em geral, o problema que mencionei antes vem à tona e o leitor fica perguntando a si mesmo se não deveria também telefonar à mulher real. No fim das contas, foi ela quem deu origem à fantasia! Ele poderá dizer que se trata apenas de uma curiosidade, mas as pessoas são curiosas mesmo – por que aconteceu com *aquela* mulher?

Essa é a fala do enxofre vermelho. Mas agora há uma opção entre duas coisas: ou telefonar à mulher e cair no mundo inferior; ou telefonar-lhe na imaginação ativa e dizer-lhe que ela é a sua *anima*, que ele resolveu isso, sabe que ela está dentro dele, mas que algo ainda o incomoda e gostaria de conhecê-la numa forma concreta. O que tem ela a dizer sobre isso? E então, o leitor deixa que a *anima* imaginada lide com o problema concreto.

Isso seria dar continuidade à divisão no lado espiritual, trazendo também à tona o problema concreto, pois trazer o conflito para a imaginação ativa significa uma espiritualização adicional daquele. Ou o enxofre vermelho vence, o leitor pega o telefone na vida real e liga para a mulher, cai no mundo inferior, no *mundus inferior*, corruptível, que é a realidade, a realidade concreta, e todo drama começa naturalmente aí.

OBSERVAÇÃO: O que se pede à imaginação que fala é...

DRA. VON FRANZ: Não se *pede* nada! Há sempre duas possibilidades.

PERGUNTA: O nosso homem deverá descobrir na imaginação o que essa pessoa lhe dirá?

DRA. VON FRANZ: Sim, se optar pelo caminho superior, ele levará o conflito para cima, indagando da mulher interior o que deverá fazer a respeito do desejo dele de algo mais concreto; então o nosso apaixonado terá de escutar o que ela diz acerca do conflito dele, e isso é uma coisa muito difícil de fazer. Muitas pessoas são incapazes de fazê-lo, porque não conseguem ouvir o que a figura interior lhes diz; elas próprias imaginam simplesmente algo, em vez de escutarem realmente. Isso requer muita prática. Mas pode-se transpor o conflito desse modo e continuar a discuti-lo no outro nível, e isso seria lidar com ele a partir do íntimo. Então a fantasia se converte em conflito, e a pessoa luta com a figura interior em nível psicológico, numa tentativa de esclarecê-lo.

Vejamos o caso do monge masturbador – e desculpem-me pela crueza do exemplo, mas o mundo inferior também tem de ser incluído. Suponhamos que ele venha me consultar e diga que está tudo muito bem a respeito de Sophia e da *anima* interior mas que, de tempos em tempos, o demônio tenta insinuar-se e lhe diz que, de todas as formas, ele está perdendo alguma coisa no nível real – e o que pode ser feito sobre isso? Eu responderia que ele deve perguntar à Sophia interior!

Observação: O conhecimento interior.

Dra. von Franz: Não, Sophia é muito mais do que isso. Sophia é o conhecimento de Deus. Poderíamos igualmente dizer: "Pergunte a Deus". Eu não posso resolver o problema do analisando, ele deve falar à imagem da divindade dentro dele, dizer que algo ainda o preocupa e perguntar o que deve fazer a respeito. E depois deve ouvir, após o que muitas coisas podem acontecer; uma das mais frequentes é dar-se conta de que Deus tem duas mãos e que foi Ele quem originou o conflito.

É um caso imaginado; mas digamos que o monge compreendeu a Sophia interior, e sabe que ela é a sabedoria de Deus numa forma que ele descobre dentro de sua própria alma. Mais tarde, o enxofre vermelho impele-o a dizer que não é isso, ou que isso não é tudo, que ele deve também ter ainda a experiência real. Ao que apenas posso dizer que ele deve interrogar sua figura interior, interrogar a Sophia dentro dele. Não digo que seja sempre assim, mas a figura interior responde frequentemente em paradoxos. Ela diz que, de certo modo, a realidade deve, de fato, assumir o seu posto, que ele está deixando escapar algo; e, ao mesmo tempo, diz que é tudo psicológico. O que se diz é algo nesse gênero, e o pobre homem dirá que chegou ao limite de suas forças, pois isso está longe de ser uma resposta clara; é um paradoxo.

Se puder entendê-la, compreenderá que esse é o jogo duplo do Uno, que o conflito é necessário e desejado e não deve ser resolvido racionalmente. O único modo como o Si-mesmo pode se manifestar é pelo conflito; enfrentar o eterno e insolúvel conflito é encontrar-se com Deus, o que seria o fim do ego com toda a sua tagarelice. É o momento da rendição, é o momento, em que Jó diz que colocará a mão na boca e não discutirá sobre Deus. E a consciência que cria a divisão e diz ou isto ou aquilo.

Tenho dito frequentemente, em tais casos, que Sophia – ou alguma outra figura divina, ou o velho sábio – responderá, se encararmos a questão negativamente de uma forma evasiva e, se a encararmos positivamente, por meio de um paradoxo. Logo, o paradoxo do fator psicológico, ou da realidade psíquica, atinge a qualidade da consciência, que quer sempre formular um "ou... ou" e depois manifestar-se sobre isso, e quando o Si-mesmo aparece, é o fim da conversa. O conflito deixa então de estar na cabeça.

E o momento em que o conflito transcende a discussão verbal e torna-se uma experiência intuitiva da Unicidade subentendida nos dois. O um está entre a mão direita e a mão esquerda; algo é secretamente uno e, no entanto, quer ser violentamente separado, sofrer, até que acontece alguma coisa que é muito difícil de apreender e, então, ocorre uma mudança para outro nível. Se nos deixamos despedaçar no conflito, mudamos subitamente, mudamos da raiz mais profunda do nosso ser e a coisa toda adquire outro aspecto. É como se torturássemos tanto um animal que ele saltasse para um nível superior de compreensão, e isso pode ocorrer em muitas formas diferentes. Podemos dizer que é um aspecto do símbolo da cruz, que temos de ser profundamente crucificados e dizer, como Cristo disse na cruz: "Meu Deus, meu Deus, por que me abandonaste?". E então acontece algo que sobrepuja o conflito.

OBSERVAÇÃO: Se o monge pretende manter seus votos, tem de parar de se masturbar.

DRA. VON FRANZ: Ele já parou há muito tempo, de acordo com a minha hipótese. Parou a partir do momento em que teve sua fantasia, mas o demônio é muito mais esperto e diz: está bem, agora ele está curado e tudo corre bem; no entanto, ele não deveria deixar o mosteiro e ter uma experiência "real"? Acaso ele não se desenvolveu agora o suficiente para poder fazer até isso? Por exemplo, na Idade Média, dizia-se: *U bi spiritus, ibi libertas*. Isto foi dito por São Paulo: "Onde está o Espírito do Senhor, aí está a liberdade" (2 Cor 3: 17). Assim, o diabo poderia dizer que, como ele agora resolveu o seu conflito, não está livre para viver?

OBSERVAÇÃO: Bem, acho que está.

Dra. von Franz: Essa é uma opinião, mas irrelevante para a situação do nosso monge. Ele tem de esperar até que Deus lhe diga o que fazer; não compete a nenhum de nós dizer-lhe o que está certo. Alguns, com a espontaneidade dos extrovertidos, diriam: "Sim, eu acho que você deveria ir em frente", mas eu não o faria, eu diria: "Você deve perguntar a Deus".

Pergunta: Suponhamos que o monge tenha uma intuição muito fraca e tenha de obter sua resposta de algum outro lugar. De onde viria ela?

Dra. von Franz: Depende de como se interpreta essa pergunta. Se a intenção foi dizer que é assim que geralmente acontece, então isso está certo; mas, se o que se quis dizer foi que *tem de ser* assim, então está errado.

Observação: Você disse antes que a resposta chegaria intuitivamente, mas nem todos podem obtê-la desse modo.

Dra. von Franz: Agora entra em cena o problema dos tipos e isso é outra coisa. Em termos gerais, o introvertido necessita de uma experiência concreta, de uma experiência exterior, a fim de sentir que está completo e que as coisas são totais; mas o extrovertido não. O que significa que, se o monge é um introvertido, ele deve ter alguma experiência – em geral.

Pergunta: Experiência sexual? Refere-se ao que Freud entendeu por sexo?

Dra. von Franz: Refiro-me muito simples e concretamente ao contato com um ser humano, terreno, do sexo feminino.

Pergunta: Quer dizer, relação sexual?

Dra. von Franz: Sim, muito concretamente, mas digo que, em geral, isso acontece e não que tem de acontecer. Não acontece em todos os casos; só podemos dizer que é uma tendência média estatística. Mas o que é importante para ele é a sua ligação com Deus, não a mulher; de modo que, se Deus lhe envia essa experiência, ele tem de aceitá-la e, se Deus não envia, ele não tem de aceitá-la.

Observação: O ponto de vista de um teólogo é o de que as leis naturais de Deus estão relacionadas com o nosso monge e as suas relações com uma mulher em termos de sexo também, e pode-se afirmar dogmaticamente que, se um teólogo ou padre da Igreja sai dos trilhos, como sacerdote cristão, e tem relações com uma mulher, fora de seus votos, isso constitui um erro.

Dra. von Franz: Sim, porque o teólogo *sabe* o que Deus quer em cada caso, mas nós não sabemos. Nós sempre tentamos perguntar-lhe primeiro no nosso íntimo.

Observação: Sim, o teólogo sabe que Ele tem leis naturais que envolvem os seres humanos.

Dra. von Franz: Para nós, a experiência de Deus é maior e mais desconhecida e, portanto, nós o consultamos novamente a cada vez. Não temos a ideia de ter Ele proferido Sua última palavra. Esse é o grande contraste entre psicologia e teologia. Nós concebemos Deus como uma realidade que pode falar em nossa psique. Nunca se sabe o que Deus pode exigir de um indivíduo. Por isso é que toda análise é uma aventura, pois nunca se sabe o que Deus vai exigir de cada pessoa.

Pergunta: Há limites para isso?

Dra. von Franz: Não, não há limites; não se podem fixar limites para Deus. Temos uma atitude muito mais humilde que os teólogos. Nós dizemos simplesmente que devemos esperar para ver o que Deus tem a dizer sobre a situação em cada caso. Não fazemos suposições a respeito do que Ele irá fazer, de modo que cada vida humana se torna uma aventura espiritual e religiosa única, e um encontro ímpar com Deus. Deus pode fixar Suas próprias limitações.

Observação: Mas o problema é que Ele ainda não fez isso.

Dra. von Franz: Não o fez na *sua* vida, talvez, mas espere até que Deus lhe dê uma ordem! Você tem toda razão para falar dessa maneira, mas só até o momento em que Deus o faça pensar de maneira diferente, e tem o direito de dizer que Ele não interferiu nas suas teorias. Assim sendo, isso está certo para você, mas não para os outros. Existem outras pessoas em cujas teorias conscientes Deus interferiu, e muito fortemente, aliás, e então elas tiveram de se readaptar a uma nova realidade.

Observação: O caminho que sugerimos é no nível da experiência, uma experiência válida.

Dra. von Franz: Se é uma experiência válida – isto é, se é genuína para uma pessoa – não há nada que discutir. Ela está de acordo e em paz num certo modo de comportamento que, para ela, foi codificado por Deus; portanto, ela está em paz com Deus, que é o objetivo supremo da vida humana. Nesse caso, não há problemas.

Observação: Considere o caso do profeta Oseias. Deus lhe disse para casar com uma prostituta.

Dra. von Franz: Dois mil anos depois, após ter sido canonizado como profeta e, uma vez que isso está nas Escrituras Sagradas, não podemos duvidar de que foi Deus quem mandou, e está tudo bem. E o comportamento paradoxal de Deus. Mas se isso acontecesse hoje a *você*, e você falasse com um colega e lhe dissesse que Deus lhe havia ordenado que casasse com uma prostituta, o que é que o seu colega lhe diria? Muito provavelmente, perguntaria se você tinha certeza de que fora Deus, pois ele pensa que Deus não pode dar uma ordem dessas a um sacerdote e, portanto, não poderia ser Deus. Como provar que tinha sido Deus?

OBSERVAÇÃO: Eu iria querer me certificar de que os motivos d'Ele eram genuínos, saber quem era a mulher etc.

DRA. VON FRANZ: Eu disse *você*, mas não importa. Portanto, o julgamento racional do seu ego decidiria se foi ou não Deus. É isso?

RESPOSTA: Não seria o meu julgamento, mas o d'Ele. Tudo o que eu poderia fazer seria ajudar o homem a refletir na área de decisão.

DRA. VON FRANZ: Então a coisa toda está colocada no nível do raciocínio consciente.

OBSERVAÇÃO: Não apenas do raciocínio consciente, mas do sentimento, da intuição, de tudo o que está envolvido.

DRA. VON FRANZ: Esse é o modo humano, racional, consciente. O verdadeiro mistério de Deus está inteiramente fora disso.

OBSERVAÇÃO: Eu não quis dizer que tomássemos uma decisão de Deus no lugar d'Ele. Ele próprio tem de decidir.

Dra. von Franz: Mas, nesse caso, você procura induzi-Lo a tomar uma decisão, em vez de se relacionar com Deus.

Observação: Penso que Deus se relaciona por meu intermédio, em certa medida, e por intermédio de todas as outras pessoas.

Dra. von Franz: Isso é uma postura pretensiosa. Por que é que o homem não iria se relacionar diretamente com Deus?

Observação: Porque ele não pode fazer isso; humanamente, tampouco eu o posso fazer. Não posso manter uma conversa com Deus dentro de mim mesmo; isso é humanamente impossível.

Dra. von Franz: Será?

Observação: Sim, eu tenho de ter algum contato humano, mediante o qual me relacione com Deus.

Dra. von Franz: Há pessoas que não podem correr o risco de solidão com a experiência. Elas têm sempre de estar no meio de um rebanho e ter contato humano, como você chama.

Observação: Eu não negaria a eficácia da oração, quando eu e Deus trabalhamos juntos; mas isso não envolve apenas Deus e a mim mesmo, mas também as pessoas com quem vivo, a minha família e o que possuímos, em relação a Deus, o Espírito Santo.

Dra. von Franz: Agora você mencionou a coisa principal; mas o Espírito Santo sopra onde lhe apraz, onde quer. Você, o teólogo, identifica-se como uma posição consciente e toma-a como absoluta. Desse ponto de vista, é possível falar a respeito de tudo, mas não se atenta para a identificação inconsciente. Se você questionar demoradamente o seu ponto de vista consciente, estou certa de que o Espírito Santo lhe segredará um dia alguma coisa a esse respeito.

Para nós, há sempre apenas o indivíduo e sua experiência de Deus, e tudo o mais é secundário. Em terapia, não somos nós que ligamos o indivíduo a Deus; isso seria até uma presunção megalomaníaca do psicoterapeuta – embora muitos presumam fazê-lo, tornando-se desse modo, teólogos às escondidas. Se estamos com um analisando, a única maneira de ajudá-lo talvez seja dizendo-lhe sempre: "Eu não sei, mas perguntemos a Deus". Desse modo, impede-se que o analisando extraia conclusões conscientes precipitadas ou nos persuada a inferi-las; portanto, cada experiência religiosa se converte num evento único. Deus, em cada experiência, é vivenciado de uma maneira específica e sem paralelo, e isso inclui até o enxofre vermelho, o que significa que, se colocarmos a questão do enxofre vermelho perante Deus, Ele dará Sua resposta específica, adequada a cada caso.

Observação: Acho que Deus já deu resposta específica para cada caso.

40. Alquimista conferenciando com Deus. "Esse é o grande contraste entre psicologia e teologia. Concebemos Deus como uma realidade que pode falar em nossa psique. Nunca se sabe o que Deus pode exigir de um indivíduo. Por isso é que toda análise é uma aventura, pois nunca se sabe o que Deus vai exigir de cada pessoa." – von Franz.

DRA. VON FRANZ: É aí que divergimos. Os teólogos pensam que Deus editou regras gerais que Ele guarda para Si mesmo, e nós pensamos que Ele é um espírito vivo que se manifesta na psique do homem e sempre pode criar algo novo.

OBSERVAÇÃO: Dentro do quadro de referência daquilo que Ele já publicou.

Dra. von Franz: Para um teólogo, Deus está amarrado aos Seus próprios livros e é incapaz de novas publicações. Esse é o ponto em que conflitamos.

Mas voltemos ao nosso texto. Se levarmos o conflito para o domínio do desprendimento interior psicológico, então o problema dos opostos torna-se claro: a Unicidade torna-se visível no domínio psicológico e a pessoa dá-se conta de que o seu conflito é entre dois aspectos da psique. Porém, subsiste um fator insatisfatório, pois cortamos a lua em duas. O elemento feminino permanece dividido; mantém-se uma divisão entre o que chamaríamos de inconsciente, ou *anima*, e o que chamaríamos de mundo concreto. Isso constitui ainda uma questão em aberto, o que significa que, na análise, percebemos o conflito, mas ainda não podemos ligá-lo à vida concreta exterior. Logo que aborda problemas na vida concreta, exterior, a incerteza ainda persiste.

Sênior não aconselha sobre como avançar a partir daí, mas prefere mudar para a outra possibilidade. Não se deve esquecer nunca a divisão em dois, os dois aspectos do mesmo problema. Ele expõe-no como dois, porque só pode ser descrito atacando-o de ambos os lados, e agora tenta atacá-lo do outro lado. Num desenho, o sol com seus dois raios ataca o mundo inferior, tal como faz com um raio, sem justiça. O mundo inferior é uma dualidade secreta; é uma esfera negra por fora, com uma lua branca e brilhante no seu interior.

O sol, em geral, representa um princípio masculino de consciência coletiva, o fator psicológico desconhecido que cria a consciência coletiva. Vemos que sempre que os seres humanos se congregam, cria-se um fenômeno de consciência coletiva. Por exemplo: as palavras de uma língua têm um significado semelhante médio para cada indivíduo, e por meio desse veículo da língua muito conhecimento é transmitido e permutado, e assim se forma um repertório de consciência coletiva.

É muito difícil dizer o que é a consciência própria de um indivíduo e quanto nela é coletivo. No início da infância, vislumbram-se centelhas de reações conscientes individuais; por exemplo, nos maravilhosos ditos de crianças e quando fazem suas admiráveis perguntas. Há também aquelas encantadoras perguntas isentas de tato: "Vovó, quando é que a senhora vai morrer?" e assim por diante, pois a criança, em tais momentos, fala de uma maneira ingênua, individual. Mas quando vai à escola, ela se defronta com a consciência convencional; as escolas têm de ser assim e, se a professora fala sobre o leão, ou o urso, e pede às crianças que escrevam um pequeno trabalho sobre esses animais, haverá um máximo de três numa classe que dirão qualquer coisa pessoal.

Como professora, lutei frequentemente com as crianças, implorando-lhes que escrevessem o que pensavam e não o que lhes fora dito, e percebi que as crianças têm grande dificuldade em fazê-lo porque essa é a função da escola, a tendência do desenvolvimento desses anos: a aquisição gradual da consciência coletiva. A assimilação da consciência coletiva é, de fato, a função da escola e, portanto, a originalidade da consciência individual declina geralmente e, aos 20 anos, as pessoas já são um depósito de conhecimentos coletivos. Se perguntarmos a opinião delas a respeito de qualquer coisa, limitam-se a repetir o que seus pais ou amigos dizem, ou o que leram no jornal, e temos a maior dificuldade em fazê-las voltar a uma reação pessoal e consciente que se caracterize por sua singularidade.

Assim, podemos dizer que o sol é aquela luz dentro da qual todos nadamos, é a luz de todos os nossos dias. Pensamos que somos conscientes, mas isso não é verdade; somos conscientes no reino do coletivo e nem sequer sabemos até que ponto nossa consciência individual é pequena. Requer-se uma vasta investigação para descobrir nem que sejam apenas fragmentos de consciência que sejam pessoais. Se analisamos um indivíduo, o sol está sempre brilhando; essa é a consciência coletiva em que a consciência individual está encerrada, e o conflito é então contra o inconsciente ou contra a realidade. Quando têm um conflito, as pessoas ou estão lutando com a realidade exterior – as coisas exteriores estão erradas e elas querem corrigi-las –, ou se encontram em dificuldade com sua inconsciência. Algo de dentro ou algo de fora está em oposição. Afirma-se, corretamente, que o inimigo com que a consciência se defronta é secretamente duplo, pois as pessoas chegam dizendo que têm um conflito externo, mas não tardamos em descobrir que ele é interno, ou vice-versa.

Se existem dois sóis, existem dois princípios de consciência coletiva. Numa sociedade, isso significa duas formas de relacionamento com Deus; por exemplo: o catolicismo e o protestantismo;

um vive à luz de um dos sóis, o outro à luz do outro sol. Para um grupo, certas verdades são absolutamente óbvias; nunca são discutidas, porque para esse grupo elas parecem tão claras quanto o sol; o mesmo se aplica ao outro grupo no tocante às suas próprias verdades. Logo, já há uma diferenciação – uma divisão ou algo em oposição, dentro da esfera da consciência coletiva. De um modo geral, isso se refere a um conflito de alguma espécie no consciente coletivo: chocam-se dois "ismos" ou duas atitudes coletivas, mas ambas são coletivas, pois o conflito é comum a muitos na mesma forma.

No texto de Sênior, as atitudes conflitantes se caracterizam como um sol que dirige dois raios para o oposto – a coisa escura – e como um sol que dirige um raio, e é dito que o raio único é o sol sem justiça. Que princípio de consciência coletiva é sem justiça para com o mundo inferior, enquanto o outro sol tem justiça? O que significaria isso?

Evidentemente, há duas possibilidades de consciência, uma rígida e uma que tem uma *atitude paradoxal* e, portanto, faz justiça ao fator paradoxal do inconsciente. Este último seria o que poderíamos chamar um sistema consciente aberto, uma *Weltanschauung* aberta, que já está disposta a aceitar o seu oposto, ou a ir ao encontro do oposto e aceitar suas contradições. Se temos uma atitude consciente pronta para aceitar o oposto, para aceitar o conflito e as contradições, então podemos estabelecer ligação com o inconsciente. E isso o que tentamos realizar. Procuramos criar uma atitude consciente, com a qual a pessoa possa manter

41. A *coniunctio* como uma fantástica monstruosidade, psicologicamente comparável à união inconsciente de masculino e feminino, isto é, uma personalidade indiferenciada.

aberta a porta para o inconsciente, o que significa que nunca devemos estar demasiado seguros de nós mesmos, nunca estar certos de que o que dizemos é a única possibilidade, nunca estar demasiado seguros sobre uma decisão.

Devemos ter sempre um olho e um ouvido abertos para o oposto, para a outra coisa. Isso não quer dizer que sejamos invertebrados, ou que fiquemos sentados e quietos, sem tomar uma atitude. Significa, outrossim, agir de acordo com a nossa convicção consciente, mas possuindo já humildade bastante para manter a porta aberta e admitir a prova de que estamos errados. Essa seria uma atitude de consciência em conexão viva com o outro lado, o lado escuro. O sol injusto é essa atitude de consciência que sabe exatamente o que é o quê, uma atitude rígida que bloqueia o contato com o inconsciente; ao passo que o sol de dois raios tem um efeito moldador e formativo sobre o inconsciente; o segundo sol seria com justiça e o primeiro sem ela. Penso que isso é altamente significativo.

Se pensamos nesse homem, Sênior, que passou a vida entre os xiitas e os sunitas, imagino, embora seja pura conjetura, que em seu material os dois sóis simbolizam justamente isso. Em todo caso, a consciência tende sempre a ser unilateral e segura de si mesma, e isso é pernicioso para o mistério da vida. Mas a consciência pode ter a dupla atitude e, nesse caso, elucida o mistério da vida e não lhe causa dano. A atitude humilde, que mantém sempre a porta aberta, é a aceitação necessária do fato de que podemos estar errados, moral ou cientificamente, ou de que podemos saber até certo ponto mas não com certeza absoluta, e de que mesmo a maior certeza pode ser apenas negativa, ou algo plausível de acordo com que eu atuo.

Uma atitude consciente ligada à atitude religiosa é o que se requer – tomar sempre em consideração, humilde e cuidadosamente, o fator desconhecido, ou seja, dizer: "Eu penso que esta é a coisa certa a fazer", e depois esperar um sinal de advertência de que não estamos levando tudo em conta. A consciência é essencial para o inconsciente, pois sem ela o inconsciente não pode viver. Mas a consciência é apenas um bom canal de comunicação, através do qual o inconsciente pode fluir, se tem uma atitude dupla, paradoxal. Então o inconsciente pode se manifestar e o endurecimento da atitude consciente contra o inconsciente, o que significa uma divisão na personalidade – e na civilização –, pode ser evitado.

Aqui temos uma dualidade secreta no objeto. Numa conjetura rudimentar, podemos dizer que esse mundo escuro subjacente é o inconsciente, porque é o desconhecido; é aquilo em que não posso penetrar com o pensamento e declarar que sei o que é. O "inconsciente" é um conceito que se refere simplesmente àquilo que não está claro na consciência. Isso inclui todo um conglomerado de coisas. Há dois aspectos, duas incógnitas fundamentais, com as quais um alquimista lidava especialmente e sobre as quais falei na introdução. Ainda defrontamos com dois mistérios não resolvidos, os quais, de um modo estranho, são interdependentes, embora não saibamos ainda como. São eles a matéria e a psique. A ciência da física, em última análise, postula a matéria como algo inconsciente, notadamente como algo de que não podemos tornar-nos conscientes. Por definição, o inconsciente é a mesma coisa: é algo psicológico de que não podemos tornar-nos conscientes, e nunca sabemos como as nossas descrições do inconsciente se combinam com a matéria, o que gera todo o conflito entre o interior e o exterior.

42. Jonas emergindo do ventre da baleia, e alquimistas assentando a *lapis angularis* (pedra angular, símbolo de Cristo), indicando que o objetivo da "viagem marítima noturna" – psicologicamente, um estado de conflito e depressão em que a pessoa é forçada a prestar atenção ao inconsciente – equivale à pedra filosofal.

Em última análise, é a consciência que cria o conflito entre o interior e o exterior, ao projetar um como materialmente real e o outro como psicologicamente real, porque não sabemos, de fato, qual é a diferença entre a realidade material e a psique. Se atentamos para isso honestamente, defrontamos-nos, a bem dizer, com algo desconhecido que se apresenta ora como matéria ora como psique, e como as duas estão ligadas ainda não sabemos por enquanto. Os alquimistas não sabiam e nós tampouco. Trata-se de um mistério da vida que parece manifestar-se psicológica e materialmente. Se o descrevemos de fora, com um enfoque estatístico extrovertido, parece que é matéria; e se o abordamos de dentro, parece que é aquilo que gostamos de chamar de inconsciente.

Pergunta: Não há aí também uma dualidade entre objeto e sujeito?

Dra. von Franz: Sim, isso é inteiramente correto. Fora está o *nigredo*, e esse seria o aspecto destrutivo do inconsciente, tal como o vivenciamos muito frequentemente, pelo menos no começo, quando o encontramos pela primeira vez. Todos os sonhos de uma pessoa são cruciais no início; o inconsciente está repleto de impulsos e fatores dissociativos, de fatores destrutivos; e depois, se penetramos mais profundamente, vemos algo muito leve e significativo. O esclarecimento pode vir desse lugar escuro; ou seja, se dirigimos o raio da consciência para ele, se o aquecemos mediante a nossa atenção consciente, algo branco surge, que será a lua, o esclarecimento que provém do inconsciente.

Por vezes, a pessoa tem um sonho embaraçoso que a enoja ao despertar; é indecente ou obsceno, terrivelmente absurdo ou estúpido, e é irritante. A pessoa queria um maravilhoso sonho arquetípico e no lugar dele aparece aquilo! Mas então eu digo: "Eh, espere! Vamos investigar isso e apurar o que significa". E, geralmente, são justamente esses sonhos os que mais elucidam, se pudermos alcançar o significado deles. O significado não era conhecido mas tinha um conteúdo dinâmico pelo qual adquirimos grande enriquecimento. São esses sonhos os que têm grande valia; têm uma concha inabordável, repulsiva, de escuridão deprimente, mas dentro está a luz do inconsciente. É com frequência nos temas deprimentes do sonho que a luz será encontrada e, naturalmente, também o será nos impulsos sombrios que estão cheios de significados, se pudermos investigá-los carinhosamente com uma atitude que aceita o paradoxo.

Sênior, nesse estágio, parece ter um conflito consciente entre duas atitudes em relação ao inconsciente; seria um conflito vital, mas no tocante às concepções conscientes, poder-se-ia dizer que, aparentemente, tudo estava certo. A própria vida apresentaria o conflito, por um lado na esfera da lua e, por outro lado, na esfera do sol; um é um conflito consciente; o outro, um conflito inconsciente. Ambos estão normalmente interligados, tendo algo em comum, sendo apenas dois aspectos da mesma coisa: a paradoxal dualidade fundamental de todos os fenômenos psicológicos.

O que não é dito na ilustração, mas está contido no texto para quem ler o livro todo, é que tudo somado forma uma descrição da pedra filosofal, o trabalho alquímico. É dito que um constitui o primeiro estágio do trabalho alquímico e, ao se adicionar a ele o segundo, faz-se a pedra filosofal, pois o conflito vital tornou-se consciente. Esse é o estágio posterior do trabalho. Quando já nos relacionamos com o inconsciente, sobrevém o problema cada vez mais delicado de como manter a relação correta, em vez de cair na unilateralidade. Mesmo pessoas que fizeram uma longa análise junguiana tendem a codificar seu processo de individuação. Embora tivessem tremendas experiências e reações propícias à vida, se permanecem nesse nível e codificam o que experimentaram – por exemplo, pregando simplesmente suas próprias experiências a outros –, então não se desenvolvem. Isso acontece porque todos os fenômenos conscientes se esgotam.

Por essa razão, o conflito é eterno e deve ser mantido; a unilateralidade da consciência deve ser confrontada continuamente com o paradoxo. Isso significa que, sempre que uma verdade foi experimentada como tal e foi mantida viva por algum tempo na própria psique da pessoa, ela tem de passar para o lado oposto, pois deixou de ser válida. Como diz Jung, toda verdade psicológica é só meia verdade, e isso também é uma meia verdade! O próprio analista também tem de se defrontar com o seu inconsciente, estar conscientemente pronto para abandonar tudo o que foi alcançado até então, o que corresponderia a uma constante atitude dupla.

Portanto, talvez o sol com os dois raios esteja mais corretamente adaptado para influenciar e capaz de assimilar o inconsciente, em virtude de uma atitude aberta, como se existisse uma segunda consciência por trás da consciência – como se tivéssemos no primeiro plano da mente a consciência operante comum, enquanto no fundo algo se apercebe de que isso é apenas uma parte da vida. Assim, há uma "consciência móvel por trás da consciência", a qual simplesmente observa e sabe que, de momento, a coisa é assim. Jung descreve isso, num nível emocional, como estando bem no centro da tempestade do conflito e, ao mesmo tempo, fora dela e observando-a com serenidade.

Trataremos agora da carta de amor do sol à lua crescente, a lua cerosa. O sol diz: "Em grande e essencial fraqueza, eu te darei luz oriunda de minha beleza, mediante a qual se atinge a perfeição".

No plano puramente astronômico, o sol tem luz, enquanto a lua apenas a recebe do sol; ou seja, o sol fornece luz à lua, há uma base inteiramente natural para isso. O sol em sua forma radiante e emanante pretende transmitir parte de sua luz à lua, de modo que a lua possa atingir a perfeição.

Temos de compreender o que o sol e a lua significam para as pessoas nessa época. O sol, em geral, é uma imagem da divindade; mais adiante no texto é até mesmo afirmado que o sol constitui a divindade espiritual, e esta – em beleza – emana bondade, talvez sem sombra. O sol é belo e transmite sua luz à lua imperfeita. Ora, a lua é feminina, é um recipiente para os mortos, é responsável por todos os fenômenos de crescimento e declínio da terra: o crescimento de plantas e sua marcescência, a menstruação das mulheres, o fluxo e refluxo das marés, o ciclo de vida e morte; enfim, são as regras que governam, portanto, o mundo corruptível.

Seria isso, em poucas palavras, o que essas pessoas pensavam a respeito da lua, responsável pelo fenômeno da vida terrena em seus fluxos e refluxos paradoxais, em sua irracionalidade, que ainda parece ter um significado secreto. Para um homem, a lua representaria um aspecto da personificação feminina do seu inconsciente, enquanto para uma mulher ela personificaria sua base vital vegetativa, sua vida instintiva.

O sol diz então que, por seu intermédio, uma pessoa atinge qualquer altura, é elevada a qualquer altura; ou seja, o sol é aquilo que eleva. Na Antiguidade e em épocas como essa, as pessoas ficavam intrigadas pelo fato de o sol elevar o nível da água quando a aquecia, de modo que se formavam nuvens; e que, quando o sol desaparecia, sobrevinha a chuva. Por isso o sol era frequentemente mencionado como o princípio de elevação espiritual. Portanto, é ele o que torna as coisas perfeitas; eleva-as às alturas e faz com que sejam visíveis.

Então a lua diz ao sol: "Necessitas de mim como o galo precisa da galinha, e eu necessito de tuas obras, porque tua ética é perfeita, o pai de todos os planetas, a luz suprema, o grande Senhor". O sol, em certa medida, indicou sua qualidade superior ao dizer, de um modo muito digno, que vai dar à lua a luz que promana de sua beleza. Assim, a lua está propensa a salientar que o sol precisa dela tal como o galo necessita da galinha, que ele nada é sem ela, que embora ela seja o recipiente, a coisa imperfeita que recebe a luz dele, no entanto o sol também necessita dela, pois qual seria a utilidade de um sol que não pudesse projetar sua luz em outras coisas? Sua luz desapareceria no espaço, pois ela precisa de objetos materiais nos quais possa tornar-se visível pela reflexão.

Portanto, a lua, em toda a sua humildade e submissão feminina, salienta o seu direito absolutamente igual à existência: o sol necessita do recipiente vazio no qual sua luz possa ser despejada; necessita da escuridão na qual a luz possa brilhar; necessita da matéria em que o espírito possa tornar-se visível. A lua emprega um símile muito vulgar e comum – como o galo precisa da galinha – o que é uma alusão ao fato de que também há uma atração puramente instintiva e até sexual entre os dois princípios. A lua diz que precisa do efeito do sol sobre ela incessantemente, porque o sol é perfeito, o pai de toda a luz. *Perfectus moribus*: as palavras latinas significam especialmente a perfeição ética, o que é algo que a lua não tem.

Na mitologia da lua, a lua é perversa, porque inconstante, não sendo merecedora de confiança. Os alquimistas citavam frequentemente um salmo que diz que, na escuridão da lua nova, os perversos alvejam com suas flechas as pessoas justas e éticas, o que significa que a lua nova protege os ladrões e os malvados, quando eles atacam os justos. Assim, a lua tem todo o veneno maligno e toda a inconfiabilidade típicos da *anima* em sua condição original, e também dos seres femininos em geral, não só do feminino no homem, pois no feminino há aquela ética felina, veladamente maldosa, aquela astúcia traiçoeira e bastante duvidosa, a que poderíamos chamar de ambiguidade da natureza. A lua diz que é cerosa, úmida e fria, e que o sol é quente e seco, e quando estão acasalados num estado de equilíbrio, então ela é como uma mulher aberta para o marido.

Temos aqui o conflito entre o princípio da consciência e a natureza – o inconsciente, o desconhecido. O conflito entre o masculino e o feminino é ampliado para uma quaternidade, visto que ambos contêm duas qualidades: a lua contém as qualidades de umidade e frialdade, e o sol as de calor e secura. Isso alude ao ensinamento antigo e medieval de que existem quatro elementos: água, ar, fogo e terra; e quatro qualidades básicas: calor, secura, umidade e frio. Ao longo de toda a Idade Média, esse foi considerado o princípio e as categorias fundamentais em que a matéria básica podia ser observada; os quatro elementos e as quatro qualidades.

É, sem dúvida, uma bela mandala, pois o fogo é quente e seco e o ar é úmido e frio. Existem muitas variações diferentes para a disposição dos elementos e qualidades. Isso não era assim em termos de realidade material, mesmo para as pessoas daquele tempo; elas compreendiam que se tratava de uma simplificação de fenômenos materiais, que não se ajustava à realidade. Assim que se pensa mais profundamente, vê-se que tal esquematização não se ajusta, como todos os esquemas arquetípicos de ordem que são projetados; mesmo os primeiros alquimistas afirmavam que não pensavam que isso tivesse um significado concreto, que isso era tão somente um modo de introduzir ordem em nossas ideias. Zózimo, por exemplo, diz isso, o que significa que vemos claramente a imagem da totalidade por meio das quatro qualidades projetadas na matéria; mesmo naqueles tempos, tratava-se simplesmente de uma rede simbólica que a mente humana projetou na matéria a fim de lhe imprimir certa ordem.

Podemos comparar isso ao uso moderno de conceitos tais como os de partícula, energia, continuidade espaço-tempo e

CONIVNCTIO SIVE
Coitus.

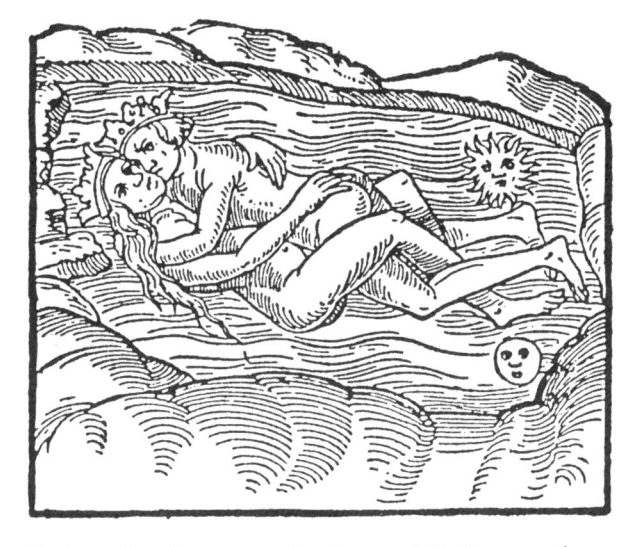

O Luna burch meyn vmbgeben/vnd fuſſe mynne/
Wirſtu ſchön/ſtarck/vnd gewaltig als ich byn·
O Sol/du biſt vber alle liecht zu erkennen/
So bedarffſtu doch mein als der han der hennen.

43. Imagem concreta para a união psicológica de opostos: "Ó lua, envolta em meu abraço,/ Sê tão forte quanto eu, de rosto tão belo quanto o meu./ Ó sol, a mais brilhante de todas as luzes conhecidas dos homens,/ E, no entanto, necessitas de mim como o galo da galinha". (Ver também a figura 75.)

fenômenos eletromagnéticos. Os físicos sabem que esses conceitos estão vagamente interligados, e não são tão simples e claros quanto pensamos que são, mas foram criados como um meio de expressão.

As quatro qualidades se apresentam agora e completam a dualidade do sol e da lua. É o mesmo quando duas pessoas se encontram: existem quatro, o homem e sua *anima*, a mulher e seu *animus*. Num exame analítico, existem sempre quatro elementos: dois na consciência e dois no inconsciente. Toda asserção consciente já constela o seu oposto, ou seja, a negação. Se digo que uma planta é uma planta e um cão é um animal, isso parece ser bastante simples, mas é uma contraposição de duas coisas e contém algo mais porque, se digo que uma árvore é uma árvore, expresso o fato de que não é um mineral ou qualquer outra coisa, mas uma árvore. Tudo o que digo já contém em si a sombra do que é excluído. Portanto, toda vez que a consciência produz algo, mesmo que sejam duas palavras, há sempre quatro, porque o inconsciente sempre está presente; algo desconhecido está envolvido e cumpre igualmente levá-lo em consideração.

Consideremos as contraposições da física e da psicologia. Examinando o que os físicos fazem, a psicologia descobre que o físico está cheio de projeções inconscientes; vê-se isso imediatamente. Mas quando o físico nos observa, ele naturalmente vê o que descobrimos psicologicamente a partir de um aspecto físico e diz que não nos apercebemos desse aspecto, e que isso é porque não estamos suficientemente desenvolvidos em nossa consciência para podermos manter uma contradição em mente, algo muito difícil de fazer e que, no entanto, deveríamos fazer.

Toda polaridade contém o seu oposto, mas isso é sumamente óbvio quando dois seres humanos discutem entre si, como na

44. A *coniunctio* como equilíbrio harmonioso entre os fornos do sol e da lua, isto é, as energias masculina e feminina.

análise. Então, existem sempre quatro; o inconsciente de cada um também está sempre presente. Assim que dedicamos ao problema do relacionamento uma atenção estrita, esse fato torna-o muito mais complicado, já que existem sempre as duas qualidades em cada ser.

Suponhamos que, numa forma projetada, isso se refira a esse problema. O sol e a lua dizem que, se forem acasalados num estado de equilíbrio, isso é como um homem e uma mulher que existem completamente um para o outro. Logo, temos o problema da *coniunctio* em todos os seus aspectos, quando existem dois fatores conhecidos e dois outros desconhecidos. Mas quando todos eles estão relacionados, então atinge-se um estado de equilíbrio e de integralidade.

45. A *coniunctio* como um encontro entre rei e rainha. A rainha está de pé sobre um globo para indicar a sua ligação com a terra; o rei está sobre o fogo, mostrando sua atração emocional.

6ª Palestra

ALQUIMIA ARÁBICA

Prossigo neste capítulo com a carta de amor do sol à lua. Na lua surgiu um conflito, porque ela se apresenta em duas formas, uma no céu, outra na terra. O sol também se apresenta em duas formas. De um sol, apenas um raio desce sobre a terra, e esse é chamado o sol que brilha sem justiça; um segundo sol emite dois raios e é denominado o sol que brilha com justiça.

O sol é um aspecto da consciência, sendo um fenômeno parcialmente ligado ao ego e parcialmente ao Si-mesmo. Um aspecto do sol está aberto ao inconsciente, pois os dois raios subentendem um princípio de consciência capaz de abranger os opostos, ao passo que o outro sol é "um sistema fechado" – é unilateral e, portanto, destrutivo. Em *Mysterium Coniunctionis*, Jung descreve o sol como uma imagem da divindade espiritual, isto é, o Eu por um lado e um aspecto do ego pelo outro.

O ego é idêntico ao Si-mesmo na medida em que é o instrumento de autorrealização para o Si-mesmo. Somente um ego presunçoso e egoísta está em oposição ao Si-mesmo. Em sua função legítima, o ego é a luz nas trevas do inconsciente e, em alguns aspectos, idêntico ao Si-mesmo. Os dois sóis parecem ilustrar esse contraste entre os aspectos destrutivos e positivos de consciência do ego. O sol com um raio representaria um princípio consciente egocêntrico e presunçoso, injusto para com o inconsciente ou a realidade, e oposto ao Si-mesmo. O sol com dois raios, por outro lado, simboliza o ego como instrumento de realização para o Si-mesmo e, nesse sentido, funciona com justiça.

O ego de uma pessoa individuada, por exemplo, seria uma manifestação do Si-mesmo, estaria aberto ao inconsciente. Esse ego manifesta o Si-mesmo ao assumir uma dupla atitude em relação ao inconsciente – e, ao estar constante e humildemente aberto ao inconsciente –, oferece uma base de realização para o Si-mesmo. Deus necessita do nosso pobre coração, disse Angelus Silesius, a fim de ser real.

Assim, o sol duplo no texto de Sênior mostra-nos um conflito entre uma atitude errônea do ego em relação à terra, ou ao inconsciente, e uma atitude do ego que permite que o Si-mesmo se manifeste. O objetivo seria encontrar essa atitude consciente duplamente radiada, ou seja, uma capacidade para enfrentar os opostos. Isso não significaria oscilar entre os opostos, mas ao contrário, manter a tensão entre eles.

Uma tendência para o desvio e para a unilateralidade é inerente à consciência, está ligada à sua necessidade de clareza e precisão. As pessoas dizem frequentemente, por exemplo, que o dr. Jung não escreve de forma muito clara, mas ele faz isso intencionalmente; ele escreve com uma dupla atitude, fazendo inteiramente jus aos paradoxos do inconsciente. Os fenômenos psíquicos são por ele descritos de um ponto de vista empírico. Buda disse, certa vez, que todas as suas frases tinham de ser entendidas em dois níveis, e os escritos de Jung também têm esse duplo piso, esses dois níveis.

As pessoas que se embaraçam no *Vishuddha chakra*, por assim dizer, acreditam em palavras e não podem apreender a coisa em si. Mas Jung usa um método descritivo, que agora também foi adotado na física nuclear, em que os fatos são descritos em duas abordagens complementares que se contradizem mutuamente mas que, no entanto, são necessárias para que a coisa possa ser apreendida como um todo.

PERGUNTA: O *Sol niger* alude ao aspecto negativo, injusto, da consciência?

DRA. VON FRANZ: Sim, o *Sol niger* seria o aspecto sombrio, escuro, da consciência. Assim, o deus Sol na mitologia tem frequentemente um aspecto oculto e destrutivo. Apolo, por exemplo, é o deus dos ratos e dos lobos. O aspecto negativo do sol é especialmente compreendido nos países quentes, onde o sol ardente do meio-dia destrói todas as plantas. Nos países quentes, os espectros saem ao meio-dia e, na Bíblia, por exemplo, há o demônio do meio-dia. O lado escuro ou sombrio do sol é demoníaco.

A propulsão – impulsionando o ego por trás – ilustraria o lado sombrio, demoníaco, do sol, e verifica-se um uso errado da consciência para justificar o impulso quando o ego não é suficientemente forte para decidir com base em fatos objetivos, mas é arrebatado através da fraqueza de suas paixões: medo, poder ou sexo. Também a perfeição é, em si mesma, hostil à natureza. Há uma história na Indochina segundo a qual, um dia, estando o sol demasiado quente, um herói resolveu abatê-lo. Assim, o *Sol niger* – Saturno – é a sombra do sol, o sol sem justiça, que é a morte para os seres viventes.

O homem, com a sua consciência, é um fator perturbador na ordem da natureza; poder-se-ia realmente questionar se o homem foi uma boa invenção por parte da natureza ou não. Há o mito do deus trapaceiro que é especialmente tolo; de certo ângulo, o homem é muito tolo e não possui senso bastante para ser equilibrado. Como animal, é perturbado e superprodutivo. Se é um lamentável equívoco ou o coroamento da criação, depende do funcionamento do seu sol com ou sem justiça. Se a consciência funciona como deve, é útil à vida; mas quando descarrila torna-se destrutiva.

46. Saturno como *Sol niger*, sombra do sol (ou o lado escuro de Deus), devorando seus filhos. "Quando o Si-mesmo não é sustentado, envia uma neurose, isto é, a sombra do Si-mesmo entra em ação e Deus e a natureza tornam-se inimigos do homem." – von Franz.

Um dos objetivos da análise é levar a consciência a funcionar de novo de acordo com a natureza. A soberba, a presunção, constituem sintomas do funcionamento injusto. Se uma consciência altamente concentrada for acionada, então a pessoa tem um sol escuro. As pessoas usam a consciência para nos convencerem de que estão certas ao fazerem a coisa errada. Cada um de nós nasce num estado imperfeito e discutível: errada e dividida é a natureza humana. O mito de Adão no Jardim do Éden foi o padrão original para isso, mostrando que desde o começo a condição do homem claudicou. Quando o Si-mesmo não é sustentado, envia a neurose, isto é, a sombra do Si-mesmo entra em ação e Deus e a natureza tornam-se inimigos do homem.

Uma consciência que funcione erradamente recebe o lado escuro de Deus. Se a consciência funciona de acordo com a natureza, a escuridão não é tão negra ou tão destrutiva; mas se o sol se imobiliza, ele endurece e calcina a vida até a morte; então, de acordo com certos índios, o coração tem que ser sacrificado para manter o sol em movimento. Toda vez de estabelecemos uma regra, temos de fazer uma exceção pois, quanto ao mais, a consciência e a vida não estão de acordo.

As duas luas e os dois sóis somam quatro. Um quaternião está sempre presente em duas pessoas: o homem e sua *anima*, a mulher e seu *animus*. A *coniunctio* ocorre, de acordo com o nosso texto, no ventre da "casa fechada", que seria o recipiente alquímico no qual sol e lua se unem. O esquife egípcio é essa casa fechada, onde o rei esposa a própria mãe: Ísis e Hórus, ou Hathor e Hórus. O sacerdote diz, ao fechar a porta da câmara fúnebre: "Agora fica, unindo-te em amor com tua mãe". Um Mestre zen japonês também diz: "Ele tem a porta de seu coração fechada, de modo que ninguém pode adivinhar seus sentimentos". A pessoa torna-se um mistério para os outros, por causa da unicidade do Si-mesmo.

Se somos capazes de adivinhar as reações de uma pessoa é porque ela ainda funciona de modo coletivo. Há um senso de "Eu sei como você se sente" por causa de reações coletivas semelhantes. A empatia, sentir-se no estado da outra pessoa, baseia-se em qualidades coletivas. Encontramos a maioria das pessoas no nível coletivo e conhecemos as qualidades que compartilhamos, como ciúme e amor, e sem empatia não podemos relacionar-nos; mas

47. O pavão, simbolizando a renovação da vida, ergue-se da retorta fechada ("o ventre da casa fechada") em que ocorre a união de opostos, a integração de masculino e feminino.

isso não é a unicidade do indivíduo. É a qualidade de gênio para produzir o inesperado; é a coisa surpreendente que dá certo e, no entanto, está longe de ser banal. Nunca podemos adivinhar o que uma pessoa criativa produzirá, pois ela é uma nova criação e ninguém sabe o que será. Da mente saem ideias e dos sentimentos saem reações que, nessa pessoa, são absolutamente únicas.

O processo de individuação leva à criatividade ímpar em cada momento, e a câmara fechada alude a esse centro secreto da personalidade, à fonte secreta da vida. É a câmara fechada do coração, a criatividade incomparável de cada momento de vida. Quando o processo de individuação conduz à realização dessa criatividade única, os outros deixam de poder conjeturar sobre a pessoa, pois não podem ver a câmara fechada do coração dela, de onde promanam as reações inesperadas e criativas.

Eu diria que as reações criativas inesperadas provêm da unicidade com o Si-mesmo. É o Si-mesmo que possui essa qualidade de criatividade única em cada momento da vida, sendo por isso que o mestre japonês diz que a pessoa já não pode continuar adivinhando os movimentos de seu coração. Isso significa que, se o mestre zen diz ou faz alguma coisa, esta será sempre imprevisível e criativamente surpreendente. A câmara fechada alude a esse segredo mas, em última instância, o indivíduo é um sistema único e fechado, uma coisa única que gravita em torno de uma fonte imprevisível de vida. Se isso se torna real num indivíduo, então é possível intuir o mistério de uma personalidade ímpar. Isso se relaciona com o fechamento da casa, o que significa separação dos enredos coletivos e da contaminação, não só exteriormente mas também interiormente, ou seja, a separação dentro da própria pessoa daquilo que é comum e que não é ela mesma.

Pergunta: De que modo isso se harmoniza com a experiência *Satori* do Zen-budismo, em que a abertura e a identidade com a natureza, e também com o coletivo, constituem um dos objetivos?

Dra. von Franz: É um desses paradoxos. Na última das "Dez Estampas de Condução da Boiada", do Zen-budismo, o ancião vai ao mercado. Ele arvora um sorriso doce e esqueceu-se até da sua própria sabedoria iluminada. Aí temos o homem completamente coletivo que vai para o mercado com o discípulo e sua tigela de pedinte, e esqueceu-se até da sua experiência *Satori* com os deuses. Isso significa que ele não se sente subjetivamente único, mas, acrescenta a história, a cerejeira se cobre de flores quando ele passa por ela e isso é algo que ninguém adivinharia quando o ancião barrigudo se dirige ao mercado com seu sorriso um tanto insípido. A unicidade brota dele como um ato criativo, mas não é intencional em sua mente. Ele não se sente único, ele é único, embora subjetivamente o mesmo ancião diga que é apenas um pobre velho e nos pergunta o que queremos dele. Tais pessoas têm uma humildade natural e extrema, a despeito da qual sua unicidade se manifesta.

Uma vez mais, é o paradoxo do ego e do Si-mesmo. O ego deve ter a atitude de um ser humano entre outros seres humanos;

então, a unicidade, se for encontrada dentro dele, emanará involuntariamente. É justamente o oposto de se ficar presunçoso com a própria unicidade, de se sentir tão diferente dos outros, fazendo comentários tão altaneiros como: "Sou tão sensível que ninguém me compreende". Não é nada disso e, se alguém me diz isso, respondo sempre que há uma porção de gente assim, e não digo por maldade; é a pura verdade, é uma qualidade muito comum ser sensível a ponto de não ser entendido por ninguém. Isso é muito difundido, sobretudo entre os introvertidos, que se sentem únicos, mas não são únicos. O indivíduo iluminado não se sente único, mas muito humano, e é por isso que podemos dizer que essas pessoas são muito abertas para o mundo e muito humanas com toda gente; ou, paradoxalmente, podemos dizer que são infinitamente únicas e incompreensíveis.

OBSERVAÇÃO: Em outras palavras, o objetivo é eliminar o sujeito e o objeto, enquanto, ao mesmo tempo, discrimina-se honestamente entre sujeito e objeto.

DRA. VON FRANZ: Sim, é justamente isso. Isso serve para ilustrar o ventre da casa fechada; ou seja, o núcleo criativo é insulado por natureza e não por qualquer ato artificial. Isso também se relaciona, muito concretamente e de um modo banal, com o problema da discrição analítica. Logo que se atinge a unicidade do parceiro numa análise, a discrição se impõe. Antes, era apenas uma regra convencional, não realmente necessária; mas, se

48. Entrando na Cidade com Mãos que Concebem Bem-aventurança, a última das "Dez Estampas de Condução da Boiada" do Zen-budismo representa a culminação do processo de individuação: "E agora, tendo atravessado o estágio do Vazio, e tendo também visto Deus no mundo da natureza, o indivíduo pode contemplar Deus no mundo dos homens. Misturando-se o iluminado na praça do mercado com os 'bebedores de vinho e os magarefes' (publicanos e pecadores), ele reconhece a 'luz interior' de 'Buda-natureza' em cada um. Ele não precisa manter-se distante, nem ser acabrunhado por um sentimento de dever ou de responsabilidade, nem seguir um conjunto de padrões de outros homens virtuosos, nem imitar o passado. Ele está em tanta harmonia com a vida que se contenta em passar despercebido, em ser um instrumento, não um líder. Ele faz simplesmente o que lhe parece natural. No entanto, embora na praça do mercado ele pareça ser um homem comum, algo acontece às pessoas com as quais se mistura. Também elas se tornam parte da harmonia do universo". – D. T. Suzuki, *Manual of Zen Budhism*.

alcançarmos a unicidade dessa pessoa, é natural que nunca falemos a esse respeito com terceiros. Uma pessoa compreende que é única e isso nunca deverá ser motivo de conversa com quem quer que seja, naturalmente. Não pode ser. E isso se relaciona com o mistério do encontro com a unicidade em qualquer relação de amor, pois então a casa se fecha naturalmente, por si mesma.

Por trás da porta fechada, a lua recebe sua alma do sol, enquanto o sol arrebata a beleza da lua, que fica muito delgada e fraca. Isso significa que a *coniunctio* ocorre na lua nova, no mundo inferior.

Nós sabemos que a lua é nova quando ela está próxima do sol. Quando se opõe ao sol, então a lua é toda iluminada e temos a lua cheia; mas quando está próxima do sol ela não é atingida pelos raios solares. Esse é um fato interessante sobre o qual Jung escreveu em *Mysterium Coniunctionis* – que a *coniunctio* não ocorre na lua cheia, mas na lua nova, o que significa que ocorre durante a noite mais escura, quando nem mesmo a lua brilha, e nessa noite profundamente escura é que o sol e a lua se unem.

Temos aqui uma implicação especialmente interessante, porque no simbolismo da Igreja medieval o sol simboliza Cristo e a lua simboliza a Igreja – a *Ecclesia* – e a *coniunctio* do sol e da lua é interpretada como o encontro de Cristo com a Igreja redimida. Mas nenhum dos escritores assinalou o fato de que, quando se uniram, a lua desapareceu, ou escureceu, apagou-se completamente. Eles passaram habilmente por cima desse detalhe ou nunca indagaram por que motivo isso aconteceu.

49. A lua na sombra da terra. "A *coniunctio* ocorre na lua nova, no mundo inferior... Na mais profunda depressão, na mais profunda desolação, nasce a nova personalidade." – von Franz.

A *coniunctio* ocorre no mundo inferior, acontece no escuro, quando já não existe luz alguma brilhando. Quando estamos completamente inconscientes, quando a consciência nos abandona, então algo nasce ou é gerado; na mais profunda depressão, na mais profunda desolação, nasce a nova personalidade. Quando nos sentimos esgotados esse é o momento em que ocorre a *coniunctio*, a coincidência de opostos.

O sol dá sua luz à lua, mas nesse momento a lua se desvanece, torna-se muito delgada, pelo que se pode dizer que o sol faz mal à lua ao aproximar-se mais. Mais adiante o sol diz: "Se não me causares dano na *coniunctio*, ó Lua", então acontecerá isto ou aquilo. Assim, a *coniunctio*, evidentemente, é perigosa, já que o sol inflige algum dano à lua e esta pode fazer mal ao sol. Isso talvez pudesse ser evitado, mas quanto mais próximos esses dois luzeiros ficam um do outro, maior o perigo de que se destruam mutuamente em vez de se unirem, o que decorre do fato que discutimos antes, ou seja, que tanto o sol quanto a lua têm uma sombra.

Ambos têm um lado escuro e destrutivo e, quando se aproximam demais, é como dois amantes: à medida que o amor aumenta, mais aumentam as dúvidas e as desconfianças; as pessoas se sentem frequentemente receosas, pois se abrirem o coração as outras pessoas poderão causar-lhes muito dano. Se, por exemplo, um homem mostra seu amor a uma mulher, ele fica exposto ao *animus* dela. Se ele não a ama, diz simplesmente que é obra do maldito *animus* dela; mas se a amar, prestará atenção e ficará preocupado sempre que ela fizer horríveis comentários suscitados pelo *animus*. O mesmo ocorre com a mulher, pois se reconhecer seu amor por um homem, o veneno da *anima* dele pode agredi-la e magoá-la. Portanto, há sempre aquele receio apreensivo de aproximação mútua na situação de amor humano, refletido simbolicamente no processo de conjunção do sol e da lua.

Se tomarmos a *coniunctio* num nível puramente interno, pode-se dizer que, quando as personalidades consciente e inconsciente se acercam uma da outra, há duas possibilidades: ou o inconsciente traga a consciência, quando sobrevém a psicose, ou a consciência destrói o inconsciente com suas teorias, o que significa uma presunção deliberada. Esta última alternativa também se verifica, geralmente, quando há uma psicose latente; então as pessoas se livram dela, dizendo que o inconsciente "nada mais é senão...", desse modo esmagando o inconsciente e seu mistério vivo ou pondo-o de lado. Muitas pessoas deixam o processo analítico nessas condições. Elas se aproximam cada vez mais do inconsciente e, então, insinua-se uma compreensão desagradável; o trabalho se torna difícil e a pessoa põe-lhe um fim, dizendo que já sabe tudo a respeito e que "nada mais é senão...". Nesse caso, o sol terá destruído a lua. Se o inconsciente sobrepuja a consciência e há um intervalo psicótico, a lua terá destruído o sol.

Sempre que consciente e inconsciente se encontram, em vez de amor pode haver destruição. Nesse ponto, esses dois luzeiros na carta de amor tentam evitar que isso ocorra. O sol diz: "Se não me causares dano, eu te ajudarei", e a lua diz a mesma coisa. Eles conseguem manter o relacionamento correto; a lua, num certo momento torna-se muito delgada e se eclipsa, mas então eles são exaltados e se juntam à Ordem dos Anciãos. Como é mencionada a palavra *Sêniores*, deve ser uma referência aos Xeques.

Essa é uma passagem muito estranha e eu tentei interpretá-la. Não posso dizer que esteja certa da interpretação, mas existe um texto paralelo em que a Ordem dos Anciãos é mencionada como a Ordem dos Vinte e Quatro Anciãos, referindo-se aos 24 anciãos do Apocalipse de São João, aos 24 Patriarcas de Israel que se sentam dia e noite ao redor do trono de Deus. Isso referir-se-ia à casa do dia e da noite, e significaria que o sol e a lua passam por todos os estágios das 24 horas.

A Ordem dos Anciãos na seita xiita, o movimento místico do Islã, também se relaciona com a tradição secreta do Imame. Em cada geração existe um Xeque que é o iniciador e guia espiritual, conhecido como Imame. Quando ele transporta a luz da Divindade, ele representa a encarnação da Divindade e é o Guru secreto, o mestre dessas seitas islâmicas místicas. Isso ocorre com os xiitas, os drusos e com algumas outras seitas diferentes que têm classificações distintas. Elas discordam sobre quem deve ser o guia espiritual, mas em todas há a ideia de um único líder espiritual, o iluminado, em quem a luz da Divindade se encarnou mais profundamente.

Como temos de lidar com um texto arábico, é possível que também aqui haja algo dessa espécie, algo que também se ligue às outras interpretações, a saber, um aspecto múltiplo do Velho Sábio em diferentes estágios ou fases. Na prática, isso significaria que o arquétipo do Velho Sábio, um aspecto do Si-mesmo, aparece multiplicado em conexão específica com o tempo, na ideia de que um Imame aparece a cada momento ou período especial do mundo, ou é comparado com as 24 horas do dia e da noite, o que também constitui um simbolismo temporal. A mesma ideia reaparece no simbolismo cristão como Cristo e os doze apóstolos, a quem foram atribuídos os 12 meses e as 24 horas do dia.

Penso que isso está ligado ao simples fato de que a realização do Si-mesmo, ou o processo de individuação, só atinge a realidade quando se manifesta em cada momento de seu tempo sideral. Muitas pessoas primeiro entendem o que o Si-mesmo é intuitivamente, lendo um livro, ou pela interpretação de um sonho, mas isso não resolve a questão quanto ao que deveriam fazer esta manhã e amanhã à noite, o que significa que isso ainda não se inseriu no tempo. Elas têm uma conexão intuitiva com o Si-mesmo e com a sabedoria do inconsciente, mas não se deu ainda a sua introdução no tempo e no espaço de suas vidas, de suas vidas pessoais.

O Si-mesmo só é real se, em cada momento – pelo menos teoricamente, pois na realidade nunca se atinge esse estágio – a pessoa estiver constantemente em ligação com ele, expressando-o constantemente e sabendo o que é. Portanto, pode-se afirmar que o Si-mesmo só se torna real quando é expresso nas ações da pessoa no espaço e no tempo. Antes de ter atingido esse estágio, ele não é inteiramente real, tornando-se então uma coisa movediça.

Por exemplo: o que está certo hoje pode estar errado amanhã, sendo por isso que alguém que atingiu esse estágio de consciência será imprevisível e age sempre de modo diferente nas mesmas situações. Hoje, a coisa é assim e a pessoa reagirá de uma maneira; amanhã ocorrerá a mesma situação e a pessoa reagirá de maneira diferente. Não há mais regras, pois cada momento é diferente e, portanto, o tempo adquire uma qualidade criativa;

cada momento do tempo é uma possibilidade criativa e não há mais repetições.

Assim, quando o sol e a lua se unem, começam simultaneamente a percorrer um ciclo que se relaciona com o tempo. Isso é simbolizado na alquimia oriental pelo processo da circulação da luz; depois de ter descoberto a luz interna, ela começa a girar por si mesma. Em *O Segredo da Flor de Ouro* e na alquimia, isso chama-se *circulatio*, a rotação, e existem numerosos textos alquímicos diferentes, nos quais é dito que a pedra filosofal tem de circular. Normalmente, isso está ligado ao simbolismo do tempo, pois esses textos afirmam que a pedra filosofal tem de atravessar o inverno, a primavera, o verão e o outono, ou tem de passar por todas as horas do dia e da noite. Ela tem de circular por todas as qualidades e todos os elementos, ou tem de ir da terra para o céu e voltar de novo à terra. Está sempre presente a ideia de que, depois de ter sido produzida, ela começa a circular.

Psicologicamente, isso significa que o Si-mesmo começa a se manifestar no espaço e no tempo, que não se converte em algo num certo momento com um retorno subsequente ao modo de vida anterior do indivíduo, mas ao contrário, tem efeito imediato sobre a vida toda; portanto, ação e reação estão constantemente de acordo com o Si-mesmo, real e manifesto em seus *próprios* movimentos. A pedra, ou a nova luz, o Si-mesmo, pode mover-se. Naturalmente, temos de prestar atenção nele, mas se assim fizermos, ele poderá movimentar-se e produzir impulsos autônomos.

Pergunta: Mas serão necessariamente os impulsos certos?

Dra. von Franz: Não há julgamento final quanto ao que é errado e ao que é certo. Muitas pessoas dirão que isso está errado e outras dirão que está certo e, subjetivamente, sentiremos às vezes que está errado... ou certo.

Eu afirmaria – e isso é muito pessoal – que não se trata de uma questão de certo ou errado pois, se estivermos em total harmonia com o Si-mesmo, nada disso importa mais. Se está errado, temos evidentemente de pagar por isso, mas o principal é a conexão, pois a separação significa a morte espiritual. Estar vinculado ao Si-mesmo é a vida espiritual; se ele nos diz para fazermos alguma coisa considerada errada, então todo o mundo nos atacará e, se começarmos pensando que aquilo talvez estivesse errado, ainda poderemos dizer que, apesar de tudo, valeu a pena porque foi em conexão com o Si-mesmo.

Penso que, se uma pessoa faz algo em decorrência de uma ligação viva com o Si-mesmo, então vale a pena pagar o preço, o preço de ser acusada de cometer um erro e de ter de passar, talvez, pelos estágios de pensar que errou. Subjetivamente, nunca pensamos realmente que estamos errados, mas devemos consentir que as pessoas o digam e ser tolerantes. Contudo, se estamos felizes e nos sentimos vivos, isso é a única coisa que ninguém nos pode arrebatar. Se eu digo que estou feliz, o que é que alguém poderá dizer a respeito disso? Se estamos em harmonia com o Si-mesmo, há um sentimento de felicidade e paz absolutas, e os outros podem julgar como lhes aprouver, com suas teorias intelectuais destrutivas; isso não causa dano algum, pois sentir-se perto do Si-mesmo torna-se uma coisa indestrutível. Naturalmente, esse sentimento é repetidamente perdido, porque é extremamente difícil mantê-lo por longo tempo.

Depois a carta de amor prossegue com a lua dizendo ao sol:

> "A luz de tua luz fluirá na minha luz; será como uma mistura de vinho e água, e eu sustarei meu fluxo e depois ficarei encerrada em tua escuridão como tinta, e então coagularei".

Aqui temos a mistura de duas luzes comparada à mistura de vinho e água, um simbolismo mais conhecido na tradição cristã em que, quando se celebra a Missa, vinho e água são misturados, o que descreve os aspectos humano e espiritual divino de Cristo, Sua humanidade e Seu aspecto espiritual.

O vinho pertence obviamente ao sol e a água à lua, pois a lua é que governa toda as coisas úmidas, de acordo com o antigo modo de ver. É uma ideia da *coniunctio* num significado amplo e geral, não só na tradição cristã mas também no mundo árabe, a exaltada conexão mística da substância espiritual com a Divindade. Nos poemas aparentemente ébrios de El-Hafis, ou El--Rumi, a água é geralmente um aspecto corruptível, feminino, do fluxo vital e do inconsciente. Se esses dois se unirem, a lua sustará seu fluxo e coagulará; e, de acordo com o final do texto, isso é algo positivo.

Assim sendo, isso significa que, até o momento da *coniunctio*, a lua fluiu, o que teria a ver com as mudanças constantes das fases lunares, o fluxo constante; mas a lua também produz o orvalho, de acordo com a teoria deles, a umidade e, naturalmente, a

50. Mercúrio como criança divina – símbolo de uma atitude nova, objetiva, que está além do conflito – nasce do "ovo filosofal" (o recipiente alquímico fechado). Como produto da união de opostos, consciência e inconsciência, ele está de pé sobre o sol e a lua. Os pássaros indicam a natureza espiritual (psíquica) do processo; os raios do sol significam a importância do calor (emoção).

menstruação nas mulheres e o fluxo do feminino. Mas como a menstruação cessa quando o filho é gerado, há a ideia de que o fluxo é sustado quando os dois luzeiros se unem, dando nascimento à nova luz.

Algo evidentemente corruptível e repugnante, que está ligado à natureza variável do feminino, cessa e chega ao fim. Isso diz respeito, direta e imediatamente, ao processo alquímico como um todo, que, como sabemos, é a produção da pedra filosofal, um objeto de substância dura, algo que não flui e que, na alquimia, é o símbolo da Divindade.

É estranho, se olharmos isso com simplicidade, que na alquimia, o produto final seja algo na ordem da natureza que consideramos em nível muito baixo, uma pedra, algo cuja qualidade consiste simplesmente em existir. Uma pedra não come nem bebe nem dorme, permanece meramente onde estiver por toda a eternidade. Se lhe damos um pontapé, ela fica onde tiver sido jogada e não se mexe. Mas na alquimia essa coisa desprezada é o símbolo da meta suprema. Temos de penetrar profundamente na linguagem mística do Oriente e da alquimia, assim como de algumas outras místicas cristãs, a fim de termos uma ideia do que isso significa.

Se, por meio da luta e do encontro com o inconsciente, uma pessoa sofreu por longo tempo, estabelece-se uma espécie de personalidade objetiva; forma-se na pessoa um núcleo que está em paz, calmo até em meio às maiores tempestades vitais, intensamente vivo, mas sem ação e sem participação no conflito. Essa paz mental sobrevém frequentemente quando as pessoas sofreram por bastante tempo; um dia, algo estala e o rosto adquire uma expressão serena, pois nasceu alguma coisa que permanece no centro, fora ou além do conflito, que já não tem o mesmo vigor de antes.

Naturalmente, dois minutos depois tudo recomeça, pois o conflito não foi resolvido, mas a experiência de que uma coisa está serenamente além do conflito subsiste e, daí em diante, o processo se torna diferente. As pessoas já não buscam; elas sabem que a coisa existe, experimentaram-na ainda que por um momento. Daí em diante, o trabalho tem um objetivo: o de encontrar de novo esse momento e ser capaz, lentamente, de conservá-lo, de modo que se torne algo constante.

Em todas as lutas da vida há sempre essa coisa que se situa além da luta; como o dr. Jung o descreveu de um modo tão belo em seu comentário sobre *O Segredo da Flor de Ouro*, é como se estivéssemos no pico da montanha, acima da tempestade. Vemos as nuvens negras, os relâmpagos e a chuva caindo, mas algo em nós está acima de tudo isso e podemos simplesmente observar os elementos em fúria. Numa escala menor ou mais humilde, atingimos esse objetivo se, numa tempestade de desespero ou no ataque dissolvente e destrutivo de um conflito, conseguimos manter o senso de humor por um instante – ou talvez sejamos arrebatados, uma vez mais, por um *animus* negativo, e então, de repente, dizemos para nós mesmos que já ouvimos essa história antes.

Talvez não logremos nos desvencilhar de nosso *animus* destrutivo; ele talvez ainda seja demasiado forte, mas algo em nosso sorriso nos diz que essa cantiga boba já é nossa velha conhecida; gostaríamos de rir de nós mesmos, mas o orgulho não o permitirá, e continuamos com o nosso *animus* negativo, que de novo se apossa de nós. Esses são os momentos divinos em que algo é claro e se movimenta além dos opostos e do sofrimento. Normalmente, são apenas breves momentos, mas se continuarmos trabalhando em nós próprios por um período de tempo suficientemente extenso, a pedra crescerá pouco a pouco, tornando-se cada vez mais o sólido núcleo da personalidade que deixará então de participar do circo simiesco da vida.

É esse, provavelmente, o significado que se pode atribuir aqui: a lua, que é a regente da vida, suspende seu fluxo e aparece algo que é eterno e que se situa além do conflito. A lua "coagula", o processo vital é visto como algo eterno fora da vida. A própria vida coagula e sai de seu próprio ritmo, o que provavelmente é a preparação para a morte, visto que a morte é o fim natural da vida, o fruto que cresce na árvore da vida: a vida vivida cria a atitude eterna que transcende a morte.

Assim, a lua diz: "Quando entrarmos na casa do amor, o meu corpo coagulará em meu eclipse", e o sol responde:

> "Se fizeres isso e não me causares dano, meu corpo retornará [provavelmente à sua forma original] e eu dar-te-ei a virtude da penetração, e serás poderosa ou vitoriosa na batalha do fogo, da liquefação e da purgação, e continuarás

sem diminuição nem escuridão, e não terás conflito algum porque não serás rebelde".

Portanto, o sol apenas confirma o que a lua diz e, pelo que expus antes, penso que isso está claro: agora, a lua, mesmo no combate do fogo – o que quer dizer, mesmo nos ataques destrutivos de emoções oriundos de dentro e de fora – permanece firme e acima deles, e não se rebela mais contra a consciência. Inconsciente e consciência estão mutuamente em paz.

"Bendito aquele que pensa sobre o que eu disse e minha dignidade não será retirada dele, e o leão não fracassará nem se tornará mesquinho, enfraquecido pela carne."

O leão é um símbolo muito conhecido do solstício do sol, quando este se encontra em seu apogeu, astrologicamente falando, mas é também um símbolo de ressurreição. Vimo-lo, como o leitor se recordará, em nosso primeiro texto grego, em que é dito que o leão gera o leão. Apresentei o desenho dos leões duplos, quando discorri a respeito do leão como sendo também um símbolo do devorar apaixonado, do impulso de poder, não só no sentido estrito da palavra, mas de um modo geral, no de desejo de posse. As garras esticadas e a boca escancarada ilustram o leão, a natureza poderosa, quente e apaixonada. Trata-se de um símbolo da ressurreição, mas também pode ser enfraquecido pela carne.

Essa é uma alusão à sombra da lua, notadamente, que se o poder e a paixão se detêm no nível concreto, querendo esta ou aquela coisa e são incapazes de sacrificar esse desejo, então essa mesma libido apaixonada, que é a base do processo de individuação, é enfraquecida, torna-se destrutiva e se destrói a si mesma.

"Se me seguires", diz, assim, o sol à lua, "então não te ocultarei o crescimento do chumbo." A ideia é de que o chumbo, que discutimos num capítulo anterior, constitui o material básico, o material da paixão, e agora está crescendo por si mesmo. Isso se refere a um estágio na alquimia, frequentemente descrito como crescimento. Por exemplo: eles dizem que a primeira parte é trabalho árduo, é lavar roupa branca, ou lavar areia, ou cozinhar coisas, ou matar o leão, ou produzir a *coniunctio*, mas, depois, num certo momento, torna-se o que eles descrevem até como brincadeira de crianças, e basta regar a horta ou dedicar-se a algum entretenimento. Não é preciso fazer qualquer esforço, pois daí em diante a coisa cresce por si mesma; basta prestar atenção nela e observá-la, sem todos os esforços penosos desenvolvidos antes. Esse é o *augmentum plumbi*, como é chamado no texto.

É como o crescimento de uma criança na mãe; enquanto a criança cresce dentro dela, a mãe pode apenas zelar por sua própria saúde e fazer o mínimo possível. Esse é um símile que os alquimistas usam com frequência; que, depois de se transcender o estágio de conflito, vem o estágio em que, à semelhança de uma mulher grávida, que aguarda o nascimento do filho, já não é preciso pensar mais sobre se o que se faz é a coisa certa ou não.

Os chineses chamariam a isso "fazer nada", deixar simplesmente que as coisas aconteçam; prestar atenção constante e carinhosa ao processo é tudo de que se necessita então.

Depois, o texto diz:

> "Minha luz desvanecer-se-á e minha beleza será extinta e eles extrairão dos minerais de meu corpo puro e da gordura do chumbo purificado na harmonia do peso deles, e sem o sangue de cabra, e uma diferença pode ser feita entre o que é verdadeiro e o que é falso".

Realmente, supunha-se que o sangue de cabra ou de bode tivesse um efeito corrosivo sobre tudo e, no período final da Antiguidade, foi interpretado alegoricamente como sensualidade. O sangue do bode é a essência da sensualidade, lascívia, o impulso sensual que é muito óbvio e destrói tudo. O impulso sexual, forte, destrói tudo exceto o adamo. Uma antiga lenda diz que o adamo é a única pedra preciosa que não pode ser dissolvida pelo sangue de cabra e, portanto, é a firmeza da personalidade que resiste ao impulso da sensualidade.

Temos aqui o mesmo simbolismo, notadamente, a *coniunctio* das substâncias de igual peso. Isso se refere a um estado de equilíbrio psicológico, em que não existe sangue de cabra, ou seja, em que a sensualidade já não empolga a personalidade. Então, fica possível distinguir o verdadeiro do falso; surge ou cresce assim dentro da personalidade o que poderíamos chamar de instinto de verdade.

De um modo geral, a vida é tão complicada que, se tivermos de pensar a respeito das coisas, estaremos sempre atrasados em nossas decisões. A esse respeito, sou um desastre. Se alguém me telefona e diz que precisa me ver naquela mesma tarde, ou que necessita de uma hora no dia seguinte, não sou suficientemente rápida para decidir se devo responder Sim ou Não, ou para encontrar uma desculpa dizendo que estou comprometida. Minha natureza, minha função inferior me arrasta; eu digo Sim e depois dou-me conta de que fui apanhada de surpresa, que tudo está errado. E então digo: "Com mil diabos, fui demasiado lenta outra vez". Eu deveria ter dito Não, mas o instinto de verdade não funcionou com suficiente força. O instinto de verdade estava ali, algo ficava me segredando para que dissesse Não, mas a reflexão e a função inferior intervieram e, uma vez mais, fui demasiado lenta. Depois vem um mau sonho que me aplica um bom golpe na cabeça e fico perguntando a mim mesma se conseguirei alguma vez sair desse estágio e ser suficientemente rápida para não ser presa sempre na mesma armadilha.

Há uma aceleração dessa possibilidade pelo desenvolvimento do instinto de verdade, isto é, quando o Si-mesmo está tão presente e é tão forte que o instinto de verdade se manifesta rapidamente, como um radiograma, e a pessoa reage de maneira correta sem saber por quê, ele flui através dela e faz-se a coisa certa. Uma pessoa diz Sim ou Não, ora fazendo uma coisa ora outra, e pode seguir adiante sem interrupções, porque a consciência, com sua reflexão, deixa de ser uma causa de perturbação. Isso significa que a ação do Si-mesmo passou a ser imediata, e somente o Si-mesmo pode levá-la a efeito. Num nível superior, é o mesmo que ser completamente natural e instintivo, quando podemos discernir entre o falso e o verdadeiro. Por isso é que o Espírito Santo foi chamado por certos teólogos de instinto de verdade, o que é uma excelente descrição.

O texto prossegue:

> "Eu sou o ferro duro e seco e o fermento forte, tudo o que é bom passa por meu intermédio, e a luz do segredo dos segredos é por mim gerada, e nada pode afetar minhas ações. O que é luz é criado na escuridão da luz. Mas quando atinge sua perfeição, recupera-se de suas enfermidades e fraquezas, e então aparecerá o grande fluxo da cabeça e da cauda".

Penso que a primeira parte é bastante clara. Refere-se à geração de uma nova luz, uma terceira coisa nascida ou gerada da *coniunctio*. Trata-se de uma nova luz nascida nas trevas e se dissipam então todos os sintomas neuróticos, a doença, a fraqueza; surge a nova coisa, agora chamada *illud magnum fluxum capitis et caudae*.

Nesse ponto, cumpre recordar o Ouroboros, o que come a própria cauda, quando os opostos se unem: a cabeça está numa extremidade e a cauda na outra. São uma coisa só, mas têm um aspecto oposto e, quando a cabeça e a cauda, os opostos, se juntam, nasce um fluxo a que os alquimistas chamam de água mística

51. O "instinto de verdade" é visto por alguns teólogos como um aspecto do Espírito Santo, aqui visto descendo na forma de línguas fendidas. Psicologicamente, a consciência imediata do que é certo e verdadeiro para a personalidade ("a verdade sem reflexão" – von Franz) indica uma conexão com o Si-mesmo; na linguagem alquímica, isso é a pedra filosofal.

ou divina, por mim descrita como o significativo fluxo vital. Com a ajuda do instinto de verdade, a vida corre como um fluxo significativo, como uma manifestação do Si-mesmo. Eis o resultado da *coniunctio* no presente caso. Em muitos outros casos, ela é descrita como a pedra filosofal mas, como também é dito em numerosos textos, a água da vida e a pedra são uma coisa só.

É um enorme paradoxo que o líquido – a água amorfa da vida – e a pedra – a coisa mais sólida e morta – sejam, de acordo com os alquimistas, uma só e a mesma coisa. Isso se refere àqueles dois aspectos da realização do Si-mesmo: algo firme nasceu, algo que está além dos altos e baixos da vida, e simultaneamente nasceu algo muito vivificante que participa do fluxo vital, sem as inibições ou restrições da consciência.

Esgotei agora todo o tempo que programei para dedicar aos textos arábicos; no próximo capítulo, passarei a tratar da alquimia europeia. Lamento ter apresentado apenas um texto arábico, mas penso que esse alquimista xiita, Sênior, foi um dos maiores homens na alquimia.

Pergunta: O que devemos entender por instinto de verdade?

Dra. von Franz: É o instinto que me dá a verdade sem reflexão; algo dentro de mim conhece a verdade pela minha reação imediata, sem que eu pense a respeito, ou mesmo o expresse. O instinto de verdade, por exemplo, é algo muito semelhante ao conhecimento telepático. Isso são palavras – um nome para alguma coisa. "Telepático", em grego, significa simplesmente "sentir de longe", o que não explica coisa alguma, pois a telepatia é um mistério, não sabemos o que seja.

52. A *coniunctio* como fonte, símbolo do fluxo significativo de vida.

Se, por exemplo, alguém propõe que participemos de um negócio que parece perfeitamente correto e limpo, e em que, pela aparência exterior, não podemos afirmar que haja algo errado, dizemos naturalmente: "Sim, muito bem, participarei disso". Depois, algo no nosso íntimo diz "Não, não faça isso" e, *après le coup*, descobrimos que, apesar das aparências, havia algo sujo ou desonesto nessa proposta. Nós não podíamos saber o que era, mas "aquilo" já sabia, algo lhe cheirava mal.

Esse seria o instinto de verdade. O instinto sabia algo que desconhecíamos. Nosso inconsciente, ou a nossa personalidade instintiva, sabia-o. Nesse caso, não me refiro à verdade religiosa de uma doutrina, mas à verdade do momento. Por exemplo: se alguém nos oferece um bom negócio, que na realidade é uma fraude, o instinto de verdade sabe disso. Ou é a verdade de certa situação, ou do que nos é dito. Alguém pode contar-nos uma longa história e pressentimos simplesmente que não há um pingo de verdade, embora sejamos incapazes de dizer o que está errado nela. Alguém pode vir contar-nos um problema conjugal e pressentimos que algo não é verdadeiro, embora ignorando o quê. Num outro caso, no entanto, temos a sensação imediata de que estão nos contando a verdade.

Ora, se julgarmos instintivamente, não poderemos deixar de concluir que algo em nosso íntimo é que decide e, se isso provar que funciona sistematicamente bem, então podemos decidir confiar nessa coisa íntima. Isso seria um discernimento da verdade, mas em nível instintivo, o que nada tem a ver com a cabeça.

Pergunta: De que modo isso difere da intuição?

Dra. von Franz: A intuição pode estar 50 por cento certa e 50 por cento errada. Jung usa um símile maravilhoso a respeito das pessoas intuitivas. Diz ele que essas pessoas acertam na cabeça do prego, acertam na mosca sem reflexão – ou acertam a 20 quilômetros do alvo, lá no meio das árvores. Por isso é que elas devem desenvolver outra função, porque às vezes elas podem olhar simplesmente para a situação e saber tudo a seu respeito, mas outras vezes elas estão completamente erradas.

É melhor não confiar o tempo todo na intuição, pois ela pode ser toldada pela projeção. Se o intuitivo não está envolvido com a sombra, ou com o *animus* ou com a *anima*, ele tem um modo fantástico de acertar o alvo. Mas se a sombra, ou o *animus* ou a *anima*, intervém, se a projeção interfere, então esse mesmo intuitivo ainda pode jurar que sabe que a coisa é assim e assado, porque pensa que pode confiar em sua intuição, mas estará objetivamente errado – está acertando bem nas árvores.

Assim, a intuição é um negócio meio a meio; é uma função e, como todas as funções, só está certa algumas vezes. Mas a verdade instintiva é uma manifestação do Si-mesmo e nada tem a ver com funções. É algo que opera em todo o ser humano, uma palavra discretamente rápida que o Si-mesmo segreda ao nosso ouvido e que geralmente somos demasiado lerdos para captar ou então falamos demais e, nesse caso, "isso" não pode ser ouvido.

53. União de opostos como hermafrodita.

7ª Palestra

AURORA CONSURGENS

Dedicamos até aqui todo o espaço que podíamos à alquimia árabe e reservaremos os três últimos capítulos à alquimia europeia. Três alternativas se me apresentavam:

1) O exame do texto de "Aurora consurgens", sobre o qual escrevi no terceiro volume da edição alemã é considerado de *Mysterium Coniunctionis*, mas que tão complicado e difícil que requer uma introdução.
2) Parte de um texto de Petrus Bonus, um italiano do século XIV, que fornece um quadro típico da alquimia medieval.
3) Uma combinação dos dois.

Também me foi sugerido que usasse um texto de Paracelso, mas evitei esse autor por causa do montante de explicações específicas requeridas, em razão das muitas palavras estranhas que usa. Paracelso, tanto quanto Jacob Boehme, exige que se desbrave o caminho para chegar até ele e, portanto, penso que não obteríamos grande coisa com o estudo de um breve excerto.

Creio que o leitor preferirá um texto que, em minha opinião, foi escrito a partir de uma experiência religiosa imediata do inconsciente. É esse o caso da "Aurora consurgens", que considero a mais interessante das três alternativas.

Se a preferência tivesse recaído sobre uma introdução ao pensamento e aos métodos, assim como ao estilo mais comum, da alquimia europeia medieval, eu optaria provavelmente por Petrus Bonus, visto que "Aurora consurgens" não é um texto típico, mas único e fora de qualquer espécie de ordem. Ponderadas as três alternativas, decidi-me pela "Aurora consurgens" e estou certa de que o leitor aprovará a minha escolha.

As palavras "Aurora consurgens" são traduzidas como "aurora nascente". A descoberta desse texto teve características de uma história policial. Numa antiga coleção de livros, o dr. Jung deparou com o texto da "Aurora consurgens, Parte II", uma espécie algo árida de obra química, com uma breve nota, no começo, declarando que se tratava apenas da segunda parte do texto, e que a primeira parte fora omitida pelo impressor porque era blasfema.

Isso despertou a curiosidade de Jung, que gastou algum tempo tentando seguir a pista dessa parte não publicada. Finalmente, ele descobriu que no mosteiro da ilha de Reichenau, no Lago de Constança, existira esse manuscrito, que então se encontrava na Biblioteca Central de Zurique. Trata-se de um texto incompleto, que se inicia no meio do texto que publicamos agora. O dr. Jung considerou que o texto não era legível nessa forma, porque fora escrito em estenografia latina do século XV, e passou-o, portanto, para mim.

Depois de ter começado a desbravá-la, descobri que havia um manuscrito completo em Paris, outro em Bolonha e um terceiro em Veneza, de modo que pudemos reunir lentamente várias versões e, nas partes menos claras ou confusas, completar um texto com base nos outros. Na maioria dos manuscritos, a autoria era atribuída a Santo Tomás de Aquino, o que eu não considerei em nenhum momento admissível, sabendo que era usual então colocar o nome de um homem famoso nesses tratados, e que esse facilmente poderia ter sido escrito por outro autor. Era também essa a reação de outros estudiosos.

Trata-se de um texto deveras surpreendente, que consiste num mosaico – um quebra-cabeças – de citações extraídas da Bíblia e de alguns dos primeiros escritos alquímicos. Se fosse encarado como um quebra-cabeças que alguém pudesse ter montado para seu próprio divertimento, seria extremamente desinteressante, e é possível que alguém que o tenha lido superficialmente o aceitasse desse modo. Mas como iremos ver, é impossível explicar esse fenômeno dessa maneira, por causa da tremenda excitação e emoção contidas no texto.

A conclusão seguinte foi a de que se tratava de um produto esquizofrênico – tinha todo o ar disso – e essa hipótese se aproxima muito mais da verdade. No entanto, não penso que o seja em sua totalidade, embora provavelmente tivesse sido escrito por alguém dominado pelo inconsciente. A situação clássica de uma pessoa nessa condição é descrita como um episódio psicótico, mas na opinião do dr. Jung tal situação, dada como diagnóstico médico, representaria ou o desencadeamento de uma psicose ou uma fase numa psicose maníaco-depressiva, ou a descrição de uma situação anormal escrita por uma pessoa normal que, nesse momento particular, estava inteiramente dominada pelo inconsciente.

Estou inclinada a concordar com a terceira teoria, embora seja impossível, com base no documento, chegar a uma conclusão definitiva. Interpretei-o simbolicamente, como um sonho, e concluí que se trata do texto de um moribundo. Todo o simbolismo gravita em torno do problema da morte e nele se concentra; no final, há uma descrição do casamento místico, ou experiência de amor, apresentada numa forma que parece relacionar-se com as experiências pela qual, como se sabe, passavam muitas pessoas agonizantes, resultando na tradição de que a morte é uma espécie de casamento místico com a outra metade da personalidade.

Tendo traduzido, estudado e interpretado o texto até esse ponto, o dr. Jung decidiu então que deveríamos publicar esse documento ímpar. Ele me perguntou se eu me disporia a escrever uma breve introdução histórica – o resto estava feito –, assinalando as datas, dizendo quem poderia ser o autor etc.

Parti do pressuposto de que, embora o texto tivesse sido atribuído a Santo Tomás de Aquino, isso estava naturalmente fora de questão. Eu pretendia continuar dizendo que se tratava de um texto do século XIII e nada mais. Mas depois pensei que, como conhecia apenas dados muito superficiais acerca de Santo Tomás de Aquino, por que razão haveria eu de escrever semelhante coisa?

Assim, por mero escrúpulo, decidi estudar outras obras dele e, para me situar no lado mais seguro, incluí em minhas leituras uma biografia, a qual, no entanto, me levou para o lado inseguro, pois quem ler essa biografia descobrirá que, no final de sua vida, poucas semanas antes de morrer, Santo Tomás sofreu uma alteração muito estranha em sua personalidade. Ele vinha trabalhando excessivamente havia muito tempo e, em decorrência disso e por algumas outras razões psicológicas que eu gostaria de analisar em detalhes mais adiante, começou a ter estranhas crises de distração. Por exemplo: certa vez, ao rezar uma missa em público em Nápoles, ele subitamente a interrompeu, embora estivesse presente um cardeal, e permaneceu numa espécie de êxtase por vinte minutos, até que alguém o sacudiu e lhe perguntou o que estava acontecendo, quando voltou a si e pediu desculpas.

Geralmente tem sido afirmado que isso foi o começo de sua doença, enquanto outros dizem que, a par do seu lado racional, ele deve ter tido uma veia mística em sua personalidade, que irrompia de tempos em tempos nessas estranhas crises de ausência. Tais condições foram mais frequentes em seus últimos anos – ele morreu aos 49 ou 51 anos de idade, não sabemos com certeza porque se ignora exatamente quando nasceu – e aconteceu então algo que nunca foi explicado. Ele costumava levantar-se muito cedo todas as manhãs e rezava a missa para si mesmo na capela do mosteiro que estivesse visitando, pois viajava o tempo todo. Santo Tomás tinha um amigo, Reginaldo de Piperno, um frade muito humilde, que era seu seguidor e criado particular, um homem que o adorava e uma de suas principais fontes biográficas.

Esse monge relata que, certa manhã, como de costume, Santo Tomás de Aquino rezava a missa e, quando voltou, estava lívido. Como diz o relato latino de Reginaldo: "Pensei que ele havia enlouquecido". O santo caminhou até a escrivaninha, empurrou para o lado a pena com que estivera escrevendo a "Summa", o capítulo sobre a penitência, afastou seus utensílios de escrita e ficou sentado o dia inteiro, numa espécie de estado catatônico, com a cabeça enfiada entre as mãos. Reginaldo de Piperno perguntou-lhe por que não estava escrevendo e Santo Tomás apenas respondeu: *Non possum* (Não posso). Uns cinco dias depois, tentaram de novo descobrir o que estava acontecendo com ele, pois ficava o dia inteiro sem fazer nada, não escrevendo nem pregando, mas sentado pelos cantos, uma expressão desvairada no olhar; ele disse que não podia escrever porque tudo o que escrevera lhe parecia palha (*palea sunt*).

Em biografias posteriores, escritas por pessoas que não estavam presentes, foram acrescentadas as palavras "em comparação com as magníficas visões que tivera", mas essa frase não consta das fontes originais.

Reginaldo de Piperno ficou muito consternado com as condições em que via Santo Tomás e, como ele sempre conversava com uma prima, uma condessa italiana, resolveu levar-lhe Santo Tomás, pensando que este se abriria com ela e diria o que estava acontecendo. Porém, a condessa exclamou: "Meu Deus, o que aconteceu a frei Tomás, ele parece louco!" – pois também ela tivera a mesma impressão. Santo Tomás não proferiu uma só palavra durante todo o tempo em que merendaram juntos. Mas depois, lentamente, ele voltou ao seu anterior estado mental, a ponto de poder participar de novo da política da Igreja e de concordar em assistir a um concílio previsto para Milão ou para o sul da França.

Foi para lá num jumento. O santo era um homem gordo e corpulento nessa época e, no caminho, bateu com a cabeça num galho de árvore e caiu da montaria. Era um dia muito quente de verão e ele se levantou e não falou muito no acidente. Nessa noite, hospedou-se num pequeno mosteiro – Santa Maria di Fossa Nuova – e aí, mal cruzara o portão, sentiu-se subitamente doente de novo, foi acometido de vertigens e, apoiando-se no portão, disse: "Isto é a minha morte chegando, não escaparei desta vez". E depois foi deitar-se.

Os monges de Santa Maria di Fossa Nuova, conscientes de que tinham acolhido uma personalidade maravilhosa, o famoso frei Tomás, insistiram com ele para que desse um seminário, apesar do estado assustador em que se encontrava. Vendo-se obrigado a respeitar seus deveres cristãos, reuniu suas últimas energias e concordou em fazer o seminário; e, de acordo com as tradições mais antigas – embora isso também fosse omitido em relatos posteriores –, deu um seminário sobre os Cânticos de Salomão... Logo isso! No meio da aula, quando interpretava as palavras, "Vem, meu bem-amado, saiamos para o campo", ele morreu.

As notas desse seminário nunca foram encontradas e já na época de sua canonização, em 1312, esse último episódio foi mais ou menos omitido; ninguém mostrou qualquer interesse por suas últimas palavras, embora as últimas palavras de um santo desempenhem normalmente um grande papel em sua biografia. No entanto, nesse caso, tudo foi suavizado com óleo de rosas! Esse episódio não será encontrado em qualquer biografia oficial, mas na *Acta Bollandiana* estão as fontes e os relatos originais, em latim, das mais antigas testemunhas do processo de canonização.

Depois de ler os depoimentos acima, comecei a alimentar a terrível suspeita de que a "Aurora consurgens" poderia, na verdade, ter-se originado nos apontamentos do último seminário de Santo Tomás de Aquino. Como veremos, o texto é uma paráfrase do Cântico dos Cânticos e o último capítulo termina exatamente no mesmo lugar onde, de acordo com a tradição, frei Tomás morreu.

Fiquei muito preocupada com a minha descoberta, pois pensava que me tornaria deveras impopular se dissesse o que havia encontrado. Mas depois de lutar com a minha própria vaidade e com o sentimento de que me cobriria de ridículo se dissesse essas coisas, publiquei o livro em sua forma atual, afirmando que não havia provas, mas que a evidência era mais a favor do que contra a minha teoria. Até o presente momento, não tive conhecimento de reação *alguma* dos meios eclesiásticos, nem positiva nem negativa. A reação oficial ao que eu disse no livro tem sido até agora o completo silêncio; nem um único especialista publicou um artigo dizendo que era tudo uma grande tolice e que a autora não conhecia sequer o ABC da vida de Santo Tomás, e por aí afora.

É claro, eu tive o máximo cuidado no estabelecimento de minhas afirmações, até onde me foi possível, mas ninguém aceitou ou rejeitou o que escrevi; nada houve além de um embaraçoso silêncio. Quando o assunto é discutido na imprensa, é sempre em relação aos primeiros dois volumes de *Mysterium Coniunctionis*, do dr. Jung; foi dito então que o terceiro volume, o meu, é um documento muito interessante, e o meu último capítulo, no qual falo das coisas que agora estou expondo aqui, foi simplesmente ignorado. Ainda estou esperando para ver o que acontecerá; parece que se trata de uma bomba de efeito retardado! Também é verdade que carreguei o livro com tantas notas eruditas de rodapé que elas quase absorvem o texto principal, e a maioria das pessoas parece demasiado preguiçosa para ler tudo até o fim. Fiz isso deliberadamente. Foi como colocar, calma e discretamente, uma bomba no Vaticano!

Há uma exceção: um padre dominicano, professor de teologia, reagiu muito positivamente. Trata-se de um especialista em Santo Tomás que declarou que o meu estudo faz inteiramente sentido para ele, que nada há nele que não possa ser aceito em tal hipótese, se as pessoas forem tolerantes.

Pergunta: A senhora tem algum meio de saber se o falecido Papa* leu o estudo?

Dra. von Franz: Não, não creio que o tenha lido. Pensei em enviar-lhe um exemplar com dedicatória, mas não cheguei a fazê-lo. Tive de escrever-lhe solicitando permissão para usar a Biblioteca do Vaticano, endereçando minha carta "*a la sua Santità*" – e fiquei muito impressionada por ter que me dirigir a ele nesses termos, mas claro que era pura formalidade.

Pergunta: Ele conhecia os livros de Jung, e mantinha relações cordiais com ele, não é verdade? Em "A Vida Simbólica", Jung diz que tinha as bênçãos do Papa.

Dra. von Franz: Isso foi uma maneira de dizer, bastante indireta, que o que o dr. Jung escrevia não ia contra a doutrina da Igreja. Conversamos muito a esse respeito e o dr. Jung jamais me disse qualquer coisa nesse sentido. Tudo o que posso afirmar é que o falecido Papa tinha certamente uma atitude positiva em relação à psicologia em geral; ele declarou, numa de suas alocuções para um Congresso de Psicologia em Roma, que recomendava o estudo da psicologia e, entre as diferentes psicologias, a freudiana e outras, parecia ter certa inclinação para a psicologia junguiana.

---

* O Papa Pio XII, falecido em 1958, um ano antes da realização desta série de palestras. (N. do T.)

54. Sapiência (Sophia, a Sabedoria de Deus) como mãe dos sábios.

Eu gostaria de fornecer agora uma breve tradução de algumas partes do texto. Não poderei dar a do documento integral, porque totaliza umas cinquenta páginas, mas posso extrair as partes mais importantes.

Os primeiros cinco capítulos dedicam-se todos à aparição de uma figura feminina chamada a Sabedoria de Deus. Nos Livros da Sabedoria – que são todos de material mais recente do Antigo Testamento e influenciados pelo pensamento gnóstico e pelo gnosticismo, desde cerca do século II a.C. até ao século I d.C. – nesses vários escritos, como os Provérbios, há uma personificação

55. Deus Pai como Logos criando o zodíaco. "O Logos representaria o elemento estrutural do inconsciente – estrutura e significado – enquanto na qualificação feminina há mais a ideia de sua manifestação emocional, pictórica." – von Franz.

da Sabedoria de Deus, que se apresenta como uma figura feminina. Ela já estava junto de Deus antes que o mundo e a humanidade fossem criados. Essa Sabedoria de Deus está de acordo com a ideia gnóstica de Sophia.

Essa personificação feminina era uma figura embaraçosa para os teólogos cristãos. O que era ela? Nos escritos mais recentes do Antigo Testamento aparece uma espécie de noiva ou esposa de Deus – há certamente uma figura feminina – mas quem era ela? A posição medieval mais corrente era que ela se identificava com o Espírito Santo, justamente um aspecto feminino, e sempre que a Sabedoria de Deus era mencionada, devíamos realmente ler "o Espírito Santo"; mas alguns viram nela a alma de Cristo – *anima Christi* – que já existia antes de Cristo encarnado e, assim sendo, era idêntica à forma de Cristo como o Verbo eterno, o Logos, que estava com Deus desde o começo dos tempos e antes de sua encarnação como Jesus Cristo. Mas, nesse caso, a Sabedoria de Deus foi considerada como sendo a mesma coisa e, para explicar a feminilidade, era usada a expressão "alma de Cristo" – a *anima Christi*.

A terceira explicação, no meu entender a mais interessante, diz que ela representa a soma de todos os arquétipos – essa é a linguagem medieval, não estou projetando palavras junguianas – os *archetypi* ou ideias eternas da mente de Deus quando Ele criou o mundo. Isso é explicado nestes termos: quando Deus criou o mundo, como bom arquiteto, Ele concebeu primeiro um plano em que tudo – árvores, animais, insetos etc. – estava presente como ideia. Antes de existirem milhares de ursos no mundo, havia a ideia de urso na mente de Deus, e antes de existirem milhões de carvalhos, havia a ideia de um carvalho.

Essa ideia de um carvalho na mente de Deus seria o *archetypos* ou *rationes aeternae* ou *ideae*, os planos ou ideias eternos. Deus concebeu o mundo e depois moldou Sua ideia na matéria e criou o mundo real. Se traduzirmos isso em linguagem psicológica diremos que a sabedoria de Deus representa o inconsciente coletivo, a soma de todos os padrões de realidade decorrente de uma ideia original – mas esse seria o lado feminino da Divindade.

Pergunta: Como conciliar isso com a ideia de que o verbo, a ideia, o Logos, se relaciona com o masculino, enquanto o feminino está relacionado com a matéria, a materialização? Uma diferenciação entre o arquétipo e a imagem arquetípica deveria ser feita, por certo.

Dra. von Franz: Não penso que já tenha chegado o momento de fazê-la. Eu diria que, na ideia de Logos, a ênfase recai sobre a unicidade e a ordem espiritual e, no paralelo feminino, a ênfase incide sobre o tipo multiplicado e mais figurado. Essa é a diferença. A imagem arquetípica ainda não entra aqui; trata-se realmente de um estágio posterior. Falando em termos escolásticos medievais, esse seria o *unus mundus*, uma existência puramente espiritual que não se tornou ainda uma imagem na mente de ninguém, exceto na de Deus.

Eu faria antes a seguinte distinção: algumas pessoas vivenciam e se impressionam mais com o inconsciente por causa de sua ordenação espiritual, por exemplo, no significado de um sonho – e essas, diga-se de passagem, seriam mais do tipo que pensa. Embora eu interprete muitos sonhos por dia com diferentes pessoas, sempre fico impressionada com a maravilhosa estrutura do sonho. Há uma exposição e, depois, de um modo engenhoso, as imagens são misturadas e o significado torna-se claro. Como sou do tipo que pensa, admiro o pensamento no inconsciente, sua maravilhosa estrutura.

Se eu fosse mais do tipo que sente, talvez com inclinações artísticas, como vejo com frequência em meus analisandos, eu ficaria mais impressionada com a beleza de uma imagem onírica, com a impressão emocionante de um elemento onírico. Quando digo: "Não acha que esse sonho está maravilhosamente estruturado?", um analisando pode responder, "Sim, sim", mas pode estar mais impressionado com a vivacidade da imagem ou com o impressionante tom emocional. Um tipo Logos, mais racional, impressiona-se com a estrutura maravilhosa de algo que seria lícito esperar que fosse completamente irracional. A lógica de um sonho é algo que sempre me assombra, a lógica fantástica que há nessas séries de imagens.

Eu diria, portanto, que o Logos representa o elemento estrutural do inconsciente – estrutura e significado –, ao passo que na condição feminina há mais a ideia de sua manifestação emocional, pictórica. Eu preferiria compará-los entre si desse modo. Mas ambos significam o inconsciente em nossos termos, e mesmo esses autores escolásticos dizem que se trata apenas de uma maneira de falar – tanto se pode chamar-lhe Sophia como Logos, pois são uma só e a mesma coisa, ou dois aspectos da mesma coisa para eles, e nós poderemos concordar inteiramente com esse gênero de ensinamento.

A terceira teoria, que já era conhecida na Idade Média, veio dos árabes. Avicena – o famoso filósofo árabe Ibn Sina, conhecido na literatura europeia como Avicena – desenvolveu uma ideia aristotélica acerca do chamado *nous poiétikos*, que consiste no que se segue. Dentro da realidade cósmica do mundo, há uma inteligência criativa que existe nas coisas em si mesmas; ela existe no cosmo, é criada por Deus. Deus criou o mundo e, neste, Ele criou um espírito criativo ou, como geralmente é interpretado, uma inteligência criativa que é responsável pela intencionalidade dos eventos cósmicos. Essa intencionalidade – o fato de que o cosmo não é o caos nem um motor que simplesmente continua funcionando de acordo com leis causais, mas também é um mistério em que ocorrem sincronismos significativos – foi atribuída ao *nous poiétikos*.

Santo Alberto Magno e Santo Tomás de Aquino, seu discípulo, embrenharam-se no estudo dos escritos de Avicena e viram-se metidos em grandes dificuldades, pois estavam absolutamente fascinados pela ideia da intencionalidade do cosmo, a noção de que o cosmo tem uma inteligência, e não sabiam como conciliar isso com suas ideias cristãs. Santo Alberto era um intuitivo e um grande gênio, mas não um pensador muito acurado, e limitou-se a observar habilmente que isso era algo como o Espírito Santo. Santo Tomás, que era do tipo que pensa, não pôde aceitar completamente isso e, portanto, cortou o *nous* em dois, dizendo que, em parte, o *nous poiétikos* não estava no cosmos, mas na mente humana, da qual era a base – em termos modernos, chamá-la--íamos de base do mistério da consciência – e a outra metade, disse Santo Tomás, era simplesmente a Sabedoria de Deus.

Assim, ele cortou o conceito islâmico em duas partes, colocando uma no homem e a outra na Sabedoria de Deus. Isso é muito interessante, pois originalmente, a inteligência, a intencionalidade ou a ordem espiritual do mundo projetava-se no exterior. O homem medieval, à semelhança dos primitivos, não entendeu o fato de que vemos a ordem por meio de nossa mente. A causalidade não é algo que existe; é simplesmente o modo como explicamos a sequência de eventos, uma categoria filosófica. A mesma coisa se aplica à sincronicidade, mas a conexão da sequência de eventos em si mesmos nos é desconhecida.

Na época medieval, as pessoas pensavam que a causalidade etc. existia objetivamente no mundo exterior e que, portanto, o mundo exterior possuía uma inteligência, o que não era uma ideia tão estúpida quanto parece. A ideia da inteligência do mundo impressionou-os demais e, por meio dela, eles puderam entender por que Deus havia criado o mundo e suas relações significativas. Por conseguinte, Santo Tomás introjetou, ou recolheu, essa projeção e percebeu que, em parte, tratava-se de um problema de nossas próprias operações mentais, pois não há intencionalidade a menos que a vejamos, e se ninguém puder descrever a causalidade, esta não existe. Ambas dependem da mente que observa e descreve.

Assim, Santo Tomás deu o passo moderno de introjetar as teorias da ciência natural, percebendo que os termos que usamos provêm de nossa própria mente. Sendo um grande pensador, foi ainda mais longe e perguntou por que nossa mente produz ideias tais como relações significativas, e atribuiu isso ao *nous poiétikos*. Esse era o estado de consciência do homem que talvez tenha escrito o texto que estamos analisando agora.

O texto prossegue:

> Todas as boas coisas me chegam por intermédio dela, a Sabedoria do Sul [literalmente, o vento sul], que se lamenta nas ruas, convocando as gentes, e que fala na entrada da cidade: "Vinde a mim e sede iluminados, e vossas ações não serão confusas. Todos os que me queiram serão cumulados de minhas riquezas".
>
> Vinde, meus filhos, e escutai, pois eu vos ensinarei a Sabedoria de Deus, que é sábio e entende aquilo a cujo respeito Alfídio diz que adultos e crianças pisam na rua, que é calcada todos os dias pelas patas dos animais na estrumeira e de que Sênior diz nada haver de mais desprezado exteriormente e nada de mais precioso na natureza, e Deus não o deu para ser comprado com dinheiro.
>
> Ela, a Sabedoria, é aquilo que Salomão diz que devemos usar como uma luz, e ele colocou-a acima de toda a beleza e de toda a salvação, pois nem mesmo o valor das gemas e dos diamantes é comparável com o valor dela. O ouro, em comparação com ela, é areia, e a prata, em comparação com ela, é como barro. Isso é muito verdadeiro, pois adquiri-la é mais importante do que o mais puro ouro e a mais pura prata. Seus frutos são mais preciosos do que as riquezas do mundo inteiro e tudo o que possamos querer não pode ser comparado com ela.
>
> A vida longa e a saúde estão em sua mão direita, e a glória e imensas riquezas em sua mão esquerda. Seus métodos são

belas obras dignas de louvor, não desprezíveis nem ruins, e seus caminhos são medidos e não apressados, mas ligados com persistente e contínuo trabalho árduo. Ela é a árvore da vida para todos os que a compreendem e uma luz que nunca se extingue.

Bem-aventurados são aqueles que a entenderam, pois a Sabedoria de Deus nunca morrerá, do que Alfídio dá testemunho quando diz que aquele que chegar a descobrir essa Sabedoria terá dela nutrimento legítimo e eterno. Hermes e os outros filósofos dizem que, se um homem tiver esse conhecimento [aqui a palavra conhecimento é usada em vez de sabedoria] por mil anos e tiver de alimentar sete mil pessoas diariamente, ele ainda terá o bastante, e Sênior diz que tal homem é tão rico quanto o homem que possui a pedra filosofal, da qual pode obter e assim dar fogo a quem quer que o deseje. [Sabemos que, se tivermos uma pederneira, poderemos sempre reproduzir fogo sem qualquer perda.]

Aristóteles disse a mesma coisa no segundo livro, *Sobre a Alma*, no qual escreveu que há limites para o tamanho e o crescimento de todas as coisas naturais, mas que o fogo pode crescer eternamente se lhe dermos mais alimento. Bem-aventuradas são as pessoas que encontram essa ciência [ele agora usa a palavra ciência em vez de sabedoria, mas atribui-lhe o mesmo significado] e para quem flui a sabedoria de Saturno. Pensai nela em todos os seus caminhos e ela vos guiará.

56. A Sabedoria como virgem e árvore da vida.

Sênior diz que somente o sábio e o intelectual, e o homem que pensa com exatidão e o homem inventivo podem entendê-la, e só depois que o espírito deles foi esclarecido mediante o livro da agregação. Porque então o pensamento dessa pessoa começa a fluir e a seguir o seu desejo [aqui, para desejo, é usada a palavra concupiscência, vocábulo muito chocante para um monge medieval]. Bem-aventurados os que meditam sobre as minhas palavras.

E Salomão disse: "Meu filho, coloca-a em torno do teu pescoço e grava-a nas tábuas de teu coração, e tu a encontrarás". Diz à Sabedoria que é tua irmã e chama-a tua amiga. Pensar nela é uma perfeição sutil que obedece completamente à natureza e leva a sabedoria à perfeição. [Subitamente, o texto muda e o homem tem de adicionar a perfeição à sabedoria, a Sabedoria de Deus. Ela é a coisa mais perfeita e, apesar disso, o homem tem de adicionar-lhe a sua sabedoria.]

Os que ficam atentos a ela dia e noite não tardarão em estar seguros. Ela é muito clara para os que têm discernimento e nunca desvanece nem morre. Parece fácil para os que a conhecem, pois circula em busca daquele que for digno dela. Encaminha-se para ele cheia de prazer e encontra-o em cada providência, pois seu começo é a natureza mais verdadeira, da qual nenhum artifício virá.

Assinalem-se a exultante linguagem poética e as numerosas alusões a diferentes citações bíblicas. Para quem conhece bem a Bíblia, algo familiar soará constantemente a seus ouvidos. As citações são principalmente da Vulgata e, portanto, formuladas de um modo ligeiramente diverso da Bíblia inglesa.

No começo, fica-se um tanto perplexo porque há uma paráfrase das palavras da Sabedoria de Deus. Ela aparece nas ruas, chama pelos homens. Isso é tirado da Bíblia, como se sabe. Figura principalmente no livro *Eclesiástico* e nos *Provérbios*. Depois, se lermos com atenção, notaremos algo muito estranho. Vejamos: no começo temos a Sabedoria de Deus como um ser feminino que conclama as pessoas a se aproximarem, dizendo: "Vinde e escutai-me". Mas depois o pensamento muda e é dito que "esta é coisa pisada nas ruas e desprezada por todos".

Essa é uma citação alquímica e refere-se no texto original à pedra filosofal, Assim, quem conhece essa citação sabe que o escritor, desde o começo do texto, identifica a Sabedoria de Deus com a pedra filosofal, que para ele são uma e a mesma coisa. Ele deve ter tido uma experiência em relação à qual sentiu que o que penetrou nele e o dominou foi aquilo que os alquimistas chamam de pedra filosofal.

O autor prossegue citando mais alguns alquimistas, Sênior etc., a respeito de a Sabedoria de Deus ser muito preciosa, mas desprezada pela gente comum, e há um longo paralelo para mostrar como ela é muito mais preciosa do que todos os bens mundanos. Depois vem uma alusão não bíblica ao fato de que uma pessoa tem de trabalhar por longo tempo para encontrá-la, e ao fato de que ela é uma espécie de alimento eterno, ou algo como o fogo que pode acender outros fogos; e então, subitamente, ele diz que, para encontrá-la, exige-se uma coisa apenas: uma sutil percepção da verdadeira natureza.

Segue-se a isso uma citação ainda mais impressionante do nosso conhecido Sênior: "Se fizerem isso, vosso pensamento começará a fluir e a seguir a sua concupiscência". Na linguagem escolástica medieval, concupiscência significa os apetites comuns

– desejos sexuais, desejo de alimento etc., mas sobretudo o desejo sexual, a base comum, vulgar do amor superior. O próprio Santo Tomás de Aquino tinha uma teoria de amor, a saber, que este começou sempre com a concupiscência e tinha de ser sublimado no amor de Deus.

Ou não podemos entender nada desse texto e diremos simplesmente que está fora do nosso alcance, ou devemos examiná-lo como se analisa um sonho. Podemos aceitá-lo como se fosse um documento oriundo do inconsciente e, nesse caso, seu significado torna-se claro: o inconsciente coletivo irrompeu na mente desse homem e invadiu-o, na forma de uma personificação feminina que ele achou que era a Sabedoria de Deus; veremos mais adiante que ele concebe a Sabedoria de Deus e Deus como uno. Um aspecto feminino de Deus sobrepujou-o e ele diz que isso se alcança observando a natureza de um modo sutil e seguindo o nosso próprio desejo íntimo, ou seja: trata-se de uma verdade sutil, que pode ser alcançada por quem possuir a simplicidade mental necessária para seguir seu próprio desejo. Se isso tem algum significado, só pode referir-se a uma experiência avassaladora do inconsciente, na forma de uma personificação feminina.

Pela sensibilidade do texto, penso (e espero que concordem comigo) que isso não é uma invenção do intelecto. Entendo-o mais como se tivesse sido escrito por alguém que, primeiro foi profundamente dominado por essa experiência e tentou, depois, exprimi-la mediante essas citações bíblicas e alquímicas. Esse processo pode ser observado, por exemplo, no desencadeamento de uma psicose.

Uma das mais destrutivas síndromes num intervalo psicótico ocorre quando as pessoas são sobrepujadas por experiências emocionais ou alucinatórias e não podem expressá-las. Logo que elas se sentem capazes de contar essas experiências a alguém, já não são completamente psicóticas; a primeira fase terminou. Se elas podem dizer alguma coisa a respeito disso, e podem descrevê-la ainda que de um modo hesitante ou simbolicamente, se são capazes de desabafar de alguma maneira, já não estão mais perdidas e o processo de cura já está em curso.

O pior é quando a coisa é tão esmagadora que as pessoas ficam simplesmente pálidas, afundam na cama e tornam-se catatônicas. Sabemos que elas estão passando pelas mais tremendas experiências interiores, mas exteriormente jazem na cama como um pedaço de madeira e recusam alimento. Quando se reanimam começam a gaguejar e a falar do que viram, isso já é uma melhora, pois encontraram então um modo de expressão.

É extremamente importante, por conseguinte, se tivermos que considerar tal possibilidade, que tratemos tais pessoas como se tivessem uma psicose latente e lhes proporcionemos uma tremenda quantidade de conhecimento simbólico. Se suspeitarmos de uma possível irrupção ou invasão do inconsciente coletivo, devemos incutir nessas pessoas o máximo que pudermos de conhecimento simbólico, fazendo-as ler Jacob Boehme, textos alquímicos e mitologia, tanto quanto possível. Elas não saberão por que e poderão até pensar que isso é um tanto estranho, mas depois, se a experiência avassaladora chegar, elas talvez possam expressá-la ou, pelo menos, descrevê-la. Se pudermos fazer isso suficientemente bem, isto é, preparar o terreno mediante a antecipação do conhecimento simbólico, mesmo que elas ignorem o seu uso, depois, quando a experiência se apresentar, elas já possuirão uma rede na qual poderão captá-la e reexprimi-la.

Contou-me o dr. Jung que teve, certa vez, o caso de uma médica muito racional e de horizontes mentais um tanto acanhados; era uma médica estrangeira que estudara psiquiatria e queria submeter-se a uma análise didática. Ele reconheceu imediatamente que essa colega tinha uma psicose latente e que a situação era bastante perigosa. Em vez de realizar uma análise didática comum, Jung decidiu abarrotá-la ao máximo de conhecimentos simbólicos: história da religião, mitologia, tudo o que sabia então sobre alquimia etc. Em virtude de sua forte transferência, ela engoliu tudo, mas não percebeu muito bem o que isso teria a ver com o seu caso.

Depois, regressou ao seu país e, de repente, a coisa explodiu e ela saltou por uma janela do hospital em que trabalhava. Apenas fraturou ambas as pernas, mas quando foi levada de volta ao hospital, estava louca furiosa e havia desaparecido completamente num episódio psicótico. O médico que a tratou escreveu ao dr. Jung sobre o desenvolvimento do caso e descreveu como, três dias após ter estado o que se poderia chamar completamente louca, dizendo coisas tipicamente psicóticas, ela começou a

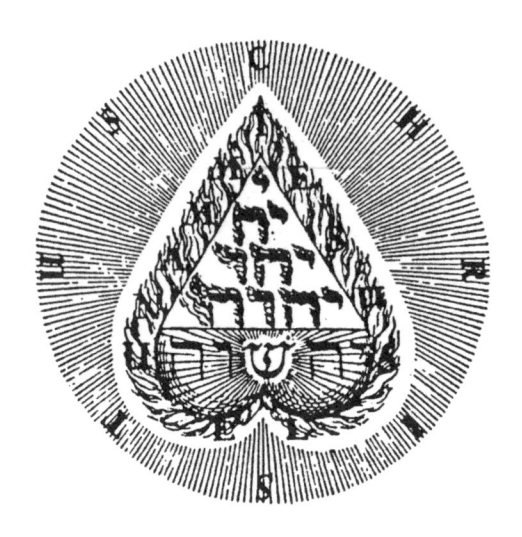

57. Coração ardente, invertido, simbolizando devoção religiosa e sabedoria transcendente, por Jacob Boehme.

recordar algumas das coisas simbólicas que havia lido e o que Jung lhe dissera a respeito delas. Ela começou dando certa ordem a tudo aquilo e em torno desse material formou o núcleo de uma nova personalidade do ego.

Após três semanas, ela estava fora de perigo e perfeitamente normal. O que ela ouvira e lera tinha vindo então em sua ajuda e habilitara-a a conter aquela arrasadora experiência emocional no quadro de referência de um entendimento psicológico simbólico. Recuperou-se e, de acordo com a correspondência que Jung manteve com ela durante muitos anos – Jung nunca mais voltou a vê-la pessoalmente, porque vivia num país longínquo –, nunca teve qualquer recaída; esse foi o seu único episódio psicótico e há todos os motivos para acreditar que a coisa está agora realmente integrada, que ela está curada.

Vemos, então, como um conhecimento do simbolismo é uma rede, por assim dizer, na qual se pode, pelo menos, captar o indizível mistério de uma experiência imediata do inconsciente. Penso que o nosso autor teve essa indescritível e esmagadora experiência do inconsciente e que tentou, de um modo algo caótico, por meio de uma miscelânea de citações bíblicas e alquímicas, captar e descrever o que tinha acontecido com ele.

Observação: Como conciliar o que acaba de ser dito sobre a capacidade de expressar essas experiências com o que a autora disse em cursos anteriores, quando afirmou que, se os psicóticos simplesmente não falassem, então ninguém saberia nada disso?

Dra. von Franz: É muito simples. Eu quis dizer que eles não deveriam falar sobre essas coisas às pessoas em geral, mas que o façam com o seu analista. Se o nosso autor fosse proclamar na rua que a Sabedoria de Deus o visitara e que ele agora sabia tudo a esse respeito, não seria acertado e seguramente lhe acarretaria sérios problemas. Mas segundo parece, ele escreveu um ensaio, ou deu um seminário sobre o assunto; ou, se foi o último seminário de Santo Tomás de Aquino, ele estava em coma e terá falado aproximadamente nesses termos. Não creio que Santo Tomás estivesse em condições de escrever, de modo que o texto que conhecemos deve ter sido redigido a partir de apontamentos do que ele disse, o que se harmoniza com o fato de serem os manuscritos muito diferentes, alguns mais ricos e outros mais pobres. Há uma grande diferença até nos manuscritos mais antigos.

Temos notas de outras palestras dadas por Santo Tomás. Era comum nesse tempo tomar apontamentos de seminários e muitos de seus escritos foram apenas coligidos desse modo por seus discípulos; imagino que ele falou, como diz o relato original, num estado de semiêxtase e de grande debilidade, acerca do Cântico de Salomão. Nesse caso, não poderíamos dizer que ele devia abster-se de falar, mas o efeito foi que, nesse período final de sua vida, o que ele disse então foi simplesmente posto de lado. Guilherme de Tocco e Reginaldo de Piperno, os mais antigos biógrafos, relatam os acontecimentos, mas os biógrafos posteriores não os mencionam, pois, como poderia esse grande homem, com sua mente maravilhosa, clara, racional, dizer tais coisas em seu leito de morte, mesmo em estado semicomatoso?

As pessoas normais ou não internadas que tivessem tido tal experiência guardá-la-iam para si mesmas, ou contá-la-iam a apenas meia dúzia de pessoas que fossem capazes de entender. Se o indivíduo já sucumbiu e está no Burghölzli ou em algum outro hospital psiquiátrico, isso deve ser contado a alguém que escute, melhor do que ficar na cama sem dizer palavra, o que considero completamente errado. Um caso avançou muito mais do que o outro. Além disso, esse gênero de fala não é endereçado a ninguém. Ele é feito no estilo de um anúncio, uma espécie de anúncio extático: "Agora, vou ensinar-lhes a Sabedoria de Deus...". Como se reconhece logo esse estilo! Uma pessoa não terá cruzado necessariamente a fronteira quando usa tal linguagem, porque esse é o estilo do inconsciente.

Lembro-me de que, quando fiz um de meus primeiros trabalhos de imaginação ativa, surgiu uma figura que tinha um sentimento tão maravilhoso e fazia anúncios tão impressionantes que eu simplesmente não consegui escrevê-los! Aquilo pareceu-me tão desagradável que bloqueei, mas o dr. Jung disse-me que esse era o estilo do inconsciente. É de muito mau gosto querermos julgá-lo desse modo. Na imaginação ativa de um jovem, o Espírito Santo apareceu-lhe pessoalmente e falou-lhe, como é de se imaginar que fizesse, e o estômago do pobre homem quase virou do avesso por ter que escrever uma matéria tão pretensiosa.

Há algo de cético em nós, em nossa natureza realista, que não podemos admitir, mas esse é o estilo do inconsciente e explica por quê, quando as pessoas caem nisso, falam com convicção e começam tendo esse estilo pomposo e emocionalmente impressionante. Trata-se de um estilo ritualista ou sacramental, empolgado pela emoção, como aquelas maravilhosas canções dos índios norte-americanos, com muita repetição e três améns etc. Quando são atingidas as mais profundas camadas da emoção, a pessoa tem apenas de aceitá-lo. Ela poderá ainda observar desapaixonadamente, mas se a tais coisas for permitido que ganhem expressões em sua forma original, a pessoa terá de admitir esse modo pomposo e emocional de falar. É por essa razão, penso eu, que há esse estilo arrebatado, predicante.

Eu gostaria de passar por cima do capítulo seguinte, porque é muito desagradável. Ele diz que devemos amar a luz da sabedoria porque então governaremos o mundo, que isso é um sacramento de Deus, que ninguém deve revelar ao povo comum porque todos ficariam enciumados etc. Só no final esse escrito é um pouco melhor, quando diz que, se uma pessoa descobre esse segredo, então dirá:

> Sê feliz, Jerusalém, reuni-vos em prazer porque Deus teve piedade dos pobres, e Sênior diz que existe uma pedra que, se alguém a encontrar, a colocará sobre seus olhos e nunca a jogará fora porque é o elixir que expulsa toda aflição e, além de Deus, o homem não possui coisa melhor.

O que aconteceu ao homem nesse ponto? Não é difícil perceber, porque ele fala de governar o mundo e diz que o segredo não deve ser contado às pessoas comuns. Quem fala assim?

Resposta: Alguém tomado de soberba.

Dra. von Franz: De fato, ele se mostra cheio de soberba nesse capítulo. A experiência da Sabedoria de Deus foi avassaladora, e agora ele é aquele que teve essa experiência, que sabe tudo a respeito e, naturalmente, é o grande homem. Aí temos, de

58. O alquimista e sua *soror mystica* (psicologicamente, a sua alma) segurando as chaves para o trabalho, aqui representado como a libertação da alma dos grilhões do corpo (*separatio*), o que Jung interpreta como "uma retirada das projeções simplistas pelas quais moldamos a realidade à nossa volta e a imagem do nosso próprio caráter".

imediato, a indicação arrogante de alguém que se considera eleito, sendo todos os outros imbecis e invejosos. Esses são sintomas típicos de uma atitude presunçosa, inevitáveis após uma experiência dessas. Não penso que qualquer ser humano possa ter semelhante experiência sem passar, por um momento, por essa fase; ela pertence à própria experiência. A questão é saber se a pessoa permanece nela ou não.

O capítulo seguinte é ainda pior. Fala daqueles que não conhecem essa ciência e dos que a negam.

> Essa ciência de Deus e ensinamento dos santos, o segredo dos filósofos e elixir dos doutores, é desprezada pelos néscios que ignoram o que isso seja. Eles rejeitam a bênção de Deus e é melhor que não a recebam porque quem quer que não conheça isso é seu inimigo, sendo essa a razão pela qual Speculator diz que zombar dessa ciência é a causa de toda a ignorância e que não se deve dar salada a burros que se satisfazem com cardos, e não se devem jogar pérolas a porcos etc. Devemos falar aos néscios como a pessoas que estão adormecidas, e nunca devemos colocá-las no nível do sábio. Sempre haverá pobreza e infelicidade no mundo porque o número de tolos é imensamente grande.

Aqui, a soberba atinge o auge. Depois vem um trecho relativamente árido que mostra uma mudança na situação psicológica.

Muito secamente, ele diz que o título do seu livro é "A Aurora Nascente" por quatro razões:

> Em primeiro lugar, a palavra "aurora" pode ser explicada como "aurea hora" [a hora dourada – um jogo de palavras em latim], porque há certo momento bom nesta obra em que a pessoa pode alcançar seu objetivo; em segundo lugar, a aurora fica entre o dia e a noite e tem duas cores, a saber, o amarelo e o vermelho, e assim, a nossa ciência, ou alquimia, produz as cores amarela e vermelha, que estão situadas entre o preto e o branco.

Esse é o conhecimento alquímico clássico acerca do *nigredo-albedo-rubedo-citrinitas*, os quatro estágios da cor, e a aurora seria a ascensão da cor amarelo-vermelha, a realização do trabalho alquímico.

> Em terceiro lugar, na aurora, as pessoas doentes, que sofreram durante toda a noite, geralmente sentem-se melhor e adormecem; e, do mesmo modo, na aurora da nossa ciência, os odores malignos que perturbam e infetam a mente do alquimista em seu trabalho desaparecem, tal como diz o Salmo: "Ao anoitecer pode vir o choro, mas a alegria vem pela manhã" (Salmo 30:5). E, em quarto lugar, a aurora chega no fim da noite, como o início do dia ou a mãe do sol, e o clímax de nosso trabalho alquímico é o fim

de toda a escuridão da noite em que, se um homem caminha, tropeça (São João, 10:10), sendo por isso que está dito nas Escrituras: "Um dia discursa a outro dia, e uma noite revela conhecimento a outra noite" (Salmo 19:2) e "...a noite brilha como o dia: as trevas e a luz são iguais para ti".

Essa última citação (Salmo 39 na Vulgata) é o salmo cantado na noite anterior ao dia de Páscoa na Igreja Católica, quando a noite se ilumina e fica tão clara quanto o dia etc. Assim, devemos certamente suspeitar que, se não é Santo Tomás de Aquino, esse homem é um sacerdote católico, já que, provavelmente, ninguém mais poderia citar a Bíblia com tanta fluência. Ele alude aí à Missa da Ressurreição, e compara a aurora da ciência, a aurora nascente, à ressurreição de Cristo.

No que se refere ao estado do autor, vê-se que o estilo extático cessou agora completamente e tornou-se ligeiramente pedantesco. A aurora, por quatro razões, é chamada assim e assado. Portanto, eu diria que ele abandonou sua postura presunçosa e voltou a um estado de consciência relativamente sóbrio, tentando agora incutir ordem em sua experiência.

Essa ordem é tipicamente quádrupla. O autor fornece quatro explicações da palavra "aurora" – quatro razões. Sempre que a consciência tenta estabelecer-se, ela incute nas coisas uma ordem quádrupla; essa é a rede com que ela capta as coisas e lhes propicia certa ordem; e, portanto, o autor procura agora fornecer uma explicação quádrupla à aurora nascente. A aurora é a Sabedoria

59. O alquimista como sacerdote: "Vemos para que serve um credo oficial ou uma atitude religiosa: é um barco para onde uma pessoa pode retirar-se quando os tubarões atacam... quando o influxo do inconsciente torna-se excessivamente forte". – von Franz. À esquerda, está a Mãe Terra amamentando o bebê Mercúrio, indicando que a natureza cuida de seus filhos.

de Deus, como veremos mais adiante, de modo que ele tenta estabelecer certa distância entre o que lhe aconteceu e o que vê ser a aurora nascente; conheceu-a e agora pode descrevê-la com quatro razões.

Suas explicações parecem-me muito superficiais. Em primeiro lugar, ele faz um jogo de palavras – *aurora, aurea hora* – e depois compara-a ao alvor matinal, quando as pessoas adormecem após uma noite ruim, de doença.

OBSERVAÇÃO: Isso parece uma compensação intelectual para o excesso de emoção.

DRA. VON FRANZ: Sim, mas uma compensação que vai longe demais. Isso acontece com muita frequência em fases esquizofrênicas. Há um jogo de palavras, depois aparecem alguns impropérios e, de súbito, observa-se uma despreocupação insolente. Trata-se de uma compensação por ter mergulhado profundamente demais nas emoções. É compreensível como um ato de compensação ou para escapar à emoção, mas para o observador isso é apenas repugnante. Um ser humano teve a mais profunda experiência interior, de que participa com todo o seu sentimento e com toda a sua emoção, e depois essa mesma pessoa aparece um dia e declara que tudo aquilo era uma grande besteira!

Notei isso praticamente todas as vezes em que analisandos mergulharam muito profundamente no inconsciente. Trata-se de um mecanismo de defesa de uma consciência frágil contra uma experiência excessivamente arrasadora. Eu gostaria de descrever isso como um comportamento esquizoide – tomar coisas sérias de um modo muito leviano, rindo delas de uma maneira quase cínica – mas é, na verdade, uma compensação por ter sido empurrada fundo demais. Temos aí uma reação superficial.

Em casos extremos, ocorre aquilo que os médicos e psiquiatras *querem* inclusive obter, ou seja, a "recuperação regressiva da *persona*", quando as pessoas dizem que tudo o que viram fazia parte de sua doença e nunca mais voltarão a pensar nisso. Elas enterram a experiência toda e saem para tentar adaptar-se socialmente; arranjam um emprego num escritório e querem que nunca mais lhes seja lembrado o que disseram ou pensaram nessa fase. Elas vão normalmente para outra cidade, para não se encontrarem com as mesmas pessoas e, se alguma vez mencionam realmente esse período, é como uma coisa que lhes aconteceu quando estiveram doentes.

A experiência é totalmente rejeitada, porque perigosa. Seu efeito, no começo, foi demasiado forte e, depois, talvez ao saírem desse estado como resultado da terapia de choque, sobrevém via de regra essa atitude de indiferença. Se, sem terapia, conseguimos tirar as pessoas desse estado, pelo uso de neurolépticos como o Largactil em comprimidos ou do eletrochoque, então verifica-se geralmente essa reação. Essas pessoas sentem vergonha de seu passado, quando estiveram loucas; adaptam-se à realidade de um modo superficial e, se falamos com elas, são de uma monotonia total. Tem-se a impressão de que se tornaram enfadonhamente normais – todo o brilho e vitalidade da personalidade desapareceram.

Graças a Deus, isso é apenas uma fase temporária, é algo que acontece frequentemente e que podemos compreender. Trata-se de um ritmo normal em reações humanas, ilustrado, por exemplo, no teatro clássico grego, em que três tragédias são seguidas por uma comédia. Ninguém podia ir para casa depois de ter visto *Édipo Rei* e duas outras peças no mesmo tom; tinha de haver no final uma das comédias de Aristófanes, para que todos os espectadores rissem a bandeiras despregadas. Ou há o mecanismo típico em que, no momento mais solene de um funeral, uma pessoa vê subitamente algo burlesco e tem uma reação nervosa que a faz querer rir. É o clímax de excitação que se converte no desejo de rir; ninguém pode suportar por muito tempo uma condição trágica exagerada, de modo que, ocasionalmente, sente-se compelida a levá-la para o lado da troça.

Isso também explica a Missa Jocosa da Idade Média. Durante 364 dias do ano, a Missa e a Hóstia são recebidas com a maior seriedade e, um dia por ano, a liturgia era simplesmente um motivo de chistes. Ou, no ritual dos índios norte-americanos, no qual existe um palhaço que pertence ao clã do Thunderbird, que escarnece das cerimônias mais sagradas, fazendo comentários obscenos e chistes a respeito delas; isso mostra como o clímax de excitação em pessoas normais desperta o desejo de algum tipo de compensação. Assim, a reação do esquizoide ameaçado pelo inconsciente é muito normal.

Temos em casa uma empregada que vê fantasmas e pode falar de um modo sumamente realista de suas experiências. Para ela, essa é a realidade absoluta em que vive e fica falando horas a fio com os fantasmas. Trata-se de um grande segredo em que temos de ser primeiro admitidos e só então ela falará disso com grande emoção, mas nunca terminará a conversa para voltar a suas tarefas domésticas sem dizer: "Oh, claro, a senhora sabe, os fantasmas não existem, tudo isso é bobagem!". Depois abre um largo sorriso e volta para o trabalho. Esse comentário é simplesmente um *rite de sortie*, pois ela não pode mudar-se imediatamente de sua experiência com fantasmas para a tarefa de cozer batatas; o *rite de sortie* é a sua libertação de algo que a impressionou profundamente. A maioria das pessoas, quando se sentem excessivamente dramáticas, se possuem algum senso de humor, faz a mesma coisa.

O capítulo seguinte intitula-se "Excitar o Ignorante Para que Busque a Sabedoria":

> Não ouves a Sabedoria e não é a sagacidade compreensível nos livros dos sábios quando ela diz: "Vós, homens, eu vos chamo e chamo os filhos do entendimento. Entendei a parábola e sua interpretação, entendei a palavra do sábio e seu enigma. Os sábios usaram todas as espécies de expressões, fazendo comparações com todas as coisas na terra para aumentar essa sabedoria. Se um homem sábio escuta as pessoas sábias, ele obterá mais entendimento e sabê-lo-á".
>
> Essa é a Sabedoria, Rainha do Sul, que veio do Leste como a aurora nascente para ouvir e entender a sabedoria de Salomão. Em sua mão está o poder, a honra, a glória e o reino. Ela tem uma coroa de doze estrelas refulgentes sobre sua cabeça, qual uma noiva ataviada para seu noivo, e em seu manto há uma inscrição dourada em grego

[provavelmente em árabe] e latim: "Como rainha governarei e meu reino não chegará ao fim para aqueles que me encontram com sutileza e espírito de invenção e constância".

O autor procura agora lidar com sua experiência de outro modo; ele compreendeu subitamente que todos os textos simbólicos que leu antes, na Bíblia e na alquimia, apontam para essa mesma experiência. Agora, provavelmente, ele é capaz de ler textos alquímicos e de sentir que sabe o que eles significam, porque pode ligá-los à sua experiência pessoal; e pensa que toda a Bíblia e toda a tradição alquímica são simbólicas, uma espécie de símile ou descrição simbólica daquilo que ele acabou de vivenciar.

Vê-se, então, que o que eu descrevi antes acontece agora: o autor está tentando captar, consolidar e entender suas experiências interiores, ampliando-as para outros textos. Ele vê na Bíblia e na literatura alquímica possíveis ampliações. E agora essa figura, que é realmente a figura-chave de toda a experiência – isto é, a Sabedoria, a Rainha do Sul ou a Aurora Nascente – aparece de novo e, ele a louva. Ela é a rainha que governará para sempre em seu reino. É chamada a Rainha do Meio-Dia, ou o Vento Sul – em latim, *auster* significa o vento sul e o "meio-dia" – e isso está relacionado com o texto bíblico de Mateus 12:42: "A rainha do Sul se levantará no dia do juízo com esta geração, e a condenará; porque veio dos confins da terra para ouvir a sabedoria de Salomão. E eis aqui quem é maior do que Salomão".

Esse texto, que é mais ou menos idêntico a Lucas 11:31, refere-se à famosa rainha de Sabá, que foi visitar o rei Salomão e com ele teve um caso amoroso do qual ainda descendem os atuais reis abissínios. A rainha de Sabá era etíope, uma rainha pagã, que foi convertida por Salomão à religião verdadeira. Com seu séquito de camareiras negras, ela dormiu com o rei e depois regressou grávida para o seu reino, dando à luz o primeiro rei da Abissínia. Esse caso de amor do idoso Salomão tornou-se o grande tema da literatura erótica europeia.

No Oriente, como se sabe, especialmente no misticismo persa e em parte no misticismo árabe (sobretudo o da tradição xiita, a que Sênior pertencia), existem livros que se poderia dizer constituírem a literatura da *coniunctio*, isto é, a união de um homem notável, de um rei, com uma rainha etc., que é dito ser uma imagem da união da alma com Deus, em que a alma do homem é considerada feminina: a *anima* esposa Deus no momento do supremo êxtase religioso e, portanto, nesse momento, o místico é uma noiva que casa com a Divindade. É dito que os poemas de amor muito mundanos e compreensíveis de El-Hafis devem ser lidos com um sentido místico e que El-Hafis *não* está descrevendo um vulgar caso de amor, mas usa essa linguagem para

60. União de rei e rainha como deus andrógino, segurando a serpente macho com sol e a serpente fêmea com lua.

descrever a *unio mystica* da alma com Deus. O mesmo pode ser dito de El-Rumi,

A carta de amor do sol para a lua é uma variação típica desse gênero de literatura amorosa, em que podemos dizer que o problema do fenômeno de transferência é unido de forma superlativamente bela com o processo de individuação, e expresso em linguagem simbólica. A experiência da *anima* para o homem e do *animus* para a mulher está, de fato, inteiramente fora de uma experiência real com um parceiro humano. A extensão em que o parceiro humano desempenha um papel – apenas como uma imagem longínqua ou como uma conexão genuína – varia de caso para caso, mas essa experiência é a suprema experiência, que culmina na experiência do Si-mesmo.

Podemos dizer, portanto, que em toda a experiência profunda de amor está envolvida a experiência do Si-mesmo, porque a paixão e o fator nela dominante promanam do Eu. Essa experiência foi mais bem entendida e cultivada nas esferas não cristãs, que apresentam uma atitude mais equilibrada em relação ao princípio feminino; na tradição judaica e na cristã oficial, esse tipo de literatura amorosa, assim como o problema da união amorosa com Deus, foram em grande parte rejeitados, com raras exceções. Na literatura judaica, foi principalmente a cabala que retomou esse tema e, na tradição cristã, existem alguns místicos, como São João da Cruz e seu famoso poema, que é uma paráfrase do Cântico dos Cânticos, em que essa linguagem é novamente usada. É provável que São João da Cruz conhecesse muita literatura islâmica, dado que viveu na Espanha.

Por outro lado, não se pode esquecer que em nossa civilização ocorreu uma cisão. A Igreja não encorajou esse gênero de literatura mística e religiosa, que, portanto, afetou profundamente a literatura semirreligiosa dos romances medievais, sobretudo a poesia do ciclo, bem como as tendas do Santo Graal. Aí penetrou todo o misticismo amoroso, como poderíamos chamá-lo e, na lenda da rainha de Sabá, desempenhou um importante papel. A história da rainha de Sabá já nessa época dera origem a um romance muito sentimental, do qual existem diferentes versões etíopes, abissínias e islâmicas. O texto foi muito elaborado como uma experiência por meio do amor místico para conversão a Deus, e isso foi aproveitado pelos romances medievais de cavalaria e influenciou muito todas as belas histórias de amor da literatura medieval, que não foram realmente rejeitadas pela Igreja, embora ela as olhasse com certa desconfiança.

A rainha de Sabá tem, portanto, uma longa tradição. Ela representa na tradição cristã uma figura de *anima* tão sublime quanto a Virgem Maria. Para o aspecto sublime da *anima*, a Virgem Maria apresenta-se como um símbolo adequado; mas quanto ao aspecto menos sublime, onde poderá um homem projetá-la? A rainha de Sabá, com sua sombra negra, sua serva negra, tornou-se um objeto conveniente sobre o qual esse aspecto da *anima* podia ser projetado e, portanto, muitos romances elaboraram o tema da história de amor do rei Salomão.

Também era muito legítima, pois em seu caminho ao encontro de Salomão, a rainha de Sabá chegou a um rio onde havia uma pequena ponte feita com parte da madeira que mais tarde se tornou a cruz, e a rainha de Sabá, em sua visão mediúnica, recusou-se a passar por ela, preferindo cruzar o rio a vau e molhar seus pés a caminhar sobre aquela madeira. Ela anteviu que a madeira se converteria na cruz. Daí em diante, nas lendas medievais, ela foi considerada uma das profetisas, uma vidente que previu a vida de Cristo e sua morte na cruz, e isso abriu a porta pela qual ela pôde ingressar na literatura cristã. Por esse ato, ela foi legitimada, embora toda a sua sombra negra e todos os seus casos de amor profano com Salomão a acompanhassem. Tudo isso tinha de ser tolerável porque ela antevira a morte de Cristo.

Assim, a rainha de Sabá é uma figura de *anima*, sumamente interessante do período medieval; essa é a alusão em Mateus 12:42 e no texto que estamos estudando, e aqui o autor alude a ela desse modo. Para ele, a Sabedoria de Deus é também a rainha de Sabá que é a aurora nascente.

O começo do capítulo seguinte, chamado de primeira parábola, surpreenderá o leitor.

> Olhando de longe, vi uma grande nuvem que, tendo sido absorvida pela terra, cobriu-a de trevas; e cobriu minha alma que as águas haviam invadido, de modo que elas ficaram corrompidas, a julgar pelo aspecto do mais profundo inferno e pela sombra da morte, porque a inundação me afogou.

Então os etíopes cairão de joelhos diante de mim e meus inimigos lamberão a terra que piso. Em meu corpo já nada existe de saudável e meus ossos sentem medo à simples vista de meus pecados. Gritei a noite toda, minha garganta ficou rouca. Quem é o ser humano vivente, compreensivo e sabedor, que pode salvar a minha alma do inferno?

Aquele que é iluminado terá vida eterna e dar-lhe-ei de comer da floresta da vida que é o Paraíso e deixarei que ele compartilhe do trono de meu reino. Aquele que me lavrar como se lavra a prata e me adquirir como um tesouro, e secar as lágrimas de meus olhos e não zombar de minhas vestimentas, que não envenenar meu alimento, não profanar meu leito com prostitutas e, sobretudo, não magoar meu corpo que é muito delicado e, mais do que isso, não causar dano à minha alma, que é isenta de azedume em beleza, e na qual não há mácula, que não danificar o meu trono, aquele, por cujo amor anseio, em cujo fogo estou derretendo, em cujo perfume vivo, em cujo sabor estou recuperando a saúde, de cujo leite estou me alimentando e em cujo abraço todo o meu corpo se funde, para ele serei pai e ele será meu filho.

Sábio é aquele que leva alegria a seu pai, a quem darei o lugar mais elevado entre os reis da terra e com quem manterei minha aliança para sempre. Ele, que renuncia às minhas leis e não caminha de acordo com as minhas ordens e não respeita os meus mandamentos, ele será esmagado pelo inimigo e o filho da iniquidade lhe causará grande dano; mas quem respeitar minhas ordens não receará o frio da neve, pois sua casa terá roupas, linho e púrpura.

E nesse dia ele rirá, pois eu estarei saciado e minha glória manifestar-se-á, pois ele não tinha comido o pão da preguiça. Portanto, os céus se abrirão para ele e como trovão será o som da voz daquele que tem as sete estrelas nas mãos, cujos espíritos são enviados para dar testemunho a todo o mundo [o Apocalipse].

Aquele que acredita e foi batizado será bem-aventurado, mas o que não crê será condenado e maldito. O sinal dos que acreditaram e foram batizados, quando o rei celeste os julgar, será o seguinte: eles serão brancos como a neve no Monte Zalmon e as penas da pomba que brilham como prata, e cujas asas são radiantes como ouro. Ele será meu filho bem-amado; contemplem-no, pois sua forma é mais bela do que a de qualquer dos filhos dos homens; ele, a quem o sol e a lua admiram. Ele tem o direito de amor e nele os seres humanos confiam e sem ele nada podem fazer.

Ele, que tem ouvidos para ouvir, ouvirá o que o espírito da sabedoria conta ao filho a respeito das sete estrelas mediante as quais o santo trabalho é realizado. Sobre essas estrelas diz Sênior o seguinte, em seu capítulo sobre o sol e a lua: "Depois que tiveres distribuído esses sete [metais] pelas sete estrelas e os tiveres atribuído às sete estrelas, depois que os limpares sete vezes até que pareçam pérolas, esse é o estado de brancura [o *albedo*]".

Farei apenas um breve comentário, para não deixar o leitor sozinho com a surpreendente impressão que esse capítulo certamente produz. Começa com alguém num estado de desespero. Por vezes, quem parece que fala é o autor mas, outras vezes, é como se fosse a própria Sabedoria de Deus, esse ser feminino, que está falando; e então, após uma descrição do processo, o capítulo termina com a afirmação de que algo foi branqueado, de que foi atingido o estágio de embranquecimento.

Assim, do louvor à personificação do inconsciente que invadiu a área consciente do autor, o texto muda para um esforço de descrição de um processo, de uma sequência de eventos. Como veremos, isso acontece constantemente nos capítulos seguintes. Todos os capítulos começam com um estado sombrio, caótico, e terminam com uma nota positiva. Portanto, o autor está agora começando a digerir a experiência na forma de um processo. Antes, ele descreveu o impacto do que lhe tinha acontecido; e então, ele tenta expressar o que está ocorrendo, mas tudo o que pode fazer é começar a explicar uma e outra vez, e terminar do mesmo modo.

Poderíamos dizer que agora o autor está tentando andar em torno do significado da experiência. Isso é o que acontece quando alguém é dominado pela primeira vez pelo inconsciente e, depois, se enche de soberba, em seguida ri da experiência, após o que recupera seu equilíbrio e diz que tem de enfrentá-la, quando então começa a refletir sobre ela e tenta descrever como tudo começou, o que aconteceu e qual foi o resultado. Quando as pessoas começam a recuperar a consciência, no início só podem dar um ou outro aspecto mais destacado, mas depois, quando estão um pouco mais conscientes, passam a repetir historicamente o que aconteceu.

Por exemplo: se se trata de um episódio psicótico, as pessoas dirão que no início elas se sentiram meramente fatigadas e depois apáticas, e ouviram então uma voz e, em seguida, de súbito – o que quer que lhes tenha acontecido. Assim, elas podem retroceder e digerir o que ocorreu. No presente caso, a experiência foi tão emocionante e arrasadora que Santo Tomás usa sete capítulos para absorver o mesmo processo, descrevendo-o sempre de um ângulo diferente; esse é o comportamento típico de alguém cuja psique foi dominada pela invasão de um conteúdo do inconsciente.

Observamos esse mecanismo, em escala menor quando as pessoas vivenciaram algo emocionante, digamos, um acidente de carro na rua. Elas voltarão a contá-lo pelo menos três vezes no mesmo dia e têm de repeti-lo a diversos ouvintes. Pela repetição, o choque é assimilado e, portanto, se a pessoa teve um choque psicológico, a tendência é digeri-lo pela repetição, até que todos os aspectos tenham sido integrados e então ela recupera o equilíbrio. É o que acontece nesse caso. O mesmo ocorreu a São Nicolau de Flüe que, depois de ter tido uma assustadora visão da

Divindade, tentou digeri-la pintando um quadro e explicando-o repetidas vezes a um grande número de pessoas, e desse modo o choque foi assimilado. Até sua morte, ele só esteve realmente preocupado, desde esse momento, em assimilar o choque de sua visão de Deus.

Tenho uma analisanda, uma mulher que tem experiências tremendas da Divindade, que me perguntou outro dia quantos anos seriam precisos para que essas experiências fossem absorvidas por ela. Respondi-lhe que, em minha suposição, isso levaria pelo menos dez anos. Ela disse: "Tanto tempo?". Ficou pensativa e depois acrescentou que eu talvez tivesse razão. Uma pessoa não pode digerir imediatamente semelhante experiência e, nesse caso, isso significa que toda vez que a vejo de novo temos de conversar a respeito das experiências dela, mas sempre de um novo ângulo. Isso não é anormal, mas normal numa condição incomum.

61. A *prima materia*, ou *massa confusa*, como uma nuvem negra, caótica, um estado de confusão consciente, típica do começo tanto do trabalho alquímico quanto do processo de individuação.

8ª Palestra

AURORA CONSURGENS

No capítulo anterior transcrevi parte do texto da chamada primeira parábola, que começa de um modo muito diferente dos primeiros cinco capítulos da obra. Eles tratavam da aparição de uma personificação feminina da Sabedoria de Deus, que se manifestou ao autor numa forma irresistível. Dos diferentes modos como ele a descreveu, deduzimos que, no começo, Santo Tomás foi inteiramente subjugado e, depois, identificou-se com a imagem e tornou-se um tanto presunçoso, dizendo que podia agora falar às pessoas sobre ela etc. Mais adiante, a presunção converteu-se numa espécie de desprezo pelos não iniciados – os que não sabem e não entenderam – o que ainda é um sintoma de soberba –

até que, finalmente, ele saiu dessa atitude presunçosa para cair num estado de insípida monotonia.

Ele descreveu então a mesma experiência mas de uma forma algo prosaica, o que é típico das pessoas quando se recuperam após terem sido atraídas para o inconsciente; há uma espécie de desapontamento árido acerca da coisa toda, o que compensa a postura presunçosa anterior. Isso é óbvio numa forma muito mais extrema após um intervalo psicótico interrompido pelo Largactil ou pelo eletrochoque, ou algum tipo de cura física.

Na parábola que citei no capítulo anterior, o próprio autor tem participação. Antes, a prosa havia sido no estilo de um jubiloso e pomposo anúncio da verdade, típico da identificação com o conteúdo do inconsciente, o que explica o uso desse estilo na literatura religiosa primitiva, em certa poesia e nesse documento. Vemos agora o efeito que teve sobre o escritor.

> Vi de longe uma grande nuvem que envolveu a terra toda em trevas; ela havia absorvido a terra que cobriu minha alma, as águas haviam penetrado minha alma, que se tornara corrompida, a julgar pelo aspecto do mais profundo inferno e pela sombra da morte, porque a inundação me afogou. Então os etíopes curvar-se-ão perante mim e meus inimigos lamberão a terra em que piso. Nada é saudável em meu corpo e meus ossos sentem medo à simples vista de meus pecados. Chorei a noite inteira até ficar exausto; minha garganta está rouca. Quem é o homem

que vive compreendendo e que salvará minha alma da mão do inferno…

Quando ele diz que viu uma grande nuvem negra, pressente-se que deve ser o autor que vê de cima a nuvem negra envolvendo a terra. Mas mais tarde, essa pessoa, que pergunta quem é o homem que pode salvá-la, é a Sabedoria de Deus. Uma das coisas mais interessantes nesse texto é que o "Eu", tal como se depreende do contexto, numa linha, é o autor e, duas linhas adiante, é a Sabedoria de Deus. Assim, há uma autêntica confusão e vemos como o autor se identificou com a Sabedoria de Deus e mergulhou no inconsciente.

Primeiro, pairando sobre a terra, ele vê a nuvem negra que se abate e envolve tudo. A nuvem negra é um símbolo alquímico muito conhecido para o estado chamado *nigredo*, a negrura que, com muita frequência, ocorre primeiro no trabalho; se destilamos o material, ele se evapora e, por algum tempo, apenas vemos uma espécie de confusão ou nuvem, que o alquimista comparou com a terra envolta por uma nuvem negra.

Na linguagem da Antiguidade, a nuvem também tinha um duplo significado, sendo por vezes comparada com a confusão ou inconsciência. Existem muitos textos herméticos mais recentes em que é dito que a luz de Deus não pode ser descoberta antes de a pessoa surgir da nuvem escura do inconsciente, que envolve as pessoas e que é a conotação negativa frequentemente encontrada na linguagem religiosa. Na linguagem cristã, a nuvem é produzida pelo demônio, que está no norte e de cujas narinas sopram nuvens constantes de confusão e inconsciência sobre o mundo. Mas também encontramos a nuvem nos primeiros textos medievais numa conexão positiva, notadamente como aquele aspecto desconhecido e desconcertante da Divindade.

Provavelmente, alguns leitores conhecem "A Nuvem do Desconhecimento", um texto místico medieval que descreve o fato de que, quanto mais perto a alma do místico estiver da Divindade, mais sombria e confusa ela fica. Esses textos dizem, com efeito, que Deus vive na nuvem do desconhecimento e que a pessoa tem de se despojar de toda ideia, de toda concepção intelectual, antes de poder acercar-se da luz que está rodeada pelas trevas da mais profunda confusão. Aqui, a nuvem tem o mesmo duplo significado; descreve um estado de profunda confusão, de completa infelicidade, que é, ao mesmo tempo, o início do trabalho alquímico.

O aspecto do mais profundo inferno e, como é dito algumas linhas adiante, o aspecto de seus próprios pecados, assustaram aquele que fala, após o que há a menção dos etíopes. Isso está relacionado com o Salmo 72:9, que fala das vitórias sobre os inimigos e de os etíopes se curvarem perante os israelitas. Mas aqui, evidentemente, o etíope tem um significado clássico, que também aparece muito cedo na alquimia grega e representa o *nigredo*.

O leitor lembrar-se-á de que já tivemos antes a terra etíope num dos textos gregos. A Etiópia era o país cuja população tinha sobre si a projeção coletiva de profunda devoção e fervor

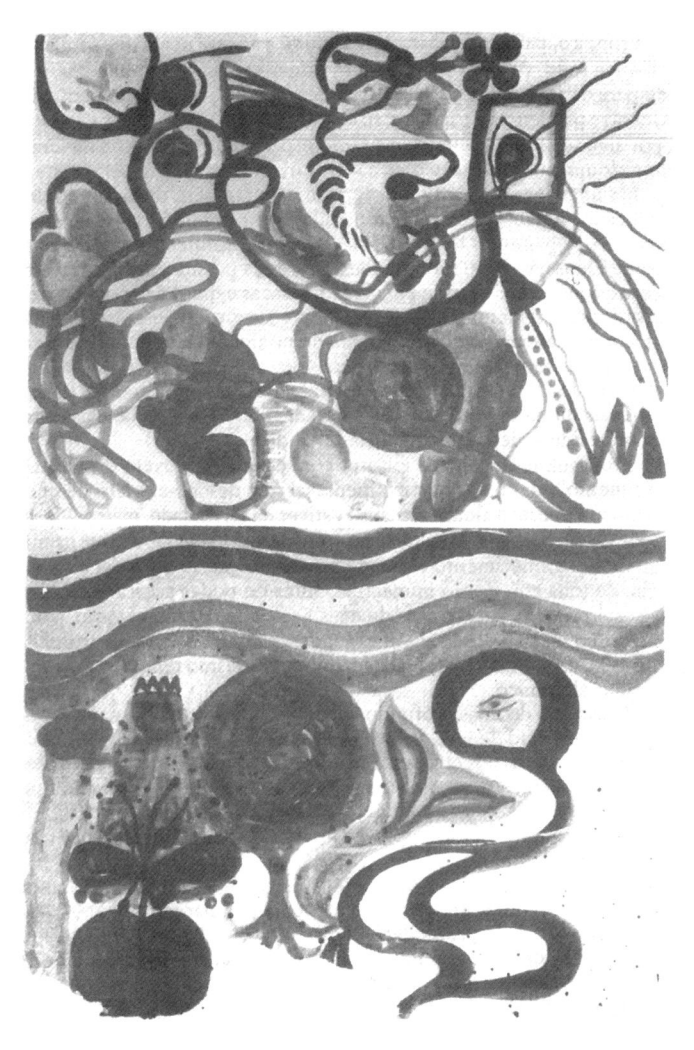

62. Duas pinturas feitas por uma mulher no início da análise: embaixo, um estado de depressão, em que o conteúdo do inconsciente é ativado, mas reprimido; em cima, conflito consciente e confusão, depois que o conteúdo do inconsciente foi "penetrado".

religioso, por um lado, e era considerada pagã inconsciente, por outro. Na alquimia, o etíope é frequentemente o símbolo do *nigredo* e é óbvio o que isso significava em linguagem psicológica, porque não é muito diferente da forma como os negros ainda se apresentam hoje em dia no material inconsciente de pessoas brancas, isto é, o homem natural, primitivo, em sua totalidade ambígua. O homem natural em nós é o homem genuíno, mas também o homem que não cabe em padrões convencionais, e que, em parte, é impelido por seus instintos.

Os etíopes aparecem nesse *nigredo* e surge então a pergunta: "Quem é o ser humano de compreensão que me salvará da mão do inferno?" – e esse mesmo ser afogado que supusemos primeiro ser o autor, mas depois resulta ser a Sabedoria de Deus, diz: "Àquele que me ilumine darei vida eterna, ele receberá da floresta da vida que está no Paraíso e compartilhará do meu trono no meu reino" etc. Depois vem o trecho: "Aquele que não escarnece de mim, não me causa dano e não profana o meu leito" etc., após o que é apresentada a declaração de amor.

É o próprio Cristo, como Deus, que promete compartilhar Seu Reino, pelo que devemos concluir que a pessoa que fala – e os adjetivos que se referem aqui a "eu" são sempre femininos – é a Sabedoria de Deus, em identidade absoluta com Deus e Cristo, que, da escuridão do *nigredo*, fala e clama por ajuda, pedindo um ser humano que salve sua alma do inferno. Isso mostra que ocorreu uma tremenda reviravolta, visto que, de repente, é a Sabedoria de Deus que grita por ajuda das profundezas da terra e que necessita de um ser humano que a arranque do seio das trevas. Primeiro, ela apareceu como um irresistível fator divino proveniente das alturas, e agora clama como um ser feminino desamparado, que precisa da compreensão da alma humana para livrar-se da mansão dos mortos.

Essa é uma das seções mais impressionantes e ilustra o que Jung também descreveu em *Psicologia e Alquimia* como um dos grandes temas mitológicos do pensamento alquímico, ou seja, a ideia de que a alma divina, ou a Sabedoria de Deus, ou a *anima mundi* – uma espécie de figura feminina – se separa do homem original, o Adão original, e entra na matéria, quando então tem de ser resgatada.

Jung explica que isso representa o que acontece quando alguma coisa é projetada, ou seja, que há a ideia arquetípica do homem divino, ou da Divindade feminina, e esse arquétipo é projetado na matéria, o que realmente significa que a imagem cai na matéria. Tais mitos ampliam o que o alquimista não conhecia conscientemente, ou só em parte – que, de fato, eles estavam buscando o inconsciente, ou a imagem da Divindade feminina, ou investigando a experiência do homem divino na matéria. Isso era o que eles procuravam, como tentei explicar com o texto alquímico grego.

Isso corresponderia a um homem de hoje conhecer uma mulher, sentir-se muito atraído por ela e depois sonhar que uma imagem da deusa entrou nela. A imagem da Divindade antes era interior e agora entrou nessa mulher. É dessa maneira que o

63. O *nigredo* como etíope, projeção personificada do lado escuro e desconhecido da personalidade: "o homem natural, primitivo, em sua ambígua totalidade" – von Franz.

inconsciente retrata uma projeção; não é algo que fazemos ou mesmo percebemos; simplesmente acontece-nos, e tais sonhos mostram com frequência que ocorreu uma projeção. Sobre isso, a linguagem figurada diz que isso aconteceu e que o alquimista está buscando inconscientemente essa figura.

Na religião judaica, esse processo já se iniciou, visto que, embora desde o começo não existisse nenhuma deusa, a palavra hebraica para caos primordial é *Tohu wa bohu*, que é realmente uma alusão à Tiamat babilônica, uma deusa. Poderíamos dizer que, na tradição judaica, a grande deusa-mãe não aparece personificada na Bíblia, mas só existe de um modo indireto nessas poucas alusões.

O feminino reapareceu na posterior fantasia gnóstica da Sabedoria de Deus, mas apenas um sublime aspecto divino dessa deusa aparece na Bíblia e o aspecto feminino da Divindade não está propriamente representado na tradição judeu-cristã. Há algumas alusões obscuras a uma escura e caótica massa materna subjacente, que é idêntica à matéria, e uma sublime figura feminina, que é a Sabedoria de Deus; mas até ela foi eliminada no cristianismo, já que Deus foi declarado idêntico ao Espírito Santo ou à alma de Cristo, enquanto se supunha que a matéria fosse governada pelo demônio.

Essa pronunciada ausência de uma personificação feminina do inconsciente foi compensada, portanto, pelo materialismo radical que se apoderou gradualmente e passou a dominar a tradição cristã. Poderíamos dizer que, praticamente, nenhuma religião começou com uma ênfase espiritual tão excelsamente espiritual e terminou – se concebermos o comunismo como a forma final da teologia cristã – numa ênfase materialista tão absolutamente unilateral. A passagem de um extremo para o outro extremo constitui um dos mais impressionantes fenômenos que conhecemos na história da religião; isso se deve ao fato de que, desde o começo, houve uma falta de percepção consciente, uma atitude instável em relação ao problema da divindade feminina e, portanto, da matéria, porque a divindade feminina em todas as religiões é sempre projetada no conceito de matéria e a ele vinculada.

Ainda ontem tive em mãos – isto é digressão, mas deveras interessante – um livro de Hans Marti intitulado *Urbild und Verfassung*, que podemos traduzir como *Arquétipo e Constituição*. Marti mostra que, como o homem originalmente concebeu a constituição de um Estado democrático – ele está principalmente interessado na Constituição suíça – uma mudança secreta ocorreu do conceito patriarcal do Estado (o Estado jurídico, sendo o Estado um conceito legal, uma espécie de espírito paterno) para o que ele chama de *Welfare State* (Estado do Bem-Estar). A democracia suíça, em seus primórdios, digamos, até os últimos cinquenta anos, foi principalmente administrada por um clube composto de homens – como se sabe, as mulheres ainda não podem votar na Suíça – e a base da Constituição era certo número de leis, cujo principal objetivo era garantir a liberdade do indivíduo, a liberdade de religião, a liberdade de propriedade etc.

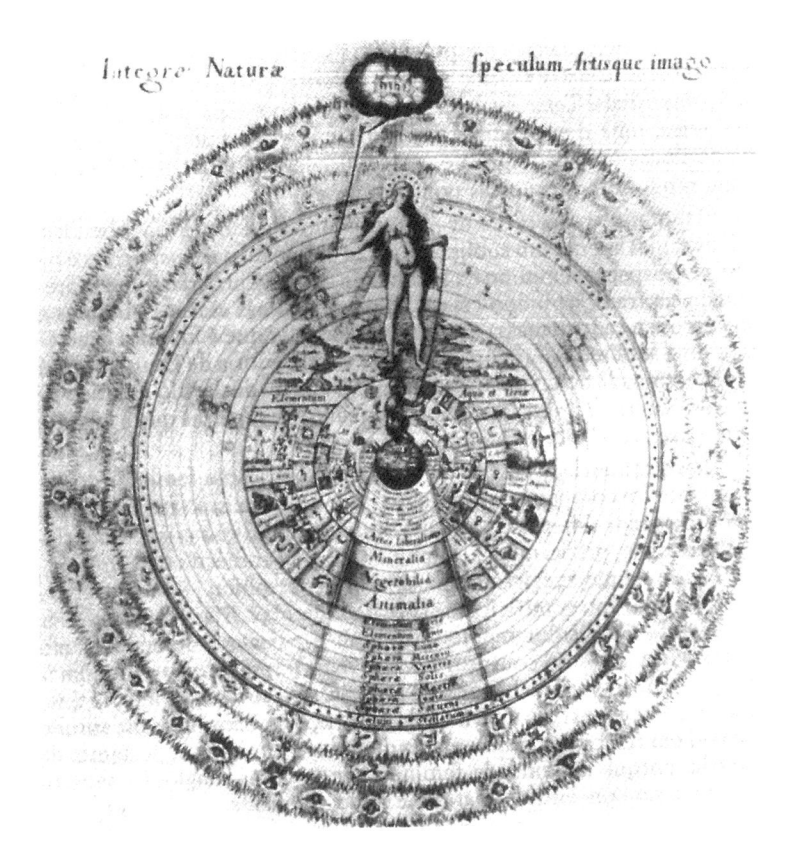

64. A Sabedoria de Deus como *anima mundi* (alma do mundo), guia da humanidade, ela própria guiada por Deus.

Nisso insinuou-se lentamente, como Marti demonstra de maneira magnífica, outra ideia, a do *Welfare State*, um arquétipo materno em que o Estado tem de cuidar da saúde do povo, de seu bem-estar material, pensões para a velhice etc. Marti salienta muito claramente que isso é uma mudança, na medida em que o Estado deixou de ser o pai, mas passou a ser a mãe e, como tal, interessado no bem-estar físico de seus filhos. Ele mostra como, de acordo com a lei suíça, o Estado tem agora o direito de impor certos regulamentos à posse da terra, a fim de proteger as áreas agrícolas, por exemplo.

Há alguns anos, o Estado assumiu o controle dos direitos sobre a água – a água é um símbolo feminino –, a fim de proteger a população, uma vez que a água é suscetível de ficar suja e insalubre; e, pouco a pouco, adquiriu o direito de promulgar leis para combate às epidemias. Se, por exemplo, houver alguma espécie de praga, ou raiva, então o Estado pode estabelecer regulamentos que não existiam antes. Em épocas passadas, a humanidade não estava tão interessada no bem-estar físico e material das pessoas. Se morriam de peste ou eram mordidas por cães raivosos, isso era apenas parte da vida e não tinha importância; a ênfase recaía na liberdade espiritual, enquanto o bem-estar físico era um tanto negligenciado. Nos últimos cinquenta ou sessenta anos, o bem-estar físico tornou-se gradualmente uma preocupação importante do Estado e, com isso, passou a ser cada vez mais, gradualmente, o veículo da projeção da mãe, e cada vez menos o da imagem do pai. Estamos deslizando lentamente, e sem nos apercebermos, para uma situação matriarcal.

Marti mostra muito claramente como certos fatores emocionais estão inconscientemente em jogo, que a pessoa concebe o Estado em alguma vaga forma arquetípica e, desse ponto de vista, vota a favor de certas leis. Mas o que parece ser óbvio, isto é, que o Estado deve cuidar de seus filhos, é realmente a projeção da imagem da mãe, e isso *não* é óbvio. Ele conclui seu livro muito inteligentemente dizendo que devemos tornar-nos conscientes do que estamos projetando no Estado e começar com uma real *Auseinandersetzung*, ou confrontação, e não mudarmos as leis mediante a projeção de uma imagem materna.

Esse livro descreve um pequeno aspecto de uma lenta mudança que, em grande escala, aconteceu em toda a civilização cristã e a que poderíamos chamar um secreto regresso ao matriarcado e ao materialismo. Essa enantiodromia relaciona-se com o fato de que a religião judeu-cristã não enfrentou o arquétipo da mãe de modo suficientemente consciente. Em certa medida, ela havia excluído a questão. Também é sabido que, quando o Papa Pio XII declarou a *assumptio Mariae*, seu propósito consciente era atingir o materialismo comunista elevando, por assim dizer, um símbolo da matéria na Igreja Católica, de modo a tirar o vento das velas dos comunistas. Há uma implicação muito mais profunda, mas essa foi a sua ideia consciente, ou seja, a de que o único modo de combater o aspecto materialista seria erguendo a uma posição mais elevada o símbolo da Divindade feminina e com ele a matéria. Como é o corpo da Virgem Maria que se eleva ao Céu, a ênfase recai sobre o aspecto material e físico.

Aqui temos a imagem da Divindade completamente inserida na matéria de onde ela clama por ajuda. Entendido como o drama pessoal do nosso autor, o que significaria isso?

Resposta: Que a *anima* se perdeu no mundo material, porque ele não tinha relação com ela.

Dra. von Franz: Sim, devemos concluir que esse escritor não tinha antes qualquer relacionamento com o princípio feminino. Fica evidente pelo texto que ele era um clérigo, e eu diria que tinha um complexo maternal negativo; e por isso, ou por alguma outra razão, não tinha relação com o princípio feminino, o que significa: nem com o seu próprio lado feminino nem com mulheres. Nesse caso, haveria um influxo irresistível da Divindade feminina.

Há um paralelo impressionante no famoso místico Jacob Boehme, que era, como se sabe, um sapateiro muito pobre e um caso de fronteira, mas tinha as mais tremendas experiências religiosas e era capaz de expressá-las em seus difíceis escritos. Esse homem era um intuitivo introvertido do tipo profético. Seu casamento foi muito infeliz; havia apenas desprezo e ódio mútuos, compreensíveis de ambos os lados, pois sua esposa era uma mulher realista que achava que o marido devia empregar seu tempo em consertar sapatos e ganhar dinheiro, pois tinham seis filhos, em vez de escrever livros sobre o Espírito Santo enquanto a família nada tinha para comer. Assim, ela fazia cenas constantes, reclamando que Jakob devia prover a alimentação dos filhos e parar de escrever livros sobre a Divindade.

Jakob, por outro lado, sentia naturalmente que ela era uma mulher frívola e um peso para ele, alguém que tolhia sua criatividade espiritual. Era uma dessas tragédias clássicas. Boehme

65. A Assunção da Virgem Maria: "... erguendo a uma posição mais elevada o símbolo da Divindade feminina e com ele a matéria". – von Franz.

rejeitou completamente o feminino – quer dizer, ele tinha apenas uma atitude negativa em relação ao feminino – até as últimas fases da sua vida. Pouco antes de sua morte, porém, ele foi subitamente dominado pela imagem da Sabedoria de Deus, a Sophia, essa mesma imagem, e deixou um livro em que exaltava essa figura nos mais extasiados e amorosos termos – a tal ponto que o texto chega a ser desagradável, porque um cunho sexual muito forte é visível em sua canção de amor à Sabedoria de Deus, e vemos toda a lama do que fora rejeitado vir caudalosamente à tona com essa grande experiência.

Presumo que o nosso autor está numa condição análoga, que não tinha relação alguma com o princípio feminino e foi então sobrepujado por ele em sua mais impressionante forma. Seria essa uma compensação típica para o desprezo e a desaprovação que devia ter sentido antes pelo feminino. Em tais casos, o inconsciente irrompe com tão tremenda ênfase que é impossível continuar a evitá-lo.

O que para a consciência é a concretização de uma imagem arquetípica, para a imagem arquetípica é uma queda. Imagine-se o ego com seu campo de associações, como uma aranha em sua teia. Quando a imagem arquetípica se acerca do campo da consciência, é para o ego uma condição de grande esclarecimento, um estado de exultação etc., como vimos nos primeiros cinco capítulos do nosso texto; mas para o pobre arquétipo é justamente o oposto, pois ele cai em algo muito pequeno e inadequado. Portanto, visto por um lado, é uma grande realização e, por outro, uma queda muito grave.

Muitos mitos de criação descrevem a criação do mundo como a queda da Divindade do Céu, como também é tipicamente ilustrado num sonho do poeta francês Gérard de Nerval, cujo livro *Aurélia* descreve o início da psicose de Nerval. Um dos mais terríveis sonhos que ele teve durante esse período foi o de que havia entrado no pátio dos fundos de um típico hotel de Paris, onde havia velhas latas de lixo onde alguns gatos comiam. Esses pátios sombrios podem ser encontrados em qualquer parte de Paris. Para seu horror, ele viu no pátio de seu hotel um anjo de Deus, uma tremenda e imponente figura arquetípica, com asas douradas, que havia caído entre as latas do lixo e estava espremido naquele espaço exíguo.

A súbita e assustadora percepção para o homem foi a de que, se o anjo quisesse se libertar, se fizesse o menor movimento, todo o edifício ruiria, o que significaria a eclosão de sua esquizofrenia, o que de fato ocorreu pouco depois. Sua concepção de vida era demasiado estreita em comparação com o seu gênio. Ele possuía um grande gênio inconsciente, como fica evidenciado pelo anjo, e seu conceito consciente de vida era exatamente o do típico racionalista de Paris, com seu pátio dos fundos. Sua mentalidade consciente não era adequada, portanto, para a sua constituição real e seu próprio destino interior.

Com muita frequência, a razão para a esquizofrenia não é tanto a invasão do inconsciente, mas o fato de isso acontecer a alguém que é acanhado demais para a experiência, mental ou emocionalmente. As pessoas não dotadas de mentalidade aberta e tolerante, e que não têm suficiente generosidade e sensibilidade para abrir o coração para o que aparece, são explodidas pela invasão.

A vida de Gérard de Nerval ilustra isso muito claramente: ele se apaixonou por uma jovem e foi dominado pelos mais românticos sentimentos emocionais para com ela; mas em vez de aceitá-los revoltou-se contra eles, dizendo: *C'est une femme ordinaire de nôtre siècle* – é uma mulher vulgar do nosso tempo – e fugiu dela. Depois sentiu-se extremamente culpado, mas a jovem não o perdoou. Sua consciência culposa proveio do fato de que ele estava fugindo de seus próprios sentimentos. Foi durante esse período que Nerval sonhou com o anjo, mostrando-lhe que sua ideia racional, acanhada e retrógrada da vida e do amor não estava à altura de sua experiência, sendo por isso que ele depois se enforcou num cano de goteira.

Menciono apenas esse sonho como ilustração do fato de que aquilo que é visto a partir do consciente como uma concretização do arquétipo é, para o arquétipo, uma queda na matéria. Ocorre a mesma coisa no ensino teológico sobre a *kenosis* de Cristo, que se reporta à citação bíblica em que Cristo abandona sua plenitude para descer como servo e encarnar no homem. Os teólogos se apoiaram nisso para formular a teoria de que Cristo era idêntico a Deus Pai e ao Espírito Santo, de que viveu em plenitude e expansão no Céu e de que foi um ato de enorme abnegação o fato de ele ter se esvaziado e diminuído para viver a vida do homem e se encarnar. Assim, de Seu lado, isso significou humilhação e um rebaixamento em sua condição. Como arquétipo, ele seria a Divindade, o Logos, que ingressou na miserável vida humana; porém, para a humanidade foi uma revelação da luz de Deus.

Não é um caso único. Sempre que um arquétipo se aproxima da concretização humana, isso significa uma limitação para o arquétipo, o que explica as visões e os sonhos catastróficos da queda de um ser divino na terra. Como se pode ver muito claramente pelo caso de Gérard de Nerval, nessas épocas a compreensão é o fator essencial. Se ele tivesse entendido o que estava para lhe acontecer quando teve aqueles tremendos sentimentos e fantasias sobre a moça a quem amava, não teria perdido a cabeça; mas ao contrário, tudo aquilo lhe parecia uma loucura, uma estupidez que tinha de ser reprimida, o que resultou em catástrofe.

Em nosso texto, a Sabedoria de Deus caída clama por um ser humano compreensivo que a reerga. Ela pergunta onde está o ser humano que vive, que a entenda, e promete vida eterna a essa pessoa – alguém que a ame e em cujo abraço todo o seu corpo se derrete etc. Assim, ela se entrega a uma apaixonada declaração de amor ao homem desconhecido que a entenda e a liberte da matéria.

Ocorre então uma virada sumamente surpreendente, pois ela diz: "Aquele em cujo abraço todo o meu corpo se derrete, *para quem serei pai e ele será meu filho*". Isso foi extraído da Epístola aos Hebreus, 1:5 e foi o que Deus disse a Cristo. Quando se lê o texto, é fácil passar por cima dessas estranhas alusões, mas a Sabedoria diz aí claramente que ela própria é Deus Pai e que quem a salvar é filho do próprio Deus. Essa frase é a chave para tudo o que se segue no texto. A Sabedoria de Deus é simplesmente uma *experiência do próprio Deus, mas em Sua forma feminina*, e o noivo bem-amado dessa aparição feminina de Deus é o autor, que substitui Cristo e se torna semelhante a Cristo.

O próprio Cristo predisse que, pela propagação do Espírito Santo, muitos fariam obras maiores do que Ele, levando à ideia de cada indivíduo tornar-se semelhante a Cristo. Ele não era o único caso da encarnação de Deus, mas através do Espírito Santo, isso continuaria e propagar-se-ia entre muitos, e todo e qualquer indivíduo tornar-se-ia, até certo ponto, um Cristo e, portanto, deificado. Isso foi previsto na Bíblia pelo próprio Cristo, mas foi ignorado na interpretação teológica porque é uma declaração embaraçosa e significa, nem mais nem menos, que potencialmente cada indivíduo humano poderá viver o mesmo destino de Cristo e ser idêntico à Divindade.

Esse aspecto foi ignorado na teologia medieval e não foi trazido à luz; evitava-se cuidadosamente essa pregação, que nada mais era do que o processo de individuação. Isso significa que seguir Cristo não é obedecer a regras exteriores, não é a imitação externa, mas chamar a si a experiência total do próprio Cristo na forma de cada um – cada um passar por todo o processo. Como isso era excessivamente difícil, ou as pessoas não estavam à altura dessa tarefa, o processo foi ignorado e, portanto, reaparece aqui como pressão inconsciente na forma de Deus que, como mulher, elege um ser humano como seu noivo, um ser humano que a compreenda. Como diz o texto, essa é a relação de Deus Pai e Deus Filho.

A seguir, a Sabedoria diz que, se puder encontrar esse noivo, aparecerá em sua glória e manifestar-se-á em toda a sua beleza, e nesse contexto é citada a aparição de Deus no final dos tempos, como no Apocalipse. Ela se compara também a uma pomba, uma pomba refulgente, de prata. O texto conclui de um modo bastante insípido com as palavras: "e tudo isso quer dizer que a pessoa tem simplesmente que lavar a substância nove vezes até que tenha a aparência de pérolas, e isso é a brancura". Dá-se aí um súbito retorno à linguagem puramente química, o que diz que, na prática, a experiência toda indica que se tem de lavar as estrelas até que fiquem brancas como pérolas.

Comentarei brevemente o trecho seguinte:

> Quem tem ouvidos para ouvir, ouvirá o que o espírito da ciência diz aos filhos da doutrina acerca das sete estrelas, mediante as quais o trabalho divino é realizado. Diz Sênior em seu livro, no capítulo sobre o sol e a lua: "Quando tiveres distribuído esses sete com as sete estrelas e os tiveres atribuído às sete estrelas e depois os limpares nove vezes até que pareçam pérolas, essa é a brancura".

As sete estrelas já foram mencionadas antes neste livro; são as sete estrelas que a Divindade segura em Suas mãos quando aparece no Apocalipse e, nesse tempo, elas naturalmente se referiam aos sete planetas.

Aos sete planetas são atribuídos os sete metais e é muito comum na alquimia os sete metais – estanho, cobre, chumbo, ferro etc. – serem atribuídos aos sete planetas, mas eles são mais do que isso; são, por assim dizer, a mesma coisa que os sete planetas. O ferro é o mesmo que Marte e o cobre, o mesmo que Vênus; portanto, no céu, podemos chamar o ferro de o Marte terreno, o cobre de a Vênus terrena, e assim por diante. Essa era uma forma comum de falar a respeito dos metais nessa época, de modo que as sete estrelas são, realmente, os sete metais da terra, e essas estrelas terrenas têm de ser destiladas, limpadas nove vezes, que é o ponto em que se tornam brancas; esse é o processo do *albedo*.

> Perfectum non alteratur, sed corrumpitur.
> Sed imperfectum bene alteratur, ergo corrup-
> tio vnius est generatio alterius.

66. Imersão de rei e rainha no banho, com pomba (espírito) como símbolo unificador. As imagens alquímicas de lavar, limpar, destilar etc., têm paralelo em sonhos modernos, indicando o processo de "limpeza" de atitudes conscientes.

Na literatura alquímica em geral é dito que o grande esforço e dificuldade avança do *nigredo* para o *albedo*; é afirmado que essa é a parte mais árdua do trabalho e depois tudo fica mais fácil. O *nigredo* – a negrura, a terrível depressão e estado de dissolução – tem de ser compensado pelo trabalho árduo do alquimista e esse trabalho consiste, entre outras coisas, na lavagem constante; por conseguinte, até o trabalho da lavadeira é frequentemente mencionado no livro, ou a constante destilação, o que também é feito com o propósito de purificação, pois o metal se evapora e depois é precipitado num outro recipiente, removendo assim as substâncias mais pesadas.

A analogia psicológica é feita, obviamente, com a primeira e árdua parte de uma análise, quando Vênus, o problema amoroso, tem de ser lavado, assim como Marte, o problema da agressividade etc. Todos os diferentes impulsos instintivos e sua base arquetípica aparecem primeiro, de um modo geral, numa forma perturbada na terra, isto é, na forma de uma projeção – as pessoas amam ou odeiam alguém ou têm um patrão que as deprime e elas não sabem como defender-se.

Se a projeção ocorre no exterior, isso significa que Marte caiu na matéria: o princípio de agressão e tudo o que ele encobre é visto no Sr. Fulano de tal, ou Vênus caiu nos altos e baixos de um caso de amor e dificuldades sexuais, e o analisando, naturalmente, quando nos procura pela primeira vez, diz-nos que foi isso o que aconteceu porque, para ele, a coisa se passa toda no exterior. Primeiro, ela tem de ser retirada da matéria, de modo que o analista diz que devem deixar a Senhorita Fulana de Tal fora disso e examinar o que está acontecendo no analisando.

Essa é a *prima materia* que tem de ser constantemente lavada e destilada e, assim, a primeira atividade da *opus* consiste em destilar, lavar e limpar repetidamente. O autor fala de nove vezes, outros falam de quinze vezes e alguns dizem dez anos. É realmente um processo muito longo e significa, às vezes, repetir interminavelmente o mesmo problema em seus diferentes aspectos. Também é por isso que, nos textos alquímicos, sempre é feita alusão ao fato de que essa parte pode se desenrolar por muito tempo e se caracteriza por intermináveis repetições – tal como, infelizmente, caímos e recaímos em complexos não resolvidos e que têm de ser examinados repetidamente.

A brancura sugere purificação, o fim da contaminação pela matéria, o que significaria aquilo a que chamamos tecnicamente, e de modo tão displicente, de retrocesso de nossas projeções. Não é coisa fácil de fazer; é algo muito complicado e difícil, pois não é como se entendêssemos que estamos projetando e, por conseguinte, parássemos de fazê-lo. É necessário um longo processo de desenvolvimento e percepção íntimos para que uma projeção regrida. Uma vez retirada, o fator emocional perturbador se dissipa.

Logo que uma projeção é *realmente* retirada, se estabelece uma espécie de paz – a pessoa torna-se tranquila e é capaz de observar as coisas de um ângulo objetivo. Ela consegue examinar o problema ou fator específico de maneira objetiva e serena, e talvez usar alguma imaginação ativa a respeito do mesmo sem se tornar constantemente emocional ou recair no emaranhado de emoções. Isso corresponde ao *albedo* e constitui, de certo modo, o primeiro estágio do processo em que a pessoa se torna mais tranquila, mais desprendida e objetiva; filosoficamente, mais imparcial. Ela tem um ponto de vista *au dessus de la melée*; pode colocar-se no topo da montanha e observar a tempestade que se desenrola embaixo e que ainda está naturalmente em curso, mas pode ser vista sem medo ou sem que a pessoa se sinta ameaçada por ela.

67. Alquimista meditando no estado de *nigredo* inicial, correspondendo psicologicamente à autorreflexão induzida por conflito e depressão.

Assim, o que o alquimista simbolizou com a ideia de brancura foi que o material com que esteve trabalhando atingira então uma forma de pureza e unicidade que lhe permitia iniciar o trabalho sintético. Depois que se retiraram os metais dos minérios mediante o processo de derretimento, deve-se limpá-los, o que seria o trabalho analítico, após o que a síntese química pode ser iniciada – um paralelo exato com o que acontece em análise: primeiro o aspecto analítico e depois o sintético. O *albedo* é caracterizado por algo maravilhoso, visto que, dizem os alquimistas, daí em diante basta simplesmente alimentar o fogo, mantê-lo vivo, mas a parte mais árdua do trabalho já está feita. Só que, como se verá, o processo de transição do *nigredo* para o *albedo* é repetido muitas vezes. No texto que estamos estudando, ele é descrito sete vezes.

A parábola seguinte começa de novo com o *nigredo* e volta a descrever todo o processo até chegar novamente ao *albedo*; é a mesma coisa vista de um ângulo diferente, que é exatamente o que vivenciamos.

Quantas vezes, em análise, a pessoa liberta-se um pouco do problema, sentindo-se realmente em paz e, em certa medida, integrada consigo mesma, de modo que o pior parece ter passado? Mas três semanas depois tudo recomeça, como se nada tivesse sido feito. Muitas repetições são requeridas antes que a experiência se consolide, até que, finalmente, o trabalho não ceda e se mantenha firme.

PERGUNTA: Quando começaram os alquimistas a ter dúvidas sobre a projeção?

DRA. VON FRANZ: Eu diria que o nosso autor ainda não tem qualquer dúvida. A dúvida surgiu pela primeira vez em fins do século XV ou começos do século XVI. Isso, evidentemente, não é um modo muito acurado de formular a questão, pois existiram alquimistas medievais mesmo depois do século XVI, mas alguns tiveram dúvidas antes disso. Poderíamos dizer que, de um modo geral, a dúvida surgiu com a Renascença, após o que o simbolismo alquímico se converteu numa alegoria, não mais uma experiência simbólica genuína, e os antigos textos passaram a ser exaustivamente discutidos no plano alegórico.

Basilio Valentim, por exemplo, e Michael Maier e, depois, mais tarde, os rosa-cruzes e o desenvolvimento dos pedreiros-livres, são exemplos. Os pedreiros-livres ainda usam o simbolismo, tal como os rosa-cruzes, mas para eles trata-se de uma alegoria, eles explicam de um modo completamente racional o que cada símbolo significa. Outros continuaram na linha química, mas sem falar de coisas tais como a noiva e o noivo, dizendo que isso era apenas uma linguagem floreada.

Outros ainda usaram a linguagem simbólica, mas sem química. Nesse caso, poderíamos dizer que houve projeção, pois agora aparece o elemento de dúvida. Eles não acreditam mais, realmente, que a coisa deva ser encontrada na matéria, ou só acreditam em parte, ou fingem que a fazem para si mesmos, mas isso não era uma atitude limpa, sendo a principal razão pela qual a alquimia caiu em tal descrédito, isto é, o estilo do insolente, jactancioso e semirreligioso fazedor de ouro. No texto que estamos estudando há presunção, mas nada de charlatanismo, ao passo que nos escritos de Basilio Valentim se observa o estilo arrogante do fazedor de ouro. Mas Gerhard Dorn, que viveu no final do século XVI, era ainda um alquimista autêntico. Eu diria que foi aproximadamente nessa época que surgiu a primeira dúvida. No nosso texto, verifica-se ainda o que chamaríamos, do ponto de vista dos alquimistas, de identidade arcaica, ou seja, a Sabedoria de Deus *estava* realmente na matéria e essa crença genuína era gerada pela identidade arcaica.

A segunda parábola é acerca da inundação e morte causadas pela mulher e por ela repelidas de novo.

> Quando a multidão do mar se voltar para mim e suas torrentes alagarem meu rosto, e quando minhas flechas ficarem ébrias de sangue e minhas células perfumadas com maravilhoso vinho, quando meus celeiros ficarem repletos de trigo, e quando o noivo com as dez virgens sábias entrar em minha alcova nupcial, e quando meu corpo for fertilizado pelo contato de meu noivo e quando minha porta for destrancada e aberta para o meu noivo, e depois que Herodes matar todas as crianças em Belém e Raquel chorar sobre todos os seus filhos, e quando a luz surgir das trevas, e quando o sol da justiça aparecer no Céu, o tempo será cumprido, Deus enviará Seu filho, como Ele disse, a quem Ele fez herdeiro do universo e por meio de quem Ele criou o mundo e a quem Ele uma vez disse: "Tu és meu filho, neste dia eu te gerei", a quem os três reis levaram preciosos presentes.
>
> Nesse dia que o Senhor criou, seremos felizes, porque hoje Deus teve piedade de minha tristeza, Deus que reina em Israel. Hoje a morte trazida pela mulher foi por ela expulsa, e as portas do inferno foram quebradas e abertas, A morte já não governará mais e as portas do inferno não

resistirão a ela, pois a décima dracma que se perdera foi encontrada, e a centésima ovelha foi reconduzida do deserto ao aprisco e o número de nossos irmãos entre os anjos caídos foi completamente recuperado. Hoje, meu filho, deves estar feliz pois não haverá mais choro nem dor, pois as coisas anteriores morreram.

Aquele que tem ouvidos para ouvir que ouça o que o espírito da doutrina diz aos filhos da sabedoria da mulher que introduziu a morte e depois a expulsou, ao que os filósofos aludem com as seguintes palavras: "Arrebatai-lhe sua alma e devolvei-lha de novo porque a corrupção de uma coisa é a geração da outra", o que significa retirar a umidade que corrompe e aumentá-la pela umidade natural e isso será sua perfeição e vida.

De novo temos no começo uma catástrofe, descrita como um dilúvio, envolvendo a chacina das crianças em Belém. Mas, como vemos, embora o texto comece de novo com o *nigredo* e, portanto, com um desastre, os aspectos positivos são fornecidos com mais detalhes. Há a descrição de uma união de amor, da entrada do noivo na alcova nupcial e da gravidez da figura feminina, e depois uma extensa e um tanto convencional alusão ao nascimento de Cristo, a quem os três Magos levaram presentes, e, finalmente, o triunfo sobre a morte, derrotada por esse nascimento.

Portanto, podemos dizer que, embora o processo seja repetido, já se observa um aspecto mais claro e mais brilhante, não mencionado anteriormente, isto é, que a catástrofe aconteceu no momento de um nascimento e que, justamente quando o *nigredo* estava em sua pior fase, ocorreu um nascimento secreto no inconsciente. Dentro da catástrofe, no seio da depressão e confusão, nasceu o novo símbolo do Si-mesmo. Ele nasceu no inconsciente, de modo que o autor ainda não percebeu o que aconteceu e só vagamente se apercebe de que, embora tenha caído nessa terrível depressão e a figura da *anima* tenha caído na terra, algo havia nascido.

Como se sabe pelos comentários do dr. Jung sobre a criança divina, quando nasce um herói – e o nascimento de Cristo não é exceção – ocorre sempre uma eclosão dos poderes destrutivos. É por isso que, se há uma tendência suicida numa pessoa, ela será sempre mais forte naquele momento que poderia ser chamado de crise da cura. Numa depressão profunda, ou numa confusão completamente esquizoide, só rara e excepcionalmente é grande o perigo de suicídio, embora este exista sob certas circunstâncias. Mas se o caso estiver quase terminado, digamos, no limiar da cura, ocorre frequentemente um perigo agudo de suicídio. É imprescindível, então, vigiar o caso dia e noite, fato bem conhecido nos hospitais psiquiátricos.

Naturalmente, isso é apenas uma ilustração extrema de algo que também é verdadeiro no trabalho analítico em nível menos dramático; é aquilo a que chamo o último ataque do demônio. Ao ver que está perdendo o jogo, o demônio faz seu último e desesperado ataque. Tal como quando combateu o *animus* destrutivo, a mulher

68. O demônio como espírito aéreo e intelecto perverso, personificação do masculino negativo (*animus* destrutivo).

começou lentamente a combater e a fazer frente ao demônio, mas a batalha não foi ganha, pois ele ainda espreita na esquina; ele não foi inteiramente derrotado e expulso. Talvez o fogo tenha sido um pouco mais atiçado e então ocorre o ataque final, que em geral é tão ruim, tão arrasador, que dá a impressão de que tudo teria de ser recomeçado, pois é tão mau quanto o início de tudo; tudo está perdido e o demônio campeia tão devastadoramente quanto antes.

De um modo geral, isso é um bom sinal, pois significa simplesmente que, então, o inferno começa a perder o seu poder e, portanto, trata-se de um derradeiro ataque; o demônio gasta a sua última munição. Dizer adeus a uma atitude neurótica é algo muito triste e nunca ninguém a abandonou sem um sentimento de tristeza, visto que a neurose, infelizmente, é uma condição amorável, cativante e a pessoa se ressente da separação. Assim, quando a pessoa chega ao estágio final, quando é necessário, de uma vez por todas, dizer adeus a alguma espécie de infantilidade, a alguma opinião do *animus* etc., há sempre uma espécie de crise. É isso o que a mitologia ilustra com o fato de que, quando a criança salvadora nasce, todos os poderes das trevas atacam mais encarniçadamente que nunca; em nosso mito cristão vemos isso na forma do morticínio dos inocentes de Belém. A criança divina escapa sempre, é natural; esta é a última explosão dos poderes das trevas contra algo já tão poderoso que, embora recém-nascido, não pode mais ser suprimido.

O autor ilustra isso dizendo que se trata da luz nascida nas trevas. Recorde-se que na carta de amor do sol à lua, de Sênior, também é dito no final que a luz nasceu na escuridão mais profunda, quando Deus enviou Seu filho, e ocorreu então o que poderíamos chamar a adoção de Cristo por Deus. Quando São João Batista batizou Jesus, os céus se abriram, uma pomba desceu e a voz de Deus disse: "Este é o meu filho amado, em quem me comprazo". Nesse momento, ficou manifesto que Cristo era o filho de Deus.

No nosso texto, Deus é feminino, sendo representado pela Sabedoria de Deus, e o filho é o próprio autor. Assim, trata-se de uma repetição da vida de Cristo, mas o autor é quem foi aceito como filho pela Sabedoria de Deus, o que significa que a figura arquetípica que surgiu adotou-o como filho. Ele torna-se um filho da Sabedoria de Deus. Depois, ele resume a experiência dizendo que isso é a morte que a mulher trouxe e que a mulher expulsou.

Na alegoria eclesiástica oficial, a mulher que trouxe a morte ao mundo foi Eva, pela maçã do Paraíso, enquanto a Virgem Maria expulsou a morte quando deu à luz Cristo. Assim, na tradição patriarcal existem duas mulheres: Eva, que trouxe a morte a este mundo, e a Virgem Maria, que expulsou a morte. Nosso texto é incomum para o século XIII, na medida em que alguém se atreveu a dizer que a mulher era uma e a mesma pessoa. Só existe uma mulher: Eva e Maria são uma só.

Isso é tão confuso no texto que, se não refletirmos sobre ele meticulosamente, poderemos não notar ou perceber o que está sendo dito, mas isso é típico desse autor. Ele diz as coisas mais chocantes e surpreendentes, mas numa linguagem bíblica tão bela que nos perguntamos aonde é que ele realmente quer chegar; e então percebemos as coisas terríveis que o autor está dizendo, de um ponto de vista medieval.

Penso que isso vem do fato de ele ter falado inconscientemente; o autor foi dominado pela imagem do inconsciente e proclamou sua verdade compensatória sem se aperceber inteiramente da enormidade do que estava dizendo. Ele sentiu simplesmente sua própria experiência, que a imagem de uma mulher que ele pensou ser a Sabedoria de Deus o matara e depois o devolvera à vida, sendo por isso que a descreve como a mulher que trouxe a morte e depois restaurou a vida. O autor ampliou isso em linguagem puramente química ou alquímica, dizendo: "Arrebata sua alma e devolve sua alma. Retira a umidade destrutiva e alimenta-a com a umidade natural, e isso será a perfeição".

A *extractio animae*, a extração da alma, significa, em linguagem química, uma destilação. Se evaporarmos uma substância química, obteremos uma fórmula vaporífera; é a sua alma e, se fizermos de novo sua precipitação ou coagulação, ela retornará ao corpo, um símile óbvio. Assim, o símile da umidade intervém também, visto que pelo fogo a umidade corruptível tem de ser destilada e depois é vertida a umidade vivificante.

Isso foi descrito em outros livros alquímicos, dizendo, por exemplo, que temos de reduzir tudo a cinzas, a substância mais seca da terra. Se alguma vez você despejar água sobre cinzas, saberá quanto pode ser absorvido; por isso eles dizem que tudo tem de ser convertido em cinzas para se ter a certeza de que a umidade destrutiva abandonou completamente a substância; depois, deve-se despejar água pura sobre a substância a fim de lhe devolver a forma sólida.

Esparzir água sobre as cinzas pulverizadas seria alimentá-las com água fresca. Isso corresponde ao nosso trabalho analítico, pois é, com efeito, o que fazemos quando expulsamos a umidade corruptível que, em linguagem prática, significa todas as espécies diferentes de inconsciência, todos os pontos cegos e inconscientes que estorvam a existência plena. Ignoramos de quantas maneiras somos estorvados em nossa plenitude vital por suposições e sentimentos inconscientes. Isso é algo mais óbvio à outra pessoa do que ao indivíduo em questão; no entanto, se tal ponto inconsciente é discernido numa outra pessoa, essa pessoa dirá: "Mas eu pensei…" pois algo foi pressuposto.

Por exemplo: há muitas pessoas que vivem bem abaixo de seu nível espiritual por suporem que não valem nada, e estão de tal modo certas disso que nunca pensam sequer em questionar o fato. Isso é tão óbvio para elas que nem pensam em falar a respeito com o analista, pois acham que não há nada que mereça ser discutido. Mas então, um dia, o sonho mostra o que elas pensam e elas ficam profundamente perplexas, pois haviam julgado que eram verdadeiros joões-ninguém. Essa seria a umidade corruptível, um ponto de inconsciência que se insinuou no sistema – com mulheres na forma de opiniões do *animus*, ou pulsões da sombra, ou seja lá o que for. Isso é tão óbvio que a pessoa nem sequer pensa em expulsá-la, e a tarefa da análise de sonhos consiste justamente em descobrir essas coisas. É um tremendo choque para a pessoa perceber que sempre pensou alguma coisa sobre a qual poderia pensar de modo muito diferente.

Este é um dos milhares de possíveis exemplos do que significa a inconsciência corruptível. O sentimento inconsciente, ou pensar de certo modo, é uma umidade corruptível de que não nos damos conta, e o objetivo do trabalho é cozinhar toda ela até que seja eliminada. Os sonhos localizam e assinalam o fato e, interpretando e integrando o que eles dizem, livramo-nos lentamente dessa umidade. Porém, se prosseguirmos por tempo demais, se superanalisarmos, perderemos certo momento decisivo no processo, que só deveria prosseguir por um determinado período de tempo, visto que, se este for excessivamente prolongado, as pessoas perderão a espontaneidade.

O leitor pode ter conhecido essas pessoas superanalisadas que perderam toda espécie de espontaneidade na vida. Mesmo antes de nos cumprimentarem, começarão logo dizendo que sabem que projetarão a *anima* em nós, ou dirão que detestam Fulano e estão certas de que se trata de uma projeção da sombra. Mas por que não sentir antipatia por alguém? Superanalisar, prolongar excessivamente o processo, cria uma segunda neurose, uma doença muito geral e muito difícil de curar. Naturalmente, é também uma espécie de inconsciência. Portanto, poderíamos chamá-la de segunda fase, o regresso à água da vida, o retorno à espontaneidade, a um modo de vida imediato, natural e espontâneo, sem esquecer aquilo que se aprendeu.

Emergir da água e sentar-se ao sol, e depois ter de mergulhar de novo na água é algo muito perigoso. Isso pode ser feito mediante uma recaída no estado anterior, mas não tem qualquer mérito. Deve-se retornar, mas conservando a segunda forma de consciência analítica, preservando a percepção consciente da sombra e da *anima* etc. Assim, a segunda fase é espontaneidade consciente, na qual a participação da consciência não se perde, e isso é algo muito difícil, porque é bem mais fácil continuar superanalisando, ou recair no estado anterior de inconsciência.

Pergunta: Se as pessoas são superanalisadas, não será por culpa do analista, que terá fornecido excessiva interpretação, sem deixar ao analisando a iniciativa de seu próprio processo?

Dra. von Franz: Eu não diria isso. Eu penso que poderá contribuir para esse estado lamentável, mas, em geral, de acordo com a minha experiência, essa não é a única razão. Conheço analistas que são completamente passivos e primam em não interferir, mas apesar disso podem ainda produzir analisandos superanalisados, porque eles mesmos fazem isso! Pois o que foi positivo no começo, a necessidade de descobrir, de refletir e compreender o que está acontecendo, é vivenciado como algo muito reparador. Eles saíram de um problema por reflexão, por meditação sobre esse problema e, naturalmente, como isso tinha uma qualidade tão reparadora no início, vão em frente e acabam perdendo o momento certo.

Penso, inclusive, que é necessário que cada caso atinja um período de superanálise, que isso é uma fase necessária do trabalho, um estágio que deve ser alcançado para que então possa ocorrer esse retorno consciente, isto é, a percepção consciente da necessidade de retornar à espontaneidade, e de retornar a ela de um modo constante, pois caso contrário a pessoa resvalará inconscientemente para o estado anterior.

O alquimista Gerhard Dorn diz que a *anima* está presa dentro do corpo do homem e que este, com esforço mental, tem de pescá-la e puxá-la para fora; mas feito isso, o corpo morre. Essa é a maneira como Dorn descreve o processo. Diz ele que isso é como se um monge se retirasse do mundo, se entregasse à meditação e extraísse a *anima* de seu corpo pelo ascetismo; mas depois, sublinha Dorn, se o monge prosseguir com isso, estará simplesmente morto. Se rejeitarmos o corpo, não poderemos viver, de modo que então teremos de reaver o corpo.

Imaginemos que a mente, a alma e o corpo sejam outras tantas entidades – a mente, para o cristão, é um pouco superior; ela representa as boas intenções, um programa positivo de vida etc. A pessoa pode pescar a própria *anima* mediante um período de ascetismo. Dorn compara essa pessoa ao monge que medita em vez de viver. O que acontece então é a mente puxar para cima a *anima* e o corpo embaixo jazer morto. O corpo nada mais tem a dizer porque a projeção foi completamente retirada e isso representa uma condição de completa introversão mental – a *unio mentalis* entre mente e *anima*. Dorn diz que não quer parar por aí, pois o que acontecerá ao pobre corpo? Afirma ele que então surgirá um terrível perigo, pois o corpo também tem de ser redimido; mas se a mente e a alma avançarem nem que seja um pouco na direção do corpo, ambas cairão nele verticalmente; é como um ímã de ferro e então todo o trabalho estará perdido.

Portanto, ele deve ser abordado com sabedoria, e Dorn propõe que isso se faça mediante um ato químico de imaginação: em vez de jogar bruscamente a alma de volta para dentro do corpo, *também o corpo* terá de ser alçado a um nível mais elevado, e então os dois, corpo e alma, se unem mas não no antigo estado. Isso

69. O conteúdo secreto do trabalho alquímico: alquimista e *soror mystica* pescando (centro) para Netuno (*animus*, o inconsciente masculino) e (embaixo) para a sereia (*anima*, o inconsciente feminino). Pescar, um tema comum em sonhos, se relaciona com o processo de aquisição da percepção consciente de atitudes, opiniões e sentimentos inconscientes.

corresponde a dizer que a pessoa vai esquecer tudo a respeito da projeção, da sombra etc., e tratar simplesmente de viver.

É por isso que penso que o estado de ser superanalisado é necessário, pois constitui uma fase que tem de ser atingida a fim de que essa *unio corporis* se concretize da maneira correta e não de acordo com o antigo padrão. De modo indireto, o analista permite que o erro ocorra, mas sob certas circunstâncias isso tem de ser levado em conta a fim de que se faça o retorno do modo correto. Penso que o erro que um analista pode cometer é ignorar a necessidade do retorno e, assim, quando os sonhos anunciam a necessidade de mudança, ela não é levada em conta.

Lembro-me do sonho de um analisando que havia sido superanalisado e que sonhou que estava perto da água onde um homem pescava. Ele viu na água um belo peixe dourado e disse ao pescador que o apanhasse. Mas o pescador, um homem muito simples e natural, respondeu: "Não", que era o homem que devia saltar na água e juntar-se ao peixe! Essa é uma esplêndida ilustração para mostrar que o momento do regresso havia chegado: o inconsciente não podia ter falado com mais clareza. Pular para a água e juntar-se ao peixe, em vez de pescá-lo, seria completamente *contra naturam*, mas o processo não podia ter sido mais bem ilustrado. Tratava-se de alguém que já tinha oito anos de análise, começando com uma freudiana, e agora nadaria com o peixe. Penso que isso se relaciona com a eliminação da umidade corruptível e a recuperação da umidade natural – um retorno ao fluxo da vida.

A parábola seguinte diz:

> Aquele que quebra as fechaduras de minhas portas e arrebata a luz de seu lugar, que solta os grilhões de minha prisão nas trevas e dá à minha alma, que está sedenta, trigo e mel, e me convida para jantar a fim de que eu possa descansar em paz, para que os sete presentes do Espírito Santo repousem sobre mim, esse terá tido compaixão de mim. Alguém me recolherá de todos os países e verterá água pura sobre mim, de modo que eu seja purificado do meu maior pecado e do demônio do meio-dia.
>
> Das solas de meus pés até minha cabeça não há saúde em mim. Alguém limpará também minhas nódoas ocultas e externas, para que eu esqueça todos os meus pecados, pois Deus me batizou com óleo e deu-me a capacidade de penetração e liquefação no dia de minha ressurreição, quando serei glorificado por Deus. Porque esta geração vem e vai, até a chegada daquele que será enviado e me liberte do jugo de minha prisão, na qual permanecemos por setenta anos perto das águas da Babilônia, chorando e pendurando nossas harpas porque as filhas de Jerusalém eram orgulhosas, e altivas, e namoravam com os olhos.
>
> Então o Senhor tornará calvas as cabeças das filhas de Sião, então a lei virá de Sião e a palavra do Senhor de Jerusalém. Nesse dia, sete mulheres agarrarão um homem e dirão: comemos o nosso pão e nos cobrimos com nossas

próprias roupas, por que não defendeis o nosso sangue que é derramado como água em Jerusalém? E elas receberão a resposta divina: "Esperai ainda um pouco até que o número de nossos irmãos esteja completo, e então aquele que for deixado em Jerusalém será salvo e a imundície das filhas de Sião será lavada pelo espírito da sabedoria e do discernimento. Dez acres de vinhas darão um balde cheio de vinho e trinta medidas de trigo, três alqueires".

O que entende isso será inabalável na eternidade. Quem tem ouvidos para ouvir, ouvirá o que o espírito da doutrina diz aos filhos da sabedoria acerca do cativeiro da Babilônia, que durou setenta anos e que os filósofos ampliam com as seguintes palavras: "Múltiplos são os aspectos das setenta prescrições".

Este capítulo não é tão interessante quanto os outros, de modo que posso comentá-lo mais sucintamente. Temos de novo a ideia de uma prisão que é escancarada, e depois a das filhas de Jerusalém que foram arrogantes e luxuriosas, e têm de ser lavadas e punidas pelo espírito da sabedoria e do discernimento.

Segue-se a noção do cativeiro de Babilônia, onde alguém permaneceu durante setenta anos até ser libertado dele, e vem depois uma alusão ao fato de que esse ser cativo conhecerá a ressurreição. Diz ele: "No dia de minha ressurreição sairei, quando serei glorificado por Deus". A analogia com os capítulos anteriores é clara, mas antes havia primeiro a nuvem negra, a

70. "A Reunião da Alma e do Corpo", por William Blake. A fase alquímica de reanimação do corpo (após a *separatio*, diferenciando espírito e matéria) corresponde ao objetivo psicológico de "espontaneidade consciente", isto é, participar conscientemente no fluxo da vida, mas sem analisar tudo.

coisa negativa, depois a água e a matança dos inocentes por Herodes; agora, há o aspecto de estar numa prisão e ser punido por arrogância, e dessa espécie de cativeiro, que dura certo tempo, também haverá libertação.

Assinale-se a menção repetida do número sete. Antes tínhamos as sete estrelas e agora temos os setenta anos do cativeiro da Babilônia etc. Isso se relaciona com o fato de que o sete, do ponto de vista do simbolismo numérico, era considerado o número da evolução, porque os sete planetas – os cinco planetas conhecidos mais o sol e a lua – são os constituintes da totalidade de cada ser humano representada no horóscopo. A ideia é a de que existem sete dias na semana e depois o ciclo recomeça – há sempre a ideia de que sete se relaciona com um processo de lenta evolução no tempo. E é por isso que o fator tempo está aqui em primeiro plano: é um problema de permanecer na prisão por certo período de tempo, que é caracterizado pela evolução, após o que ocorrerá a ressurreição.

Isso compensa o que todos conhecemos também pela nossa própria experiência do inconsciente, isto é, um tremendo sentimento consciente de impaciência, quando as pessoas sempre se perguntam por que não podem progredir, se não poderão ainda fazer isto ou aquilo etc. Temos, às vezes, que dizer às pessoas que elas têm de permanecer em sua depressão e dificuldade enquanto elas durarem. As pessoas indagam quanto tempo levará para se livrarem de seus sintomas, ou problemas, ou seja o que for, e só podemos responder-lhes: até que ocorra a evolução; encarado de um ponto de vista do tempo sideral, ninguém sabe quanto tempo durará. Pode ser demorado ou breve, visto que, como diz o dr. Jung, a pessoa não resolve conflitos: ela os deixa para trás ao evoluir. Portanto, sair de um problema significa uma evolução, demorada ou breve.

O problema em nosso texto é certamente daqueles que não podem ser resolvidos, só podem ser ultrapassados mediante uma transformação íntima do autor. Esse é o significado da interminável repetição do mesmo problema, que está vinculado a um número que simboliza a evolução. Esse homem caiu num problema que ele não pode resolver intelectualmente, e que é o destino. Ele foi atingido pelo destino e só poderá desembaraçar-se do problema quando tiver recuperado o equilíbrio, se ainda houver tempo; mas se o autor foi Santo Tomás, então ele morreu no meio do caminho.

Os temas de morte e ressurreição após a morte estão começando a se manifestar, junto com a ideia de vida eterna. Por exemplo: aquele que ouvir isso não será abalado na eternidade. Quando se é ressuscitado, diz o personagem, tem-se o poder de penetração no dia da ressurreição. O poder de penetração é

71. A flor alquímica de sete pétalas, simbolizando os sete planetas e as sete fases da transformação, relaciona-se psicologicamente com a "evolução no tempo", o lento processo de tornar-se consciente.

uma expressão muito estranha nesse texto, pois da época grega em diante afirmava-se que a pedra filosofal tinha capacidade de penetrar em qualquer objeto; e isso está associado à ideia do ritual fúnebre e às ideias de vida após a morte dos egípcios.

No Egito, pensava-se que, se alguém não passava apropriadamente pelo processo de ressurreição, essa pessoa ficaria depois da morte aprisionada na câmara funerária, enquanto alguém que passasse pelo processo de tornar-se Osíris, de tornar-se divino, isto é, que tivesse passado por todo o ritual da ressurreição, seria capaz, como dizem os textos dos papiros, de aparecer em qualquer forma e em qualquer dia. Isso significava que o morto podia deixar a câmara funerária, que poderia sair do túmulo da pirâmide e perambular à luz do dia e mudar de forma. Podia aparecer como crocodilo e estender-se ao sol às margens do Nilo, ou esvoaçar como um íbis.

Concebia-se como o objetivo supremo da ressurreição essa capacidade de ter completa liberdade de mudar para qualquer forma e movimentar-se através de qualquer coisa neste mundo material, uma espécie de ser espectral que podia atravessar portas fechadas e manifestar-se em qualquer forma que desejasse. Essa é a meta suprema da vida após a morte, de acordo com os papiros das preces egípcias para os mortos, e os alquimistas relacionaram essa ideia com o conceito de pedra filosofal, núcleo divino no homem imortal e ubíquo, e capaz de penetrar em qualquer objeto material. Trata-se da experiência de algo imortal que perdura além da morte física. Sabemos que, em relatos parapsicológicos, isso também é mencionado, às vezes, como uma qualidade típica da alma de uma pessoa agonizante.

Lembro-me da história de um homem que havia sido submetido a uma séria cirurgia. Ele despertou da narcose e, sentindo-se bem, saiu da cama e passeou por todo o hospital. Ele notou, mas sem ficar muito chocado, que podia atravessar portas fechadas, embora não levasse isso muito a sério, pois não era ainda senhor absoluto de sua consciência. Caminhou então até a saída do hospital e, quando já estava na rua, ouviu de súbito uma voz dizer-lhe: "Se queres regressar, este é o último momento, depressa!". Tomado de pânico, entrou de novo correndo no hospital e nesse instante acordou realmente da anestesia, quando o médico estava dizendo: "Meu Deus, por pouco não o trazemos de volta!". O coração dele falhara e, por meio de massagens cardíacas, haviam conseguido fazê-lo voltar a si naquele momento, mas subjetivamente, ele tivera a experiência de sair da cama e a experiência específica de atravessar portas fechadas, o que, semiconscientemente, achou ser um tanto estranho.

Assim, como se vê, esse é o corpo sutil numa forma parapsicológica, o espectro do morto capaz de passar através de portas fechadas. Esses depoimentos têm de ser aceitos como são; nós não podemos discuti-los psicologicamente. Podemos acreditar neles ou não; não podemos aduzir uma regra dessas coisas, porque são relatos de situações únicas; mas, provavelmente, de semelhantes experiências nasceu a ideia muito divulgada de que o espectro dos mortos, a alma sobrevivente, pode atravessar objetos materiais, algo em que se crê em todos os países ou, pelo menos, nos países em que as pessoas acreditam em fantasmas. Isso era e ainda é considerado prova do aspecto imaterial e imortal da psique.

Se considerarmos isso não como uma experiência do processo da morte, mas como a experiência de um ser vivo, poderemos admitir que fosse a influência do inconsciente sobre o meio circundante – não uma influência intencional, mas dado que o indivíduo está em conexão com o Si-mesmo, o Si-mesmo começa tendo certo efeito sobre outras pessoas. Logo que uma pessoa *tem a intenção* de exercer tal influência, ela geralmente não ocorre, mas uma influência não premeditada pode certamente acontecer. *Se interiormente a pessoa está ligada ao Si-mesmo, então ela pode penetrar em todas as situações da vida.* Desde que não seja apanhada por elas, poderá atravessar todas as situações; isso significa que há um núcleo muito profundo da personalidade que se mantém desprendido, de modo que, mesmo se acontecerem à pessoa as coisas mais horríveis, a primeira reação não é um pensamento, ou uma reação física, mas, antes, um interesse em saber o que elas significam.

É como se parte da vigilância consciente da personalidade permanecesse firmemente concentrada na significação de qualquer evento da vida, de modo que a pessoa nunca se perde ou é apanhada inconscientemente por ele. O cativeiro psicológico é um fator emocional. Ser apanhado é, simplesmente, ser apanhado por algo emocional ou instintivo. Se somos apanhados por uma projeção, por um sentimento de ódio ou de amor, não podemos livrar-nos disso, sendo essa a razão pela qual as pessoas sempre dizem: "Lamento profundamente, mas não posso evitá-lo".

Isso é uma prisão, pois uma prisão é qualquer espécie de fator psicológico em que uma pessoa se sente tolhida, ao passo que, se ela tiver uma percepção consciente do Si-mesmo e estiver constantemente alerta para o Si-mesmo, nada a tolherá; há uma parte íntima da personalidade que permanece livre e não pode mais ser capturada. O estado de impotência, de desamparo, em que a pessoa é apanhada por seus próprios processos internos cessa, o que equivale a um fortalecimento enorme do núcleo da personalidade; isso é comparável à pedra filosofal que é, simbolicamente, o que a firme e inabalável experiência interior forma.

Pergunta: É possível ligar isso com o que foi dito anteriormente acerca da pessoa superanalisada que tinha de saltar para o rio com o peixe dourado? Porque essa pessoa também estava ficando fora da experiência.

Dra. von Franz: Sim, mas se a pessoa retornar agora e nadar com o peixe, ela não pensará que é um peixe nem será apanhada na existência de peixe. Retorna-se à experiência, uma experiência primitiva, mas já não se é apanhado por ela. Regressar à água, para usarmos a metáfora do sonho, significaria penetrar completa e espontaneamente na experiência, enquanto alguma coisa ainda permanece fora, como se uma segunda parte da personalidade estivesse observando a experiência.

Se usarmos a terminologia oriental, poderemos dizer que a pessoa continua vivendo espontaneamente, mas que uma parte dela está preocupada o tempo todo com o Tao. Ela não é apanhada pelo que está acontecendo, mas é orientada para o Tao e, se puder desligar-se virtualmente da vida nessa direção, terá atingido a imortalidade; isso é algo que não pode ser alterado nem mesmo pela morte – a morte torna-se um evento fortuito que não afeta o *núcleo* da personalidade, de modo que, ao menos subjetivamente, é uma experiência de ser imortal.

PERGUNTA: Pular para dentro da água é como pular conscientemente para o inconsciente?

DRA. VON FRANZ: Não, nem sempre; nesse caso, eu diria que significa pular conscientemente para dentro de alguma experiência, uma experiência de vida. Com um introvertido seria isso. Nesse caso, não seria pular para o inconsciente – a pessoa já fez isso há muito tempo – mas saltar para a vida, começar a viver de novo sem repetir sempre: "Essa é a minha *anima*" etc.

OBSERVAÇÃO: Isso significaria o rio da vida.

DRA. VON FRANZ: Sim, mergulhar no rio da vida.

PERGUNTA: Mas a espontaneidade não é incompatível com a consciência?

Dra. von Franz: Não, esse é o paradoxo que tem de ser alcançado: a espontaneidade consciente. Isso é ser espontâneo, mas com um ligeiro retardamento. A consciência torna-se algo como uma espontaneidade retardada. Formulado em termos práticos: suponhamos que a pessoa se encontra numa situação em que se enfurece e pretende dar vazão à sua cólera, porque isso é o que ela sente espontaneamente vontade de fazer, e não pretende constranger-se. No entanto, não é como uma explosão de cólera, pois nesse caso a cólera toma conta da pessoa e a leva a perder o controle. Pelo contrário, a pessoa mantém as rédeas na mão. Ela para, conta um minuto, diz Sim ou Não a isso, o tempo é medido e então extravasa a sua emoção. Temos aí o paradoxo da espontaneidade consciente.

Os outros podem acusar a pessoa de armar uma cena, dizendo que ela não estava realmente encolerizada; mas *era* uma cólera sincera, só que a consciência a tinha inteiramente sob o seu controle e, desse modo, estava conscientemente ativa. É um paradoxo porque conscientemente ativa e ainda assim espontânea. É a isso que chamo espontaneidade consciente – a espontaneidade completa, mas com a pessoa sempre ciente do que está fazendo.

Observação: No sonho, a água era transparente, de modo que não podia ser o inconsciente.

Dra. von Franz: Exato: no caso desse homem não era a inconsciência; ela significava vida. Ele era um introvertido e superanalisara tanto que já não vivia, e tinha simplesmente de aprender a avançar e a viver a despeito de tudo o que sabia.

Por exemplo: ele tinha um chefe terrível em sua profissão, um militar rude, que gostava de gritar com as pessoas se o trabalho não fosse apresentado pontualmente. Tratava os subordinados como cachorros, o que naturalmente tinha um efeito castrador sobre os outros homens. O sentimento espontâneo do meu analisando era revidar na hora, mas esse tipo de coisa ele não podia fazer. Ele sempre disse que o seu chefe devia ser uma figura de sombra para ele e analisava sempre a agressividade do tal sujeito. Assim, saltar na água significou, entre outras coisas, ser agressivo, mas no momento certo porque ele poderia ter agredido esse homem e pô-lo fora de combate, e fazer isso ao seu próprio chefe não seria uma boa coisa, pois dependia dele para continuar ganhando a vida! Isso tinha de ser feito da maneira certa. Assim, certo dia, o meu analisando respondeu-lhe também gritando que não estava disposto a ser tratado daquele jeito, levantou-se, saiu da sala e bateu a porta com estrondo.

O resultado foi que o chefe o convidou para jantar, disse ao meu analisando que ele era um homem de verdade e os dois ficaram amigos. Esse foi o resultado de, pelo menos uma vez, saltar para dentro da água e viver, em vez de analisar sempre a própria agressividade e o horror de sua sombra agressiva – mas isso tinha de ser feito conscientemente, pois sua reação espontânea, primitiva, teria sido esmurrar o homem até lhe saltarem os dentes, o que teria sido um pouquinho exagerado!

72. Alquimistas trabalhando em várias fases do processo. O esclarecimento é personificado como o sol (embaixo, à esquerda) trazendo a flor dourada, símbolo da pedra filosofal.

9ª Palestra

AURORA CONSURGENS

Estamos no meio do processo circular, em que cada capítulo do texto que estamos analisando parece começar com uma situação semelhante – para usarmos uma expressão alquímica, com um *nigredo* –, depois uma descrição de certo tratamento da matéria e, no final de cada capítulo, há um aspecto do *albedo*. Ele é mostrado primeiro na forma de uma nuvem negra que cobre a terra e a alma ou mulher que é redimida por ele, e depois apresenta-o na forma de um dilúvio que envolve a matéria e de uma mulher que traz e depois volta a expulsar a morte, após o que aparece a pérola branca.

No capítulo anterior que comentamos, o *nigredo* assumiu a forma do cativeiro babilônico, que durou setenta anos e de que, mais tarde, as filhas de Jerusalém e de

Sião são redimidas. O processo foi descrito ou como um processo de lavagem – a matéria é lavada repetidamente – ou na forma de uma unção com a água da Igreja, o crisma, de modo que o poder de penetração é inculcado no objeto tratado, e assim por diante.

O grande problema consiste em saber que objeto é tratado; é dito às vezes que a *prima materia* é a matéria tratada no processo alquímico; mas depois, pelas expressões usadas, fica claro que é a Sabedoria de Deus, que, por assim dizer, caiu na matéria e com ela se identificou; mas logo é também, às vezes, o próprio autor, pois ele fala na primeira pessoa: "*Estou* chorando na noite...". Temos de concluir daí que o espírito da matéria e o autor estão, às vezes, contaminados – a diferença entre os dois é toldada, e o alquimista tornou-se literalmente idêntico ao objeto místico que ele está cozinhando em seu recipiente.

Isso faz fronteira com um estado psicótico (ou fica muito próximo deste), quando é típico que a consciência do ego seja tragada ao tornar-se idêntica a certos complexos do inconsciente, geralmente de natureza arquetípica. Isso também ocorre no que o dr. Jung chama de psicose voluntária, ou seja, na imaginação ativa. Portanto, não sabemos nem podemos julgar pelo texto se estamos diante de uma psicose involuntária ou do que poderíamos classificar de psicose voluntária, ou seja, de um produto dessa forma de meditação.

Se minha hipótese é correta e se esse documento foi escrito por Santo Tomás de Aquino em sua luta contra a morte, então essas duas afirmações não são verdadeiras. Mas existe uma terceira possibilidade, que neste caso é a irrupção de um conteúdo arquetípico do inconsciente a que não podemos chamar de episódio psicótico, mas, antes, uma invasão pré-mortal do inconsciente, por assim dizer, que também pode assumir formas semelhantes, alcançadas não por meditação, mas por uma súbita penetração do inconsciente coletivo no sistema mental muito racional de uma personalidade incomum. Portanto, esses capítulos mostrariam como, na luta com a morte, a personalidade ainda tenta assimilar esse choque, digeri-lo e encontrar uma atitude certa em relação a ele, integrar o conteúdo que surgiu de repente. Essa é a minha hipótese em face do texto. Não é mais do que uma hipótese; posso apenas dizer que é provável, mas não posso apresentá-la como uma certeza.

Eis o capítulo seguinte:

> Aquele que faz a vontade de meu Pai e abandona este mundo no mundo, sentar-se-á comigo no trono de meu reino acima da cadeira de Davi e dos tronos do povo de Israel. Essa é a vontade de meu Pai, que possamos ver que Ele é verdadeiro e que nenhum outro existe que dê abundantemente, sem restrições nem hesitação a todas as nações em boa verdade, e Seu único Filho gerado, Deus dos Deuses, Luz das Luzes, e do Espírito Santo que fluiu de ambos e é coigual com o Pai e o Filho. Pois no Pai é

eternidade e no Filho, igualdade e no Espírito Santo, a união da eternidade e da igualdade.

Porquanto se diz, tal o Pai assim o filho e assim o Espírito Santo, esses três são um, a saber, corpo, espírito e alma, pois toda a perfeição se funda no número três, isto é, em medida, quantidade e peso – pois o Pai é feito de ninguém, o Filho é feito do Pai e o Espírito Santo proveio de ambos.

Ao Pai atribui-se a Sabedoria, pela qual Ele rege e ordena todas as coisas com moderação, cujos caminhos são incompreensíveis e cujo julgamento está além da compreensão.

Ao Filho atribui-se a verdade [mas com a implicação de verdade *concretizada*], visto que, quando morou entre nós, aceitou ser algo que Ele não era, Deus perfeito, mas ao mesmo tempo homem saído de lombos humanos e alma racional; obedecendo à ordem de Seu pai e sustentado pelo Espírito Santo, Ele redimiu o mundo perdido pelo pecado dos pais.

Ao Espírito Santo atribui-se o amor que transforma todas as coisas terrestres em celestes, e isso em três aspectos: batizando-as no rio, com sangue e em labaredas chispantes. No rio, ele vivifica e purifica, lavando toda a sujeira e eliminando tudo o que na alma está "enfumaçado".

Como foi dito: Tu frutificas as águas para a vivificação das almas. Pois a água alimenta todos os seres vivos; portanto, a água que jorra do Céu inebria a terra que recebe o poder pelo qual todos os metais podem ser dissolvidos. Por isso a terra deseja água, dizendo: Envia teu pneuma espiritual, isto é, água, e ela será renovada; e recria a face da terra, pois sopras tua aura sobre a terra e a fazes tremer e, quando tocas as montanhas, elas fumegam, mas, quando batizas em sangue, alimentas.

Como foi dito: A água da bem-aventurada sabedoria alimentou-me e seu sangue é a verdadeira poção, pois a alma está localizada no sangue. Como diz Sênior: a alma permanece imersa em água que é semelhante a ela em tepidez e umidade, e na qual toda a vida consiste. Mas quando ele batiza com fogo vivo, então despeja-o na alma e dota-a com a perfeição de vida. Pois o fogo modela e aperfeiçoa o todo. Como está escrito: Ele sopra em suas narinas seu hálito vivificante, e o homem que antes estava morto converte-se numa alma viva.

O primeiro, o segundo e o terceiro efeitos são testemunhados pelos filósofos que dizem: "A água conserva o embrião durante três meses dentro do ventre, o ar alimenta-o e sustenta-o por três meses, e, durante os últimos três meses, o fogo o preserva". E a criança não virá à luz antes de cumprido todos esses meses, mas então nascerá e receberá a vida do sol, o ressuscitador de todas as coisas mortas. Portanto, isso é atribuído a esse espírito, por causa de sua perfeição e da sétupla dádiva decorrente dos sete poderes em seu efeito sobre a terra.

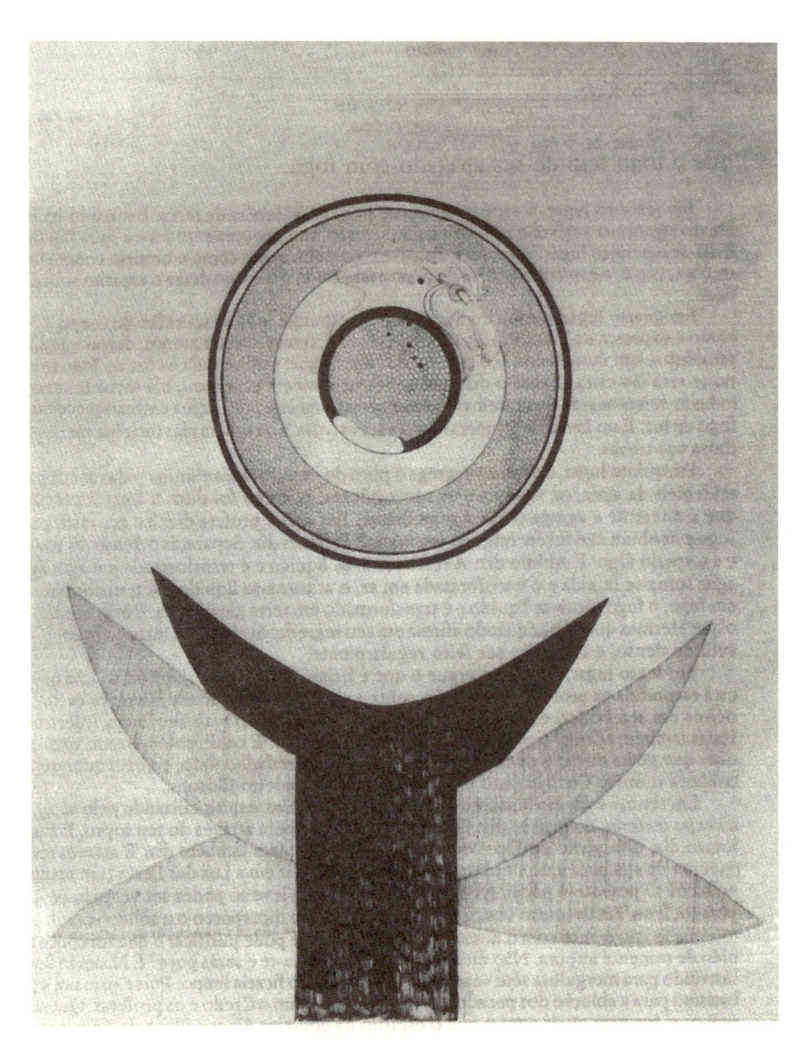

73. "Nascimento do dragão", de Margaret Jacoby. Serpentes e dragões são representações comuns, na mitologia e nos sonhos, do espírito impessoal do inconsciente; quando ele irrompe na consciência, pode exigir que o desenhem para que assimilem a experiência.

Este é um capítulo muito extenso, de modo que saltarei parte dele. Primeiro, ele aquece a terra etc.:

> Como foi dito: O fogo penetra e purifica pelo seu calor, e Caled Minor diz: Aquece a frialdade de um com o calor do outro. Como diz Sênior: Coloca o masculino sobre o feminino, isto é, o calor sobre a frialdade. Em segundo lugar, o espírito extingue o fogo interior, do qual o profeta diz: E o fogo foi aceso em sua assembleia e a chama consumiu os ímpios da terra, e Caled Minor extinguiu o fogo de um com a frialdade do outro.

Fazem-se mais algumas citações que significam a mesma coisa, isto é, que o fogo tem de ser apagado com fogo.

> Em terceiro lugar, o espírito amacia e liquefaz a dureza da terra. Enquanto isso, ele divulgará sua palavra e produzirá a liquefação, seu pneuma soprará e a água fluirá. E é dito em outro lugar: A mulher dissolve o homem, assim como o homem congela a mulher, isto é, o espírito dissolve o corpo e amacia-o, e o corpo deixa o espírito solidificar.
>
> Em quarto lugar, o espírito ilumina, pois elimina toda a escuridão do corpo, tal como é expressa no hino: Purificai a escuridão horrível de nossa mente, deixai que os sentidos sejam iluminados. E o profeta diz: Ele os guia a noite toda na luz do fogo, e a noite será tão clara quanto o

dia. Como Sênior também observou, ele torna brancas todas as coisas negras, e vermelhas todas as coisas brancas, pois a água embranquece e o fogo dá luz. E no Livro da Quinta-essência está escrito: Tu contemplas uma luz maravilhosa nas trevas.

Em quinto lugar, o espírito segrega o puro do impuro, pois elimina todas as coisas acidentais da alma, os vapores e os maus odores, e, como foi dito: o fogo separa o que é diferente e agrega o que é semelhante. Por isso o profeta diz: Tu provaste no fogo e nenhum mal foi encontrado em mim. E Hermes diz: Separarás o denso do sutil e a terra do fogo. E Alfídio diz: A terra torna-se líquida e é transformada em água, a água torna-se líquida e é transformada em ar, o ar torna-se líquido e é transformado em fogo, o fogo torna-se líquido e é transformado em terra glorificada. E esse efeito é o que Hermes quer dizer quando afirma em seu segredo: Separarás a terra do fogo, e o sutil do denso, e isso deve ser feito regularmente.

Em sexto lugar, o espírito ergue o que é baixo, pois traz à superfície a alma que está escondida na profundeza da terra, sobre a qual o profeta diz: Ele liberta os prisioneiros em seu poder, e também: Libertaste minha alma do mais profundo Inferno. Isaías também afirma: o pneuma do Senhor me ergueu. E os filósofos dizem: quem quer que possa tornar o oculto visível compreende o trabalho todo, e quem quer que conheça o nosso Cambar [isto é, o fogo] é um verdadeiro filósofo.

Em sétimo e último lugar, ele concede o espírito vivo, espiritualizando pelo sopro o corpo terreno, do qual se diz: Espiritualizaste o homem pelo teu sopro. E Salomão diz: O espírito de Deus encheu a terra. O profeta também diz: E através do pneuma de sua boca existe toda a sua glória. E Rasis diz em a Luz das Luzes [um texto arábico]: O pesado só pode ser erguido pelo leve e o leve só pode ser vergado pelo pesado. E no Turba [outro texto] é dito: Fazei o corpo incorpóreo e o sólido volátil.

Tudo isso é feito com o nosso espírito, pois só ele pode purificar o que foi concebido de semente impura. Não dizem as Escrituras: Lava-te e serás puro? E Naaman foi instruído para mergulhar sete vezes no Jordão, quando ficaria limpo. Pois há um só batismo para a ablução dos pecados, como testemunham o Credo e os profetas. Quem tem ouvidos para ouvir ouça o que o espírito da doutrina diz aos filhos da ciência do efeito do sétuplo espírito, de que as Escrituras estão repletas e a que os filósofos aludem nestas palavras: destila-o sete vezes, quando terás cumprido a separação de toda a umidade destrutiva.

O leitor, provavelmente, terá ficado impressionado pelo fato do tom desse texto não ser mais extático. De tempos em tempos, há belas citações poéticas, mas de um modo geral, o tom desse capítulo é um tanto monótono e, no começo, como se notou, por certo, há uma repetição quase literal do credo do símbolo: Pai do Filho, Luz das Luzes, Deus e Homem etc.; pode variar em expressão nos vários credos, mas não há grande diferença. Aqui, naturalmente, temos a versão católica.

Como se recordará, no início do processo houve uma invasão positiva e irresistível da Sabedoria de Deus, a quem o autor louvou em sua exultação; depois ele parece cair numa atitude de soberba – quando expressa seu desprezo pelos que nada sabem a respeito daquela experiência e torna-se agressivo contra as pessoas ignorantes; a seguir, ele cai em algo um tanto enfadonho e joga com as palavras *aurora, aurea hora*.

Após a primeira fase, começa o que eu chamaria a circulação de uma espiral: ele começa sempre com um processo escuro e descreve o que foi feito, e termina com um resultado positivo, e isso se repete. Neste ponto, estamos no meio da espiral; mas o que podemos considerar típico deste capítulo em comparação com os capítulos anteriores? Ocorre um retorno flagrante à atitude cristã oficial! No início, ele repete, inclusive literalmente, o símbolo do Credo, a Confissão da Fé, sua versão oficial: Creio em Deus Pai etc. Por que é que ele faz isso? O que é que isso mostra?

Resposta: Que ele está mais ou menos de volta a si.

Dra. von Franz: Sim, ele está voltando ao seu eu consciente; está tentando retornar à sua antiga atitude consciente, ou poder-se-ia dizer que se esforça por se retirar da inundação que o afogou, e vemos aí para o que é bom um credo oficial, ou uma atitude religiosa; é um barco para o qual a pessoa pode se retirar quando os tubarões atacam.

A pessoa pode ir banhar-se no inconsciente, mas se os tubarões surgem, há um barco para o qual ela pode se retirar a salvo, sendo por isso que a Igreja foi comparada a um barco, ou a uma ilha, para a qual a pessoa pode se retirar quando o influxo do inconsciente fica excessivamente forte. Se disponho apenas da minha razão humana e me limito a dizer a mim mesmo para ser racional, não basta conter o influxo do inconsciente, mas manter uma crença que ainda há na consciência é como um barco, um lugar para onde podemos nos retirar.

Devemos concluir, portanto, que o nosso autor não era um herege e não duvidava do seu Credo, mas ao contrário, acreditava nele, como é de se esperar de um clérigo do século XIII. Ele era um católico verdadeiramente crente, um cristão medieval e, por conseguinte, tenta agora retirar-se para a sua crença; porém, há uma mudança! Se considerarmos o texto globalmente, ele primeiro confessa que crê no Pai, no Filho e no Espírito Santo, e isso ocupa as primeiras dez linhas da primeira página, mas todo o resto do capítulo se refere aos efeitos do Espírito Santo. Isso é surpreendente. O Espírito Santo preenche a totalidade de um dos mais extensos capítulos de todo o livro, e o autor preocupa-se exclusivamente com os seus diferentes efeitos alquímicos. Assim, toda a ênfase do seu Credo é subitamente transferida para o Espírito Santo.

74. A Trindade Alquímica: o Mercúrio Alado, espírito do inconsciente (= Espírito Santo), sentado entre o rei e seu filho.

Neste ponto, surpreendemos *in flagrante*, por assim dizer, o que aconteceu nessa época, isto é, nos séculos XII e XIII. Quem conhece a história do desenvolvimento espiritual do Cristianismo sabe que, por essa época, apareceram por toda parte as seitas do Espírito Santo. Algumas delas eram heréticas, enquanto outras se empenharam em manter-se no seio da Igreja; mas, de repente, o Espírito Santo passou a ser a ocupação e a preocupação das pessoas. Houve muita discussão teológica e criaram-se numerosos movimentos, como o dos Irmãos do Espírito Santo (os humilhados), os Pobres de Lyon, o Coração Leal, o Grande Coração dos Terciários etc. e todos confessavam ser especialmente devotos da adoração e obediência ao Espírito Santo.

Como se sabe, o próprio Cristo predisse, na Bíblia, que após Sua morte Deus enviaria um Consolador, que confortaria as pessoas por Ele ter abandonado a terra e por Sua morte, e que aqueles que recebessem o Espírito Santo seriam capazes de fazer obras ainda maiores do que Ele próprio. Por conseguinte, o Espírito Santo, desde o começo, foi um aspecto muito melindroso da imagem cristã de Deus, visto que, segundo a Bíblia, o Espírito Santo penetra diretamente no indivíduo. Já não podemos comunicar-nos diretamente com Cristo, porque Ele regressou ao Céu após Sua ressurreição. O próprio Deus nunca desce à terra – o que não é exatamente verdadeiro, porque todos os três são um, mas agora eu estou falando como se não fossem. No entanto, de acordo com a Bíblia, supõe-se que o Espírito Santo desce repentinamente sobre os indivíduos e não sofre limitações por parte do tempo.

Ouvimos as histórias de pessoas de hoje que se encontram repetidamente com Cristo, mas não podemos comunicar-nos agora com Ele exceto por meio de visões ou orações. Por outro lado, ao longo da história, presume-se que o Espírito Santo é capaz de baixar sobre pessoas; isso veicula a ideia de que a pessoa é passível de ficar diretamente cheia do espírito de Deus ou, como certos teólogos viram com clareza, de dar até continuidade à encarnação de Deus. "Oficialmente", Deus encarnou somente uma vez na pessoa de Jesus Cristo, mas por meio das ações do Espírito Santo, qualquer indivíduo da comunidade cristã pode tornar-se também um recipiente do espírito divino, o que seria uma encarnação de um pequeno fragmento da Divindade.

As conclusões de certas seitas da Idade Média, quando esses pensamentos se tornaram de repente emocionalmente tão importantes, foram deveras surpreendentes. Por exemplo: há uma frase de São Paulo – *ubis spiritus, ibi libertas*, onde está o espírito, isto é, o Espírito Santo em ação, aí está a liberdade; e, portanto, pensava-se que, quem estivesse cheio do Espírito Santo não precisava continuar obedecendo à Igreja, ou confessar-se, pois estava em ligação direta com a Divindade por meio do Espírito Santo. Essa interpretação tornou-se, evidentemente, um perigo para a organização da Igreja.

Além disso, alguns sectários afirmaram que, se uma pessoa estava cheia do Espírito Santo, podia ler as Sagradas Escrituras e entendê-las diretamente; logo, a interpretação da Igreja deixava de ser necessária. A Bíblia podia ser entendida simbolicamente e aceita espiritualmente, isto é, de um modo simbólico. Assim, as pessoas começaram a ler a Bíblia e a interpretá-la para si mesmas. Outras seitas chegaram ao ponto de afirmar que, se alguém estava cheio do Espírito Santo, podia cometer qualquer pecado e não seria erro – o adultério, por exemplo – visto que "onde está o Espírito aí está a liberdade".

Podemos imaginar que a Igreja não aprovava semelhantes interpretações e, portanto, algumas seitas do Espírito Santo foram parcialmente condenadas e até seriamente perseguidas, tendo em sua maioria de se dissolver. Elas se anteciparam, como já foi assinalado há muito tempo, ao desenvolvimento da Reforma, na qual também houve, no começo, uma tentativa de proclamar que cada indivíduo tinha o direito de se comunicar diretamente com a Divindade, sem a intermediação de qualquer organização humana. Esses movimentos geralmente são conhecidos como movimentos pré-Reforma, porque compartilham da ideia da comunicação individual e direta com Deus, embora sob outros aspectos fossem diferentes, é claro.

Portanto, se o nosso autor, que passou por uma experiência religiosa, quer manter sua atitude cristã, terá de se referir naturalmente ao Espírito Santo – como se a situação pudesse ser salva caso ele entendesse que a sua experiência lhe havia sido comunicada pelo Espírito Santo; por esse ângulo, ele podia ainda integrar sua experiência em seu ponto de vista consciente.

Assim, ele apega-se agora, emocionalmente, a essa ideia de um fator salvador. Descreve o Espírito Santo primeiro em três formas de batismo: pela água, pelo sangue e pelo fogo, e descreve depois os sete processos em que o Espírito Santo afeta a matéria. Em seguida, o texto apresenta uma surpreendente mudança, pois o Espírito Santo torna-se, de repente, uma espécie de agente químico que cozinha, limpa, purifica e torna sutil a matéria alquímica. Ele é concebido agora como uma espécie de energia, algo como o fogo ou a eletricidade, que exerce um efeito sobre a matéria. A ideia do espírito retorna aqui à sua forma original, arquetípica, ou seja, o mana.

Da história comparada da religião sabemos que um dos mais antigos conceitos do Divino em muitas religiões primitivas é o conceito de mana, *mulungu* etc., a ideia de uma energia divina, que muitos etnólogos compararam a uma espécie mística de eletricidade. É algo como uma energia divina, que impregna certos objetos e atinge certas pessoas. Um rei tem mana, um chefe também o tem, assim como a mulher menstruada e a que deu à luz; uma árvore atingida por um raio também tem mana.

O mana deve ser tratado sempre com respeito, ou mantendo-se longe dele por meio de tabus, ou abordando-o sob certas regras. Ele pode ser destrutivo ou positivo. Uma mulher menstruada, por exemplo, tem mana negativo e cumpre-lhe manter-se distante da tribo e dos rituais tribais durante o seu período, pois ela está carregada de eletricidade destrutiva, por assim dizer. O mana também pode ser neutro: se o chefe de uma tribo tem mana, ele pode conceder fertilidade à tribo, ao gado e ao solo em seu domínio, ou, se for abordado de maneira irreverente, pode enfeitiçar as pessoas, fazendo-as adoecer etc.

Essa é uma ideia arquetípica. Psicologicamente, podemos dizer que isso é uma representação dos efeitos do Si-mesmo, ou da energia psíquica que, nesse nível, não é vivenciada como uma imagem personificada de Deus, mas sim como aspecto impessoal do poder divino. Em desenvolvimentos religiosos subsequentes e, por vezes, geograficamente diferentes, existem outros aspectos do Divino, como deuses, demônios, fantasmas ancestrais etc., que foram mais ou menos personificados, figuras mais ou menos antropomórficas, que também representam o poder do inconsciente, mas têm uma forma e são mencionadas como se fossem, pelo menos em parte, personalidades. O clímax disso será encontrado na religião grega, na qual os deuses têm forma humana, sendo representantes dos arquétipos, e na religião judeu-cristã, na qual Deus também é concebido como um ser em forma humana, com reações semi-humanas.

Na arte cristã, por exemplo, Deus geralmente é representado como um ancião de barbas brancas; essa é a forma clássica. O aspecto de mana, o aspecto da Divindade como algo semelhante ao poder não personificado, reaparece subitamente no Cristianismo na forma do Espírito Santo, que é água, vento e fogo: um vento encheu a casa, línguas de fogo surgiram sobre as cabeças dos apóstolos no domingo de Pentecostes, e também aparece no batismo como água. Portanto, a ideia arquetípica reaparece aqui na interpretação do Espírito Santo como poder impessoal dotado de um aspecto semimaterial.

É a essa ideia que o autor se apega quando descreve o Espírito Santo, de um modo muito singelo, como uma espécie de agência física semimaterial que age sobre a *prima materia*: primeiro, lavando-a e, depois, enchendo-a de sangue – ou seja, vivificando-a – e, finalmente, aquecendo-a ao fogo, o que lhe insufla vida e ressurreição. Ele amplia ainda mais essa ideia ao traçar a comparação com o nascimento de uma criança, que durante três meses é preservada em água, depois alimentada mais três meses por ar e nos últimos três meses pelo fogo, até nascer. Assim, a atividade do Espírito Santo, o impacto que ele tem sobre a matéria, envolve ao mesmo tempo a geração e o nascimento, a alimentação da criança divina e a ajuda até ser dada à luz.

Vemos aqui que o nosso texto é uma descrição típica de como é produzida a pedra filosofal, pois frequentemente ela é comparada ao processo total de gestação e nascimento de uma criança; é o Si-mesmo nascido dentro da psique como criança divina. Também já tivemos alusões ao tema da *coniunctio*. É dito então: Cubra-se a frialdade de um com o calor do outro – coloque-se o masculino sobre o feminino, o calor sobre o frio. Neste ponto, há a ideia da *coniunctio oppositorum*, a conjunção de masculino e feminino, e também uma despersonalização pela atribuição de qualidades, de modo que calor e frio são unidos, o que significaria a conjugação de poderes opostos. Uma ideia medieval generalizada afirmava que os homens eram quentes e as mulheres frias, do ponto de vista fisiológico.

Depois vem uma ideia mais sutil, a de que essa conjunção de opostos significa que eles são secretamente um só, pois o fogo tem de ser extinto pelo fogo, ou tem de ser esfriado, refrigerado, por seu fogo interno. Como interpretar isso psicologicamente?

75. A união de opostos, masculino e feminino ("o quente sobre o frio"), como um processo interior, espiritual, simbolizado por rei e rainha com asas.

Resposta: Isso lembra o Ouroboros.

Dra. von Franz: É isso, de certo modo, mas num nível mais primitivo, porque o Ouroboros é o processo natural dessa coisa, enquanto de, no presente caso ela como que brota do recipiente. Sim, em certa medida, mas o que diríamos que é psicologicamente? O que é o fogo?

Resposta: Emoção.

Dra. von Franz: Exatamente; mas o que é positivo na emoção? Ela transforma, cozinha e elucida, esse é o modo como o fogo gera a luz: se estou emocionalmente empolgada por alguma coisa, eu não posso entendê-la; se não estou lutando emocionalmente com os meus problemas, ou com alguma outra coisa, então nada acontece.

Onde não há emoção não há vida. Se temos de aprender algo de cor e se isso não nos interessa, não há fogo; a coisa não é registrada, mesmo que a leiamos cinquenta vezes. Mas, havendo interesse emocional, basta ler uma só vez e a coisa é aprendida. Portanto, a emoção é o veículo da consciência; não há progresso na consciência sem emoção.

O aspecto destrutivo manifesta-se em contendas e desavenças e então ele nos devora. A outra pessoa diz que é terrível quando damos vazão à nossa emoção destrutiva; mas se não a descarregamos, a emoção nos devora. Todos sabemos como é agradável guardar um sentimento, um afeto, para nós mesmos; se não descarregamos a nossa emoção negativa, ela simplesmente nos devora por dentro, há um cão rosnando em nosso íntimo durante horas.

Temos aqui uma alusão à emoção: "O fogo foi aceso na assembleia e as labaredas consumiram os ímpios da terra". É a destruição das pessoas ímpias, dos pecadores, pelo fogo. E depois é dito: "Ele extingue o fogo em sua própria medida interna".

Psicologicamente, isso é muito revelador. As pessoas dizem repetidamente que amam ou que odeiam alguém, embora afirmem saber que isso é muito irracional: "Eu não sou louco, posso me comportar e ser sensato, mas a coisa ainda persiste, o que posso fazer a respeito? Por favor, resgate-me! Para mim, não basta saber que tudo é absurdo".

A resposta para isso é difícil de aceitar: o fogo tem de queimar o fogo, uma pessoa tem de arder na emoção até que o fogo esmoreça e se equilibre. Isso é algo a que, lamentavelmente, não se pode fugir. A queima do fogo, da emoção, não pode ser desviada com ardis do sistema da pessoa; não existe receita para nos livrarmos disso que, por conseguinte, tem de ser suportado. O fogo tem de queimar até que o último elemento impuro seja consumido, que é o que todos os textos alquímicos dizem em diferentes variações, e não encontramos tampouco qualquer outro meio. O fogo não pode ser estorvado, mas apenas sofrido até que arda completamente o que é mortal ou corruptível, ou, como o texto diz de forma tão bela, o que constitui a umidade corruptível, a inconsciência. E esse o significado, a aceitação do sofrimento.

Se uma pessoa está inteiramente ocupada por dez mil demônios, só lhe resta arder neles até que se acalmem e fiquem quietos, e a exigência infantil ao analista, ou a qualquer outro, de que ele a redima com algum tipo de estragema reconfortante não adianta nada. Se um analista diz que pode fazer isso, ele não passa de um charlatão, pois isso não existe e, de qualquer modo, seria superficial. Se ele tenta retirar os analisandos do sofrimento, isso significa que retira deles o que é mais valioso; o consolo fácil e

76. Em alquimia, a serpente mercurial devora-se em água de fogo, tal como uma emoção destrutiva tem de se consumir totalmente, isto é, tem de ser sofrida de modo completo.

vulgar é um erro crasso, pois desse modo afasta-se a pessoa do calor, o lugar onde o processo de individuação ocorre.

Sentar-se no Inferno e aí assar é o que produz a pedra filosofal; como diz o autor, o fogo é extinto com a sua própria medida interior. A paixão tem sua própria medida interior; uma libido caótica é algo que não existe, pois sabemos que o próprio inconsciente, como natureza pura, tem um equilíbrio interior. A falta de equilíbrio provém da infantilidade da atitude consciente. Se apenas seguirmos nossas próprias paixões, de acordo com as suas próprias indicações, elas nunca irão muito longe; elas conduzirão sempre à sua própria derrota.

A paixão desordenada busca a derrota. As pessoas que têm uma natureza excessivamente apaixonada, uma espécie de natureza demoníaca, estão procurando amorosamente uma pessoa humana, ou uma situação, em relação à qual possam levar a pior, e desprezam qualquer parceiro ou situação em que sua paixão triunfe. Elas procuram instintivamente a derrota. É como se algo dentro delas soubesse que esse demônio tem de ser derrotado, sendo esse o motivo por que, se alguém for amistoso ou fraco, ou compreensivo em relação a esse fogo, em nada ajudará a pessoa; de um modo geral, essas pessoas abandonam quem quer ajudá-las, pois não é isso o que elas pretendem. O fogo da paixão procura algo que o extinga, e é por isso que a ânsia pela individuação, na medida em que é uma ânsia irrefreável natural, busca situações impossíveis; procura o conflito, a derrota e o sofrimento porque anseia pela sua própria transformação.

Digamos que alguém é possuído por um demônio de poder. Se puder dominar as pessoas à sua volta, esse alguém não é feliz mas permanece intranquilo; ele domina a família toda, passa a dominar também fora de casa e na vida profissional, mas ainda continua intranquilo. Ele está realmente buscando alguém que possa derrotá-lo; ele anseia por isso, embora não goste disso, naturalmente. É uma atitude ambígua, pois ele detesta, mas ao mesmo tempo anseia por alguém ou por alguma coisa que o domine e ponha fim ao seu poder. É muito importante saber isso no tratamento de casos de fronteira, pois tais pessoas usualmente sofrem de tremendas emoções e tentam sempre deixar que o impacto recaia todo sobre o analista, na esperança e no temor de que ele revide; é por isso que o fogo conhece sua própria medida interior.

A seguir, o nosso texto diz que o espírito dissolve ou modifica o que é duro e endurece o que é fraco. Isso parece compreensível, mas como interpretá-lo?

Resposta: É a *coniunctio* entre masculino e feminino.

Dra. von Franz: Sim, a dureza seria o masculino, é uma conjunção de opostos; mas como se apresentaria isso na vida: amaciar o que é duro e endurecer o que é fraco?

Pergunta: Isso terá algo a ver com as quatro funções? A principal função é o que é forte e a quarta função o que é fraco.

Dra. von Franz: Sim, mas a principal função nem sempre é dura.

Pergunta: Não poderá a coisa dura ser as resistências?

Dra. von Franz: Sim, resistências ou, por exemplo, uma atitude rígida em algum canto onde a pessoa literalmente endurece, o que é uma típica reação de complexo. Quando, por exemplo, um analisando se recusa a discutir alguma coisa, isso será endurecimento e encobre uma fraqueza; obstinação e rigidez são duras, e isso geralmente tem a ver com experiências infantis destrutivas e negativas. Por exemplo: tais pessoas deixam de considerar o amor ou este ou aquele sentimento e, no processo, até deixam de considerar a si mesmas. Elas fixam a vontade no êxito e no dinheiro ou em alguma coisa desse gênero e, interiormente, estão como que congeladas.

Com muita frequência, o processo analítico consiste em suavizar as arestas duras da personalidade, que geralmente está numa constrição dolorosa. Endurecer é um sintoma de fraqueza; portanto, solidificar o que é fraco seria uma parte do mesmo processo, pois é onde uma pessoa se sente fraca que ela endurece e fica rígida, ao passo que onde é forte permanece flexível. A rigidez das pessoas provém da fraqueza e do medo – o susto enrijece-as e faz com que se fechem – e por isso, ao mesmo tempo, a fraqueza tem de ser fortalecida – a fraqueza do ego ou a fraqueza de sentimentos, ou seja lá o que for, pois há muitas fraquezas. Assim, o processo psicológico consiste amiúde em amaciar aquelas partes da personalidade que endureceram e, simultaneamente, solidificar o núcleo da personalidade, o Si-mesmo e isso conjugaria os opostos de masculino e feminino.

Vem então o quarto efeito, a iluminação. Isso é quando a pessoa vivencia um sentimento de compreensão, quando certos problemas se tornam claros. Ele também é chamado de processo de coloração e embranquecimento, pois as coisas tornam-se claras e o sentimento de vida volta a fluir. Então o espírito segrega o puro do impuro, de modo que todas as coisas acidentais são eliminadas – os maus odores etc.

Comentando isso alquimicamente, a pedra filosofal com frequência está rodeada de materiais estranhos que não lhe pertencem e que, portanto, têm de ser lavados ou queimados. É fato que no processo alquímico nem tudo tem de ser integrado; há algo chamado a terra maldita, a *terra damnata*, ou coisas exteriores, *res extraneae*, que têm de ser rechaçadas, e não integradas. Têm de ser simplesmente jogadas fora. Pessoas que leram um pouco acerca da psicologia junguiana pensam frequentemente que tudo, seja o que for, faz parte do processo e deve ser integrado, mas isso só é verdadeiro *cum grano salis*; é fato que nem tudo lhe pertence. Como todas as verdades psicológicas, se tudo lhe pertence, sob um aspecto, nada lhe pertence, sob outros aspectos. O que são essas coisas exteriores que têm de ser jogadas fora?

Resposta: As atitudes coletivas.

77. O Pelicano, recipiente alquímico no qual ocorre a *circulatio* (destilação circular), comparável à circum-ambulação de um problema de pontos de vista diferentes e em diferentes fases da vida – a essência do processo de individuação.

Dra. von Franz: Sim, atitudes coletivas que estorvam o desenvolvimento do indivíduo ou a identificação com outras pessoas. Muitas pessoas não conseguem apreciar-se a si mesmas por causa de sua admiração por alguma outra pessoa e, por conseguinte, perdem a possibilidade de vir a ser elas próprias. Assim como uma serpente fixa os olhos num coelho, elas fixam os seus em outrem, ou numa ideia coletiva; isso é algo extrínseco, não é o que elas são, não lhes pertence e tais coisas não foram integradas. Os sonhos nos dirão para nos afastarmos disso, para deixar isso para lá, que não é coisa nossa nem é da nossa conta.

A individuação, portanto, significa também separação, diferenciação, o reconhecimento do que é nosso e do que não é nosso. O resto tem de ser abandonado. Libido e energia não devem ser desperdiçadas em coisas que não nos dizem respeito. Assim, pode-se afirmar que há tanto separação quanto integração, e isso seria regeneração por meio do fogo até que, como diz o texto, se atinge uma condição de tranquilidade pois, quando podem abandonar ideais errados ou atitudes coletivas, as pessoas ficam subitamente apaziguadas. Ocorre nelas um súbito relaxamento e dizem: "Graças a Deus, sempre pensei que tinha de ser brilhante e agora descubro que não preciso sê-lo". Elas tinham simplesmente fixado a vista em alguém que era brilhante. Desse modo, a pessoa é redimida do constante esforço de conseguir algo na direção errada.

Todo o processo é descrito então como a transformação da terra em água, da água em ar, do ar em fogo e do fogo em terra. Aí temos a ideia clássica da *circulatio*, do movimento através dos quatro elementos, da repetição do processo ainda e sempre num outro nível. É a ideia clássica de circum-ambulação do Si-mesmo através dos diferentes elementos e das diferentes formas; ou seja, entre outras coisas, a *circumambulatio*, o processo de individuação através das quatro funções e das diferentes fases da vida.

No processo de individuação, com muita frequência, os mesmos problemas surgem repetidamente; eles parecem estar resolvidos, mas passado algum tempo reaparecem. Se encararmos isso negativamente, seremos desencorajados; diremos: "Aí está isso de novo, a mesma velha coisa"; mas quando os examinamos mais de perto, vemos geralmente a *circulatio*, pois simplesmente o problema reapareceu num outro nível. Por exemplo: pode ter-se convertido então num problema de sentimento.

Consideremos os tipos intelectuais, intuitivos, que passam muito rapidamente por um processo analítico e parecem entender muito da psicologia junguiana e entender o que está acontecendo em seu próprio íntimo. Eles assimilam muita coisa, mas isso não se tornou para eles um problema ético; o sentimento fica de fora e, assim, o aspecto ético é omitido, o que significa que, em seu comportamento ético no mundo, eles continuam no mesmo velho estilo, talvez de acordo com a razão, ou com a influência coletiva etc. Tais pessoas falam do processo de individuação como se tivessem chegado lá e conhecessem tudo a esse respeito, o que, de certo modo, é inteiramente verdadeiro, porque o assimilaram, digamos, no fogo mas ainda não na terra. Assim, o fogo tem de se converter em água e a água em terra, e depois a coisa toda tem de ser vivida uma vez mais do começo ao fim como um problema ético.

Por vezes, essas pessoas descobrem, de repente, que voltaram à estaca zero, que não aprenderam sequer o ABC do problema da sombra ou coisa parecida, e declaram que "agora, finalmente, entenderam o problema", pois até aí só o haviam compreendido parcialmente.

Isso acontece constantemente com o entendimento psicológico; há numerosas camadas e algo sempre pode ser compreendido num nível novo e mais profundo. A pessoa entende-o com uma parte de si mesma e, depois, a ficha cai mais fundo ainda, por assim dizer, e a pessoa entende a mesma coisa, mas de um modo muito mais vivo e rico do que antes, e isso pode continuar indefinidamente, até que essa coisa se torne completamente real. Mesmo que sintamos que compreendemos algo, devemos ter sempre a humildade de dizer que é assim que sentimos de momento; alguns anos depois, poderemos dizer que antes não havíamos entendido nada, mas agora sim podemos compreender o que tal coisa significava.

É isso o que eu acho tão bonito neste trabalho – é uma aventura que nunca chega ao fim, pois cada vez que dobramos uma esquina abre-se um panorama completamente novo da vida; nunca sabemos se tudo está resolvido, mesmo no caso de coisas que, de momento, sentimos que estão deslindadas.

O último trecho refere-se ao espírito vivo e à espiritualização do corpo, ao processo de tornar o corpo incorpóreo e o espírito concreto. Esse é outro aspecto da *coniunctio*, da conjugação dos opostos mas, uma vez mais, há uma nuança diferente. Como interpretar isso? O corpo, a coisa material, torna-se espiritualizado, e o espírito, por sua vez, torna-se concreto. O que significará isso na prática?

Resposta: O fim da divisão entre corpo e espírito.

Dra. von Franz: Sim, mas isso parece o quê?

Resposta: Parece ser uma atitude totalmente diferente em relação ao corpo.

Dra. von Franz: Em que sentido?

78. Símbolo da arte alquímica como união da água (triângulo masculino, ápice para cima) e do fogo (triângulo feminino, ápice para baixo).

Resposta: No de inclusão da experiência analítica ou espiritual na vida real.

Dra. von Franz: Sim, isso seria a solidificação do espírito. Se aplicamos uma compreensão psicológica, estamos encarnando o que era espiritual. Se reconhecemos algo como correto e o colocamos em ação, isso torna-se real. E, então, o que é que a outra parte envolverá?

Resposta: Uma atitude de consciência que se retira em parte da experiência espontânea, enquanto a olha simbolicamente – uma espécie de espiritualização da experiência.

Dra. von Franz: Sim, isso seria entender simbolicamente uma situação concreta. Se posso me manter no que disse Goethe, *Alles Vergängliches ist nur ein Gleichnis* (Tudo o que é temporal é apenas um símile), se, mesmo numa situação completamente material e concreta, posso ver o seu aspecto simbólico, colocando-me fora disso, estou espiritualizando essa situação, que se torna um símile para algo psicológico. Todos os eventos exteriores da vida são, de certo modo, apenas símiles; são simples parábolas de um processo interior, simbolizações sincrônicas. Temos de olhá-los por esse ângulo para os entender e integrar, e isso significa espiritualizar o físico.

Pergunta: Não existirá aí o perigo de, por exemplo, perder-se o gosto por um bom rosbife?

Dra. von Franz: Com toda a certeza, e é por isso que temos de voltar a solidificar o espírito! É preciso fazer ambas as coisas. Foi o que o Mestre zen disse: "No início do processo, água é água e montanhas são montanhas e rios são rios" — esse é o gosto de um bom bife mas, para o ego, isso não é bom. É preciso entrar num estado em que as montanhas já não são montanhas, os rios já não são rios e a água já não é água, o que significa que tudo isso é visto como outros tantos símiles. Mas, no final do processo, as montanhas são novamente montanhas, e isso envolve a ressolidificação do espírito.

Ficar parado no meio do caminho, seja para um lado ou para o outro, é ruim. O processo necessita de ambos os movimentos, a fim de não se tornar destrutivo, e isso é magnificamente ilustrado na alquimia. O corpo tem de ser espiritualizado e o espírito tem de ser encarnado, ambas as coisas têm de acontecer. Vemos neste documento que estamos examinando um exemplo do que o dr. Jung disse, isto é, que a alquimia compensa a unilateralidade da espiritualização cristã; ela é aquele movimento subjacente que não é anticristão mas que o completa, ao aproximar muito mais os opostos um do outro, ao trazer a vida física e outras coisas mais para o campo da observação e da atenção.

Observação: Temos observado frequentemente em análise junguiana que há o perigo de intelectualização do espírito.

Dra. von Franz: Sim, e então ele se torna terrivelmente frágil e pouco consistente! O espírito converte-se em conceitos intelectuais e perde sua qualidade emocional e empolgante original, e então acontece exatamente isso. Esse é o grande perigo, pois nesse caso o espírito torna-se diluído e rarefeito.

Pergunta: Não se poderia dizer que, sempre que há uma verdadeira experiência espiritual, ela deveria tornar-se manifesta?

Dra. von Franz: Não há "deveria" a esse respeito. Penso que uma *real* experiência espiritual *sempre* se manifesta. *Mythos* significa comunicação. Se somos dominados por uma experiência espiritual, ela mesma quer que a comuniquemos, isto é, que a manifestemos; esse é o significado da palavra *mythos*. Não há experiência religiosa quando não há a necessidade de contá-la, de falar dela; isso é natural, mas não é preciso adicionar a palavra "deve". Se a experiência é verdadeira, ela tornar-se-á real, seu fluxo natural será para a realidade.

Isso foi esplendidamente ilustrado em *Black Elk Speaks*. Numa espécie de coma, como um menino de 9 anos, Black Elk teve uma tremenda experiência espiritual, que guardou para si mesmo até contrair uma fobia de trovoada. Então ele foi a um médico curandeiro que disse: "Tua experiência não foi dada exclusivamente a ti, tu a deves à tua tribo". Assim, ele contou à tribo suas visões e a fobia desapareceu.

Eu diria que uma experiência espiritual genuína flui naturalmente para a comunicação, mas não há um "deve" a tal respeito. Se ela é real, manifestar-se-á involuntariamente; mesmo que tentemos retê-la, ela fluirá à nossa revelia e, assim, manifesta-se na realidade *porque é real*. Se temos de contar às pessoas que um sonho *significa* alguma coisa, que devemos agir de acordo com ele, isso já é ruim.

Uma das experiências mais positivas em análise é quando um analisando traz um sonho cujo significado lhe expomos, mas sem comentário. Interpretamos simplesmente o sonho e na consulta seguinte o analisando diz: "Você sabe o que aconteceu? Você me deu a interpretação daquele sonho e, em consequência disso, eu fiz tal e tal coisa!". Ora, nós não precisamos desempenhar o papel de governanta e dizer à pessoa que ela deve fazer o que o sonho diz; isso não é certo. Normalmente, se uma pessoa é moralmente íntegra, isso resultará de maneira muito natural.

Digamos, por exemplo, que um filho adulto ainda tente obter dinheiro da mãe e ela, sendo bondosa, seja incapaz de dizer "Não" e, pensando que ele possa estar faminto, mande-lhe o dinheiro imediatamente. Suponhamos que essa mãe teve um sonho em que mandar dinheiro para o filho significava envenená-lo. Não precisamos dizer-lhe: "Não mande o dinheiro", mas, antes: "O sonho diz que se você mandar o dinheiro está envenenando ou castrando o seu filho", e da vez seguinte essa mulher nos dirá que tomou a decisão de não mandar mais dinheiro para o filho.

É assim que as coisas se passam, se as pessoas são moralmente íntegras, e isso é promissor. Tive alguns casos em que pensei que não havia praticamente esperança alguma, casos horríveis, mas, se as pessoas possuíam essa qualidade, eu tinha certeza de que elas se sairiam das dificuldades e até rapidamente. Essa espécie de integridade moral, de candura que diz apenas "Sim", acelera tudo. Diz a Bíblia: "Que tua comunicação seja: Sim, sim, Não, não". Tais pessoas são moralmente íntegras. O oposto seriam aquelas pessoas que compreendem, abanam a cabeça a tudo o que se diz, mas só Deus sabe quantos choques elétricos são precisos de dentro e de fora, antes que elas se apercebam de que têm de fazer alguma coisa a respeito.

As mães dizem que sabem que não devem sugar seus filhos, mas nunca pensam em mudar o comportamento. Nem se apercebem do que estão fazendo. Soube, outro dia, por uma filha, que sua mãe lhe telefonara três vezes num domingo, dizendo-lhe que deveria ir à sua casa imediatamente. Essa mesma mãe jurou-me na sessão analítica que nunca fizera quaisquer exigências à filha e que lhe dava completa liberdade. Ela me olhou diretamente nos olhos e jurou que não fazia imposições. O que a filha me contara havia sido uma confidência, de modo que não pude fazer uso desse exemplo ilustrativo. Fiquei furiosa, mas nada podia fazer. Disse: "Você tem certeza disso?". E ela respondeu: "Sim, certeza absoluta".

Nesses casos, o espírito nunca se materializa. Tais pessoas podem fazer análise por anos a fio e o resultado é absolutamente nulo. Podem falar sobre psicologia junguiana como se soubessem tudo a respeito, mas não ocorre mudança alguma.

Omitirei a parábola seguinte e tratarei da que se ocupa do credo filosófico baseado no número três e que dá continuidade à tendência manifestada no capítulo anterior, isto é, uma confissão da imagem trinitária de Deus. Existem três efeitos do Espírito Santo, três fases do trabalho alquímico etc. Três vezes três meses a criança está no ventre materno, e depois apresenta-se o simbolismo de um processo sétuplo que, de um certo modo, é muito semelhante ao processo anterior, com o nascimento da criança, a circulação através dos elementos, os efeitos do Espírito Santo etc., como temas principais.

O capítulo seguinte é a quinta parábola, "A Casa do Tesouro Que a Sabedoria Constrói Sobre a Rocha". Conhecemos o famoso símile em São Mateus acerca da casa construída sobre a areia e da construída sobre a rocha, e também sabemos que, em Provérbios

9:1-5, há o símile de que a Sabedoria construiu sua casa sobre sete pilares etc., e convidou os israelitas a comerem aí.

> A Sabedoria construiu uma casa e os que nela entram serão abençoados e encontrarão alimento espiritual, de acordo com o testemunho do profeta. Inebriar-se-ão com a superabundância de tua casa, pois um dia nos teus átrios vale mais do que mil (Salmo 84:10). Bem-aventurados os que residem na tua casa. Pede e ser-te-á dado, busca e acharás, bate e para ti será aberta. A Sabedoria grita nos portões e diz: Vede, estou ante a porta e bato; se algum homem escuta minha voz e abre a porta, eu virei até ele, e cearei com ele, e ele comigo.
>
> Quão grande é a plenitude de doçura que guardas escondida para os que entram nesta casa, uma doçura que nenhum olho viu nem ouvido ouviu, nem penetrou no coração do homem. Os que abrem esta casa terão a santidade e a plenitude dos dias, pois ela está construída sobre uma sólida rocha, a qual só será dividida pelo sangue do bode, ou quando golpeada três vezes pela vara de Moisés, quando a água tiver jorrado abundantemente e a congregação bebido e suas bestas também.

Vemos aqui que isso constitui a solidificação do que é fraco. A rocha significa a firmeza da personalidade, o que resulta de um longo processo de assimilação do inconsciente. Se uma pessoa vivenciou por tempo suficientemente longo esses grandes altos e baixos acarretados pelo encontro com o inconsciente, forma-se então, lentamente, um núcleo inabalável. Penso que mesmo uma cura ou um desenvolvimento psicológico, o que é a mesma coisa, não muda o conflito nem sana o problema; o que realmente muda é a capacidade para o enfrentar melhor – e esse é o verdadeiro desenvolvimento.

Por vezes, a situação exterior pode permanecer inalterada, ou certas dificuldades no caráter, aquilo a que chamamos neuroses de caráter, ainda subsistem em certa medida. Se, por exemplo, alguém possui um temperamento apaixonado, ou uma tendência para a depressão, isso continua geralmente por muito tempo. Levará pelo menos vinte anos para educar isso de modo a abandonar o sistema; isso não pode ser mudado de repente, pois está enraizado na natureza da pessoa. Mas o primeiro passo consiste em ser capaz de enfrentar melhor a situação, em não ser dissolvido por ela, em estar desprendido e ter um ponto de vista, saber que isso é uma fraqueza pessoal a que não se pretende ceder, e que isso passará.

O primeiro passo é que a pessoa já não se identifica com os seus próprios pontos loucos. Por exemplo, se um paranoico diz: "Acredito, mas me desculpe, talvez a coisa não seja assim...", isso mostra que ele tem agora algo como uma rocha atrás de seu sistema paranoide; embora ele ainda não se tenha livrado de sua fantasia, pelo menos é capaz de dizer que talvez esteja imaginando isso. Esse é o começo da formação da terra sólida; fora do conflito, algo escapou ao demônio.

Ou se alguém sempre foi arrebatado pelo *animus* ou por alguma emoção, e começam a ocorrer períodos em que se mostra sensato, mesmo que depois a pessoa ainda recaia na possessão apaixonada, esses momentos significam, não obstante, o começo da formação da rocha interior. O pequeno fragmento de terreno sólido em que a pessoa se firmou torna-se cada vez mais forte e, lentamente, converte-se em algo sólido, de modo que ela sente cada vez mais que, aconteça o que acontecer, aquilo provavelmente não voltará a ser destruído.

Podemos descrever isso de um modo mais pessimista, mas ainda é a mesma coisa positiva: a pessoa sofreu tanto, ou caiu tão profundamente em seu próprio inferno, que, graças a Deus, não poderá cair mais fundo ainda, o que confere certa sensação de segurança. Se a pessoa tocou o fundo do inferno, nada existe mais abaixo, e aí é onde começa a rocha sólida. Ou uma pessoa pode chegar e dizer que sempre teve medo de enlouquecer, mas tendo chegado aos 40 anos sem que isso tenha ocorrido, o mais provável é que não aconteça agora. Se diz isso, podemos geralmente concordar sem pruridos de consciência. Se chegou até aí sem quebrar, então é pouco provável que isso venha a ocorrer, pois algo coagulou dentro da pessoa e tornou-se sólido; e, apoiada nisso, de acordo com o objetivo do trabalho, ela pode retirar-se para a casa interior da sabedoria, que está edificada sobre uma rocha e é inabalável – o texto fala até em eternidade.

Poderíamos indagar se isso não será endurecimento, se não é, uma vez mais, rigidez. Não seria tornar-se imune? Mas a resposta é "Não", pois de tal rocha flui a água da vida; essa é a rocha da qual Moisés, por um milagre, obteve a água da vida. É uma rocha que também é um poço e, portanto, é a coisa mais líquida que existe e o oposto da rigidez ou do endurecimento.

Isso significa ser flexível mas inabalável, sendo por esse motivo que o dr. Jung afirma que o processo de individuação, se decorre inconscientemente, torna o indivíduo cruel e duro para com os seus semelhantes; mas se for um processo consciente, então leva à pedra filosofal – não a um endurecimento da personalidade, mas à firmeza, na acepção positiva da palavra. O indivíduo já não é mais facilmente dissociado e arrebatado pela emoção, perdendo seu próprio ponto de vista por meio da pressão coletiva etc., mas isso não significaria um endurecimento que não possa ser influenciado.

É isso, provavelmente, o que se deve entender pela rocha sobre a qual a casa da Sabedoria está construída. Nela ocorre, como diz o texto, a visão da plenitude do sol e da lua. Isso se refere ao tema de que, nessa casa, ocorre e *coniunctio*, que também é mencionada, portanto, como o recipiente alquímico, a casa onde o sol e a lua se unem. No capítulo que estamos analisando, a casa está construída sobre catorze pilares, que simbolizam as catorze qualidades que o alquimista deve possuir.

As qualidades não são apenas éticas, mas incluem toda a espécie de suposições sobre o que o ser humano deve ter: saúde, humildade, santidade (pela descrição, o termo significa aparentemente integridade ou pureza), castidade, virtude (eficácia ou eficiência), conduta vitoriosa (ser capaz de triunfar, uma fé na capacidade de confiar ou de compreender as qualidades espirituais que não podem ser vistas), fé, esperança (uma das piores coisas no trabalho interior é a desesperança; é terrível quando as pessoas renunciam e declaram que se sentem impotentes; esse é um dos discos de gramofone do *animus*), caridade, compaixão, bondade (uma espécie de benevolência), paciência (que é muito importante), moderação (um equilíbrio entre os opostos), disciplina ou discernimento, e obediência.

A esse respeito, é dito que a décima quarta pedra ou pilar é a *temperantia*, significando um temperamento equilibrado, sobre o qual se declara que ele alimenta e mantém as pessoas em saúde, porque, quando os elementos estão num estado de equilíbrio, a alma se compraz em viver no corpo, mas quando os elementos conflitam isso não acontece. Por conseguinte, o equilíbrio é a mistura correta dos elementos, de calor e frio, de seco e úmido, de modo que um não exceda o outro, sendo por isso que os filósofos disseram para cuidar-se de que o mistério não se evapore e o ácido não se converta em vapor. "Preste-se atenção, para não queimar o rei e a rainha com excesso de fogo."

O processo interior pode ser levado ao excesso com fogo demais, como acontece com os que *batalham* após o processo de individuação. Tais pessoas dizem que não podem ir a uma festa, por exemplo, porque "tenho de ficar em casa e fazer minhas

79. O forno alquímico. O trabalho de transformação pode ser inutilizado pelo calor excessivo, tal como o processo de individuação não pode ser forçado mas depende de tempo, de equilíbrio e de paciência.

mandalas". É o desejo de forçar o processo, mas ninguém pode forçar um processo de crescimento. E bobagem sacudir um carvalho pequenino, intimando-o a que cresça mais rapidamente, pois isso é contra a natureza. Será preferível regá-lo e pôr algum esterco em suas raízes. Há coisas no processo interior que não podem ser aceleradas e não adianta ficar impaciente.

Assim, a instrução para não queimar o rei e a rainha significa não tentar forçar a *coniunctio* interna. Nisso existe sempre o ego; trata-se de uma atitude sôfrega, imatura, que naturalmente leva à coisa errada e, portanto, os alquimistas fazem sempre essa advertência a respeito de não aquecer excessivamente o processo. Alguns recomendam até que nunca se deve usar um calor superior ao do esterco fresco de cavalo, que deve ser aproximadamente a temperatura do corpo humano, a temperatura do interior de uma criatura de sangue quente; a temperatura deve ser adequada ao ser humano e tudo o que for *extra modum*, como diz o texto, além da medida, está errado. Até mesmo o bem, se for além da medida, é um erro. Tudo o que contém a ênfase de um impulso infantil está errado; pode ser sentido e sabemos que não levará a nada mesmo que a intenção seja boa. Essas são as pedras da casa da Sabedoria.

A sexta parábola é sobre o Céu e a Terra e a situação dos elementos, e temos aqui um mito cosmogônico. A parábola descreve o nascimento de todo o cosmo. Psicologicamente, descreve aquilo que os alquimistas chamam de união do mundo cósmico, o que significa ir além do microcosmo do ser humano e estar aberto para a própria vida, em si mesma – estar relacionado com a vida em seu todo, mediante a observação do processo de sincronicidade. Até a mais elevada e mais importante ocupação ligada ao desenvolvimento interior de uma pessoa tem uma qualidade narcisista, e assim tem de ser. Durante algum tempo, a pessoa tem de estar encerrada no recipiente e cuidar de seus próprios assuntos e, em certa medida, não se abrir para a vida durante esse período; isso é inevitável e necessário. Mas no estado agora descrito, toda a natureza do cosmo volta a ser incluída e isso é a relação com Deus.

A última parábola é um diálogo entre o amado e a noiva:

> Volta-te para mim com todo o teu coração e não me rejeites porque sou negra, pois o sol roubou minha cor e o abismo cobriu minha face. A terra está contaminada em meus trabalhos, as trevas se espalharam por toda a terra, eu estou no fundo do abismo e minha substância ainda não foi aberta.
>
> Choro desde o abismo e das profundezas da terra, ergo minha voz para todos os que passam. Ouvi-me, olhai-me, se houver alguém igual a mim. A ele darei a estrela da manhã. Eis que aguardei em meu divã a noite toda alguém que me consolasse e ninguém encontrei. Chamei e ninguém me respondeu.

Como se vê, o autor novamente começa aqui com a mais profunda depressão.

> Ressuscitarei e irei à cidade e buscarei nas alamedas e ruas se posso encontrar uma virgem casta, bela de rosto e de corpo, e mais belamente trajada, que role para um lado a pedra de meu túmulo e me dê penas como a pomba, e com ela voarei para o céu. E dir-lhe-ei que vivo agora em eternidade e repousarei nela, pois ela ficará à minha direita vestida num manto dourado. Escuta, minha filha, inclina teu ouvido para mim e ouve minha prece, pois com todo o meu coração ansiei por tua beleza.

É o noivo chamando de seu túmulo. Ele quer ser ressuscitado; está sepultado em seu túmulo e agora clama por sua noiva, que é um ser semelhante a um pássaro, tem penas e voa. Assim, ela é um fantasma, um ser espiritual.

> Eu falei em minha língua: Conta-me o meu fim e o número de meus dias, pois circunscreveste meus dias e minha substância nada é diante de ti. És aquela que entrará em meu ouvido, que entrará em meu corpo e que me vestirá com um manto púrpura, e depois apresentar-me-ei como um noivo saindo de sua câmara, pois tu me ornamentarás com pedras preciosas e me vestirás com as roupagens da felicidade.

Entrar no ouvido é algo muito estranho. É uma alusão a certas teorias medievais segundo as quais Cristo foi concebido através da orelha da Virgem Maria. O anjo da Anunciação apareceu e disse-lhe que ela conceberia e daria à luz uma criança; alguns teólogos entenderam que isso significava que Cristo fora sobrenaturalmente concebido pela palavra que penetrou no ouvido da Virgem e isso foi chamado a *conceptio per aurem*, a concepção pelo ouvido. Existe um noivo morto no abismo, em desespero no túmulo, e agora ele clama pela noiva que voa com asas pelo Céu. Primeiro, ela abrirá o túmulo dele e depois entrará em seu ouvido; depois, ele ressuscitará e ela lhe dará uma roupagem de ressurreição e júbilo.

80. O alquimista encerrado num estado de *nigredo* (depressão), equiparado na "Aurora consurgens" a um noivo num túmulo, aguardando a noiva (a alma perdida).

Vemos aqui muito claramente que se trata de um processo interno da *coniunctio*, a união com a *anima*. Ela entra através do ouvido, é entendida e integrada, e isso emana como uma nova atitude. Em termos alquímicos, isso é o começo do *rubedo*. Em primeiro lugar, há o *nigredo* ou escuridão, depois a brancura, e agora começa o *rubedo*, o estado vermelho, sendo por isso que o noivo recebe uma vestimenta vermelha.

O problema é o seguinte: Quem é o noivo? Aqui, ele é comparado ao próprio Cristo, pois as palavras "Sairei da câmara como um noivo" aludem a Cristo. Ao mesmo tempo, é claramente o autor. Temos de novo aqui uma descrição do processo da *coniunctio* em que o autor está envolvido com sua parte divina, uma expressão genuína da experiência do que Jung chama "vir a ser como Cristo". Aqui, o próprio indivíduo torna-se um Filho de Deus e, portanto, um noivo da Sabedoria de Deus. Trata-se de uma união mística com a Divindade, e a Divindade, como veremos, é feminina. Ele implora que ela lhe diga quem ela é, para que todos possam conhecê-la e ela replica:

> Escutem todas as nações, percebam com seus ouvidos, o meu noivo vermelho falou. Ele pediu e recebeu.
>
> Sou a flor do campo e o lírio dos vales. Sou a mãe do amor belo, do reconhecimento virtuoso e da santa esperança. Sou a vinha fértil que produz o fruto de doce aroma, e minhas flores são as flores da honra e da beleza. Sou o leito de meu amado, em redor do qual estão sessenta heróis portando suas espadas à ilharga contra os horrores da noite. Sou bela e imaculada.
>
> Olho pela janela e vejo meu bem-amado através da rótula. Feri seu coração com um de meus olhos e com um cabelo de meu pescoço. Sou a fragrância das unções. Sou

a mirra escolhida. Sou a mais arguta entre as virgens que surgem como a aurora, escolhida como o sol e bela como a lua sem menção do que está dentro. Sou como os grandes cedros e ciprestes no Monte Sião. Sou a coroa com que o meu noivo será coroado no dia de seus esponsais e de seu júbilo, pois meu nome é como o óleo derramado.

Sou a vinha eleita para onde o Senhor enviou trabalhadores a cada hora do dia. Sou a terra prometida em que os filósofos semearam seu ouro e sua prata. Se este grão não cai em mim e morre, então não produzirá o tríplice fruto. Sou o pão de que os pobres comerão até o fim do mundo e nunca terão fome de novo.

E então vêm as palavras de Deus, como na Bíblia, nas quais é completamente manifesto que esse ser feminino é Deus:

> Dou e nada exijo em troca. Dou pasto e nunca falto. Dou segurança e nunca tenho medo. Que mais direi ao meu amado? Sou a mediadora entre os elementos que se interpõem entre um e o outro.
>
> O que é quente eu esfrio e o que é seco eu umedeço, e vice-versa. Sou o fim e meu amado é o começo. Sou o trabalho integral e a ciência está toda escondida em mim. Sou a lei no sacerdote, a palavra no profeta, o conselho no sábio.

E agora há, de novo, uma citação das palavras de Deus, tal como na Bíblia:

> Faço viver e faço morrer, não há quem possa eximir-se de mim (Dt 32:39). Ofereço minha boca ao meu amado e ele me beija. Ele e eu somos um. Quem pode separar-nos de nosso amor? Ninguém em comprimento ou largura, pois o nosso amor é mais forte do que a morte.

Depois ele responde:

> Ó minha amada noiva, tua voz soou em meus ouvidos e é doce... Tu és bela... Vem agora, minha amada, saiamos para o campo e moremos nas aldeias. Levantar-nos-emos cedo, pois a noite há muito se extinguiu e o dia está próximo. Veremos se tua vinha floresceu e deu fruto. Aí me darás teu amor, e para ti preservei antigos e novos frutos. Saboreá-los--emos enquanto somos jovens. Encher-nos-emos de vinho e unguentos e não haverá flor que não ponhamos em nossa coroa, primeiro lírios e depois rosas, antes que estiolem.

Isso é muito significativo, pois tudo é extraído da Bíblia, onde são os pecadores que falam! Na Bíblia, os pecadores, os idiotas, os imbecis, e aqueles que são rejeitados por Deus dizem: "Saiamos para os campos" etc., e aqui a noiva e o noivo dizem o mesmo na *coniunctio*.

81. "A análise deve libertar uma experiência que empolga ou cai sobre nós a partir do alto, uma experiência que tem substância e corpo, tal como aquelas coisas que ocorreram aos antigos. Se eu fosse simbolizá-las, escolheria a Anunciação." – Jung. Em termos alquímicos, isso é o começo do *rubedo*.

Um dos monges que copiou o texto sentiu-se tão dominado pelo prazer da tarefa que, quando chegou à parte sobre o passeio pelo prado, colhendo flores, em vez de traduzir *pratum* (prado) escreveu "não há *peccatum* que não colheremos"!. O pobre frade usou a palavra *peccatum* (pecado), em vez de *pratum*, algo que na estenografia medieval podia acontecer muito facilmente. Ele cometeu um erro complexo. Para alguém que conhece a Bíblia, seria muito chocante se o noivo e a noiva citassem as palavras dos pecadores do mundo. Em que estaria esse homem pensando quando escreveu isso?

> Ninguém será excluído da nossa felicidade. Viveremos numa união de amor eterno e diremos como é bom e delicioso viver dois em um. Portanto, construiremos três tendas, uma para mim, uma para ti e a terceira para os nossos filhos, pois uma corda tríplice não será quebrada. Aquele que tem ouvidos para ouvir ouça o que o espírito da doutrina diz aos Filhos da Disciplina da união do amante e da amada. Pois ele semeou sua semente, da qual o tríplice fruto amadurecerá e sobre o qual o autor das três palavras diz: São as três palavras preciosas em que toda a ciência está escondida e que será dada aos devotos, a saber, aos pobres, do primeiro ao último homem.

Essas últimas palavras aludem a uma tradição secreta que só entre os iniciados pode ser transmitida, isto é, a tradição dessa

82. Representações do processo simbólico, que principia no caos (conflito e depressão) e termina com o nascimento da fênix (a nova personalidade).

união de amor. As três tendas são uma alusão ao anúncio do Apocalipse 21:2-3 de que Deus viverá numa tenda – o tabernáculo – com o homem na terra: "Vi também a cidade santa, a nova Jerusalém, que descia do céu, da parte de Deus, ataviada como noiva adornada para o seu esposo. Então ouvi a grande voz vinda do trono, dizendo: Eis o tabernáculo de Deus com os homens, Deus habitará com eles. Eles serão o povo de Deus e o próprio Deus estará com eles".

Vemos, assim, a *coniunctio* terminar aqui com uma encarnação da Divindade, é Deus descendo para o ser humano. Foi isso o que Jung formulou ao dizer que o que é visto do ângulo humano como sendo o processo de individuação, é visto pelo ângulo da imagem de Deus como um processo de encarnação.

Impresso por :

Graphium
gráfica e editora

Tel.:11 2769-9056